特殊教育的融合教育理论与实践研究

肖兴雪　伊士河　段明霞◎著

文化发展出版社
Cultural Development Press
·北京·

图书在版编目（CIP）数据

特殊教育的融合教育理论与实践研究 / 肖兴雪，伊士河，段明霞著．— 北京 ：文化发展出版社，2025．4．
ISBN 978-7-5142-4588-2

Ⅰ．G76

中国国家版本馆 CIP 数据核字第 20248QA040 号

特殊教育的融合教育理论与实践研究

肖兴雪　伊士河　段明霞　著

责任编辑：朱　晴　　　　责任印制：杨　骏
责任校对：侯　娜　　　　装帧设计：墨知缘
出版发行：文化发展出版社（北京市翠微路 2 号　邮编：100036）
网　　址：www.wenhuafazhan.com
经　　销：全国新华书店
印　　刷：北京荣泰印刷有限公司

开　　本：710mm × 1000mm　1/16
字　　数：338 千字
印　　张：20
版　　次：2025 年 4 月第 1 版
印　　次：2025 年 4 月第 1 次印刷

定　　价：88.00 元
I S B N：978-7-5142-4588-2

前　言

在当今这个快速发展的时代，教育公平已经成为我国教育改革与发展中不可忽视的核心议题。在这个背景下，融合教育作为一种创新的教育理念和实践应运而生，其目标直指打破长期存在于教育体系中的种种壁垒，致力于让每一个孩子，无论其背景和能力如何，都能在一个平等、包容和充满支持的环境中健康成长。本书紧密联系我国的教育实际，全面系统地阐述了融合教育的理论基础、实践路径和社会意义。

本书的开篇，深入探讨了融合教育的内涵与外延，揭示了其背后所蕴含的深刻核心理念，即尊重差异、倡导平等、追求共融。同时，追溯了融合教育的起源，并梳理了国际融合教育的发展脉络，为读者提供了一个宏观的历史视角。

在此基础上，本书转向对特殊儿童群体的关注，详细分析了他们的心理与生理特征，以及他们在教育过程中所面临的特殊需求与挑战，探讨了如何设定科学合理的教育目标，以及如何通过有效的教育策略来完成这些任务，确保每一个孩子都能获得适合自己的教育。

随后，本书详细介绍了融合教育的多种教学模式，讨论了如何设计全纳教育的课堂，以适应不同能力水平的学生；如何实施协作教学和差异化教学，以提升教学效果；以及如何在融合教育环境中进行有效的评估与反馈，以促进学生的全面发展。

在课程设置方面，本书着重探讨了如何使课程内容更具适配性，如何开发和利用丰富的课程资源，以及如何为每个学生制订个性化的学习计划，从而满足他们的个性化需求。

本书对融合教育的社会支持系统进行了全面的剖析，分析了家庭和社区在融合教育中的角色，探讨了政府政策和社会服务如何为融合教育提供支持，并强调了教师培训与专业发展在推动融合教育进程中的关键作用。

在本书的最后部分，精选了一系列国内外融合教育的成功案例，包括发达国家的先进经验、国际组织在推动融合教育方面的努力，以及我国不同地区融合教育的创新实践。这些案例旨在为读者提供一个跨文化的视角，帮助大家更好地理解和借鉴融合教育的优秀做法。

本书旨在为广大教育工作者、政策制定者、家长以及社会各界关心教育公平的人士提供一本全面、实用的融合教育参考读物。期待本书的出版能够激发更多人对融合教育的关注，共同为推动我国融合教育的发展、实现教育公平的伟大目标贡献力量。在此，衷心希望本书能够成为您在教育实践中的良师益友，为您带来新的启示和帮助。

本书第一章、第五章、第六章由肖兴雪撰稿，版面字数约为 137 千字；第二章、第三章由伊士河撰稿，版面字数约为 109 千字；第四章、第七章由段明霞撰稿，版面字数约为 74.8 千字。

目　录

第一章　融合教育的基本理论

第一节　融合教育概念与起源

一、融合教育概念与理论

（一）融合教育的定义

1．融合教育的内涵

融合教育，作为一种深刻的教育革新，其核心理念深植于教育的公平性和包容性之中。这一理念打破了传统教育体系中普通教育与特殊教育之间的界限，倡导将不同背景、不同能力的学生置于同一学习环境中，让他们共同学习、共同成长。这不仅仅是物理空间上的融合，更是教育理念、教学方法以及社会心理层面的全面融合。

在融合教育的实践中，每个学生都被视为拥有独特价值和潜力的个体。这意味着教育者需要超越传统的学业评价标准，转而关注学生的全面发展。这包括学生的认知能力、情感表达能力、社交技能以及生活自理能力等多个方面。通过设计个性化的教学计划和策略，融合教育努力确保每个学生都能在自己的能力范围内得到充分的挑战和支持，从而实现个人价值的最大化。

此外，融合教育还强调教育环境的包容性。这意味着学校应该成为一个没有歧视、没有偏见的地方，所有学生都能在这里感受到尊重、理解和支持。为了实现这一目标，学校需要积极营造一种积极的校园文化，鼓励学生之间的合作与交流，培养他们的同理心和包容心。同时，教育者也需要不断提升自己的专业素养和教育技能，以更好地适应和满足学生的多样化需求。

融合教育的内涵还体现在其对社会发展的深远影响上。通过减少教育隔离和排斥，融合教育有助于构建一个更加和谐、包容的社会。在这样的社会中，不同背景、不同能力的人们能够相互理解、相互尊重，共同为社会的进步和发展贡献力量。因此，融合教育不仅仅是一种教育理念和实践，更是一种推动社会进步的重要力量。

2. 融合教育的目标

融合教育的目标具有多层次、多维度的特点。它致力于为所有学生提供公平且高质量的教育机会。这意味着无论学生的能力水平、文化背景、家庭背景如何，他们都应该有机会接受符合自己需求和发展规律的教育。为了实现这一目标，融合教育需要打破传统教育中的种种限制和偏见，为每个学生量身定制适合他们的教育方案。

融合教育旨在促进学生的全面发展。这包括学术成就的提升、社交技能的培养、情感表达的丰富以及生活自理能力的增强等多个方面。通过融合教育的实践，学生可以在更加宽松、包容的学习环境中自由探索、大胆尝试，从而发现自己的兴趣和潜力所在。同时，他们也可以在与不同背景的同学的互动交流中学会尊重、理解和包容他人，为未来的社会生活打下坚实的基础。

此外，融合教育还关注培养学生的包容性文化观念。这不仅仅是指对他人差异性的接纳和尊重，更是指对多元文化、多元价值观的认同和欣赏。在融合教育的环境中，学生可以接触到来自不同文化、不同背景的同学和老师，从而拓宽自己的视野和思维方式。通过共同参与学校活动、社会实践等，学生可以深刻体会到不同文化之间的交流和融合对于促进社会进步和发展的重要性。

融合教育的目标还包括为学生的未来生活做好准备。这意味着教育者需要关注学生的实际需求和未来发展方向，为他们提供必要的支持和帮助。通过融合教育的实践，学生可以逐渐适应多元化的社会环境，掌握必要的生活技能和职业素养，为未来的独立生活和职业发展奠定坚实的基础。同时，他们也可以在这个过程中逐渐建立起自信和自尊，为积极参与社会生活做好充分的心理准备。

（二）融合教育的起源与发展

1. 起源：民权与残疾人权利运动的产物

融合教育的起源深深根植于 20 世纪五六十年代的西方社会变革之中，这一时期，全球范围内民权运动和残疾人权利运动风起云涌，成为推动社会进步的重要力量。随着人权观念的普及和深化，人们开始重新审视传统教育体系中针对残疾人的隔离式教育模式。这种模式不仅限制了残疾人的学习机会，更在无形中加深了社会对他们的偏见和排斥。因此，寻求一种更加公正、包容的教育方式，让残疾人能够在与普通学生相同的环境中学习成长，成为当时社会的迫切需求。

在此背景下，融合教育的理念应运而生。它倡导将残疾学生纳入普通教育体系，通过提供必要的支持和辅助，帮助他们克服学习障碍，实现与同龄人的共同学习和成长。这一理念不仅体现了对残疾人人权的尊重，也符合社会多元化和包容性发展的要求。随着融合教育理念的逐渐深入人心，越来越多的国家和地区开始尝试实践这一教育模式，并取得了显著成效。

2. 发展：从思想孕育到国际化推广

融合教育的发展历程经历了从思想孕育到国际化推广的多个关键阶段。首先是思想孕育阶段，大约从 20 世纪 40 年代到 60 年代末。这一时期，正常化思潮和去机构化运动逐渐兴起，人们开始反思将残疾人隔离在特殊机构中的做法，转而关注他们在普通社会环境中的生活和教育。这些思潮和运动为融合教育的诞生奠定了重要的思想基础，推动了社会对残疾人教育问题的重新认识。

随后是回归主流与一体化阶段，从 20 世纪 60 年代末到 90 年代初。在这一阶段，欧美国家率先开始了将残疾儿童安置在普通学校中的尝试，这标志着融合教育实践的开始。通过制定相关政策、提供专业培训和支持服务等措施，这些国家逐步打破了普通教育与特殊教育之间的壁垒，为残疾儿童创造了更加公平、包容的学习环境。这一阶段的实践不仅为残疾儿童提供了更多的教育机会，也促进了他们与同龄人的交流和接触，为融合教育的进一步发展奠定了基础。

最后是国际化时期，从 20 世纪 90 年代至今。随着全球化进程的加速和国际社会对特殊教育问题关注度的提高，融合教育逐渐成为国际社会共同关注的焦点。联合国教科文组织等国际组织在推动融合教育的发展方面发挥了重要作用。这些国际组织通过发布一系列宣言、建议和指南等文件，明确了融合教育的理念和目标，为各国政府和教育机构提供了实践融合教育的具体指导和支持。在国际社会的共同努力下，融合教育逐渐在全球范围内得到推广和实践，成为世界各国特殊教育发展的基本方向。

3. 挑战与展望：持续完善与深化

尽管融合教育在全球范围内取得了显著的进展和成就，但我们仍应清醒地认识到其面临的挑战和困难。一方面，如何确保融合教育的质量是一个亟待解决的问题。这需要不断优化教育资源配置、加强教师队伍建设、完善教育评价体系等方面的工作。另一方面，如何促进社会和家长对融合教育的理解和接受也是一个重要的课题。这需要加强宣传引导、开展家庭教育指导、建立社会支持网络等方面的工作。

展望未来，随着社会的不断进步和发展以及人们对特殊教育问题认识的不断深化，我们有理由相信融合教育将在未来发挥更加重要的作用。它将继续推动特殊教育体系的改革和创新，为残疾人提供更加公平、包容的教育机会；同时它也将促进整个社会对多元化和包容性的认识和尊重，为构建一个更加和谐、美好的社会做出更大的贡献。因此，我们应该继续深入研究和探索融合教育的理论和实践问题，不断推动其持续发展和完善。

（三）融合教育的理论基础

1. 教育学视角

在教育学视角下，融合教育作为一种教育理念和实践，其核心在于对教育公平性和包容性的深刻理解和追求。这一理念超越了传统教育中的分类与隔离，倡导一个无差别、无歧视的教育环境，使所有学生，无论其能力、背景或特殊需求如何，都能平等地接受教育。

融合教育强调了对个体差异的尊重与接纳。教育学认为，每个学生都是独一无二的，他们拥有不同的学习风格、兴趣和能力。融合教育通过提供多样化的教学方法和资源，确保每位学生都能根据自己的需求和特点进行学习，从而实现个性化的成长和发展。这种个性化的教育策略不仅有助于提高学生的学业成绩，还能激发他们的学习兴趣和动力，培养他们的创造力和批判性思维能力。

融合教育致力于构建一个包容性的教育环境。在这个环境中，特殊需求学生不再是边缘化的群体，而是教育整体中不可或缺的一部分。他们与普通学生共同参与课堂活动、社交互动和课外活动，形成了紧密的同伴关系。这种同伴关系不仅有助于特殊需求学生融入社会，还能促进普通学生对多元文化的理解和尊重，培养他们的同理心和包容心态。

融合教育还强调了教师的专业发展和支持系统的建设。在融合教育的实施过程中，教师需要具备丰富的专业知识和实践经验，以便为特殊需求学生提供有效的支持和指导。同时，学校和社会还需要建立完善的支持系统，包括心理咨询、康复训练、特殊教育资源等，以确保融合教育的顺利实施和持续发展。

2. 心理学视角

从心理学视角来看，融合教育为特殊儿童提供了一个宝贵的成长环境，有助于他们在心理健康方面取得显著的发展。在这个环境中，特殊儿童能够与普通儿童进行日常互动，获得来自同龄人的社会支持和情感满足，这对于他们的心理健康具有至关重要的意义。

融合教育有助于减少特殊儿童的孤独感和被排斥感。在传统隔离式的教育环境中，特殊儿童往往因为与同龄人的差异而感到孤独和被排斥。而在融合教育的环境中，他们能够与普通儿童共同学习、生活和游戏，建立起深厚的友谊和信任关系。这种积极的同伴关系有助于特殊儿童克服自卑心理，增强自信心和自尊心。

融合教育有助于特殊儿童发展良好的社交技能和情感调节能力。在与普通儿童的互动中，特殊儿童需要学会理解他人的情绪和需求、表达自己的情感和想法以及解决冲突与分歧。这些经历不仅有助于他们发展良好的社交技能，还能提高他们的情感调节能力和自我管理能力。

融合教育对普通儿童的心理发展也具有积极的影响。在与特殊儿童的交往中，普通儿童能够学习到宽容、理解和关爱他人的重要性。这些经历有助于培养他们的同理心和社会适应能力，使他们成为更加善良、有责任感和有爱心的社会成员。

3. 社会学视角

从社会学视角出发，融合教育在构建和谐社会方面发挥着重要作用。通过打破传统教育中的壁垒和隔阂，融合教育促进了不同社会群体之间的相互理解和尊重，为构建一个更加包容、平等和多元的社会奠定了基础。

融合教育有助于消除对残疾人的歧视和偏见。在传统社会中，残疾人往往被视为弱势群体，并会受到歧视和排斥。而融合教育的实施和推广则打破了这种歧视和偏见，使残疾人能够与普通人群共同参与社会生活和学习活动。这种积极的转变有助于改变社会对残疾人的认知态度和行为方式，为残疾人争取更多的权益和机会。

融合教育促进了不同社会群体之间的交流和合作。在融合教育的环境中，特殊需求学生与普通学生相互学习、相互帮助、共同成长。这种积极的互动关系不仅有助于特殊需求学生的成长和发展，还能促进普通学生对多元文化的理解和尊重。这种跨文化的交流和合作有助于打破社会中的隔阂和分歧，增强社会的凝聚力和稳定性。

融合教育为其他领域的社会变革提供了有益的借鉴和启示。作为一种创新的教育模式和实践方式，融合教育在推动教育公平、促进社会包容性方面取得了显著成效。这些成功经验可以为其他领域的社会变革提供有益的参考和借鉴，如劳动就业、社会福利、文化融合等方面。通过借鉴融合教育的理念和方法，可以更好地解决社会问题、促进社会发展。

二、融合教育起源与发展背景

（一）融合教育的起源追溯

融合教育的起源可以追溯至 20 世纪五六十年代，这一时期标志着人权意识的显著增强和残疾人权利运动的兴起。随着民主观念和平等思想的深入人心，人们开始对传统特殊教育体系进行深刻反思，积极寻求一种更加公平、包容的教育模式，以满足残疾人的教育需求。正是在这样的背景下，融合教育理念应运而生，并逐渐发展成为全球特殊教育的重要发展趋势。

融合教育最初关注的是残疾儿童的教育问题，其核心理念在于打破特殊教育与普通教育之间的界限，让残疾儿童融入普通教育环境。这种方式不仅为残疾儿童提供了更为广阔的学习和发展空间，也促进了他们与普通儿童之间的交流和互动，有助于消除社会对残疾人的歧视和偏见。

在融合教育的发展过程中，教育学、心理学和社会学等多学科的理论为其提供了坚实的支撑。教育学视角强调教育的公平性和包容性，认为所有学生都应享有平等的受教育权利；心理学视角则关注特殊儿童与普通儿童在互动中的心理发展，认为融合教育有助于促进双方的心理健康；社会学视角则从社会公平与平等的角度出发，强调融合教育对于构建和谐社会的重要意义。

融合教育的起源和发展与西方社会的文化、政治和经济背景密切相关。例如，在20世纪五六十年代，随着西方社会经济的快速发展和民权运动的蓬勃兴起，人们开始更加关注社会公平和正义问题，这也为融合教育的产生和发展提供了有利的社会环境。

融合教育的核心理念在于打破特殊教育与普通教育之间的隔阂和界限，为所有学生提供一个公平、包容的教育环境。这一教育理念的产生和发展不仅推动了特殊教育领域的变革和创新，也为全球教育事业的进步和发展做出了重要贡献。

（二）融合教育的发展阶段

在探讨融合教育的发展历程时，可以清晰地看到其经历了多个阶段，每个阶段都有其特点和重要意义。以下是对融合教育发展阶段的详细阐述。

1. 早期探索阶段

在早期探索阶段，美国和英国等发达国家率先踏上了融合教育的征途。这些国家意识到，将残疾儿童纳入普通教育体系，不仅能够打破社会隔离，还能促进残疾儿童的全面发展。然而，这一时期的探索并非一帆风顺。教育资源的匮乏、教师培训的不足以及社会对残疾儿童的偏见和误解，都是融合教育推广过程中必须克服的障碍。

美国在这一阶段进行了大量的尝试与实验，如“回归主流”计划，旨在通过为残疾儿童提供个别化教学计划、资源教室和辅助技术，帮助他们更好地融入普通班级。这些努力虽然初步展现了融合教育的潜力，但也暴露出了诸多问题，比如，如何平衡残疾儿童与普通学生的教育需求、如何确保特殊教育的专业性与普通教育的包容性相结合等。

英国则通过立法手段推动了融合教育的发展，如《沃诺克报告》和《1981年教育法》的出台，为残疾儿童在普通学校接受教育提供了法律保障。这些政策不仅明确了融合教育的目标，还规定了学校、地方教育当局以及中央政府的责任和义务，为融合教育的后续发展奠定了坚实的法律基础。

尽管早期探索阶段面临诸多困难，但这些实践为融合教育的发展积累了宝贵的经验，也为后续的研究和改革提供了方向。

2. 全国推广阶段

随着社会对融合教育理念的逐渐认同和接受，各国政府开始在全国范围内推广融合教育。在这一阶段，各国政府不仅加大了对融合教育的投入和支持，还通过制定一系列政策措施来保障其顺利实施。

美国在这一时期推出了“无排斥”政策，要求所有学校都必须为残疾儿童提供适当的教育服务，并禁止任何形式的歧视和排斥。同时，美国政府还加强了师资培训，提高了教师对残疾儿童教育的认识和技能水平。此外，美国政府还鼓励学校与社区、家庭等各方力量合作，共同为残疾儿童创造一个包容、支持的学习环境。

英国则通过进一步完善法律法规和政策措施来推动融合教育的发展。例如，《特殊教育需求与残疾法》的出台，为残疾儿童在普通学校接受教育提供了更加全面和细致的法律保障。同时，英国政府还加大了对融合教育的财政投入，支持学校进行设施改造、教师培训以及课程开发等方面的工作。

在这一阶段，融合教育的理念逐渐深入人心，成为教育领域的共识。越来越多的学校开始接纳残疾儿童入学，并努力为他们提供高质量的教育服务。同时，社会各界也开始关注和支持融合教育的发展，为残疾儿童的成长和发展创造更加有利的社会环境。

3. 法律规范阶段

为了进一步规范融合教育的实践和发展，各国政府纷纷制定和完善相关法律法规。这些法律法规不仅明确了融合教育的法律地位和政策要求，还为其实践提供了法律保障和支持。

美国在这一时期出台了一系列与融合教育相关的法律法规和政策文件，如《残疾人教育法》等。这些法律不仅规定了残疾儿童在普通学校接受教育的权利和义务，还明确了学校的责任和义务以及政府的监管职责。同时，美国还建立了完善的评估和监督机制来确保融合教育的有效实施和持续改进。

英国则通过修订和完善《特殊教育需求与残疾法》等法律法规来加强融合教育的法律保障。这些法律不仅规定了普通学校必须接纳残疾儿童入学的义务，还明确了学校应提供的支持和服务内容以及家长和学生的权利保障等方面的要求。同时，英国还建立了独立的评估机构来定期对融合教育的实施情况进行评估和监督，以确保其质量和效果。

在这一阶段的发展过程中，融合教育的实践逐渐走向规范化和制度化。法律法规的完善为融合教育的长期发展提供了坚实的法律基础和政策保障；评估和监督机制的建立则有助于发现和解决融合教育实践中存在的问题和不足，从而推动其持续改进和发展。

4．深入发展阶段

进入21世纪以来，随着全球化和信息化的快速发展以及教育技术的不断创新和应用，融合教育进入了一个深入发展的新阶段。在这一阶段，各国政府和国际组织继续加大对融合教育的投入和支持，推动其在全球范围内的普及和发展。

首先，各国政府纷纷出台了一系列旨在促进融合教育发展的政策措施和行动计划。这些政策不仅明确了融合教育的目标和任务，还提出了具体的实施路径和保障措施。同时，政府还加大了对融合教育的财政投入，支持学校进行设施改造、教师培训以及课程开发等方面的工作，以提高融合教育的质量和效果。

国际组织也积极倡导融合教育理念，并开展了一系列国际合作项目来促进融合教育理念的实践和交流。例如，联合国教科文组织等国际组织通过举办研讨会、培训班等方式，分享各国在融合教育方面的成功经验和做法，推动各国之间的交流与合作。同时，这些国际组织还积极倡导包容性教育理念，强调每个人都有接受高质量教育的权利和机会，无论其身体条件、文化背景或社会经济地位如何。

最后，随着教育技术的不断创新和应用，融合教育的实践（如辅助技术、个别化教学等）也变得更加多样化和个性化。这些技术的应用不仅有助于满足残疾儿童多样化的学习需求，还能够帮助他们更好地适应普通学校的学习环境，提高学习效果和自信心。同时，这些技术的应用也促进了融合教育理念的普及和传播，使更多的人开始关注和支持融合教育的发展。

融合教育的发展历程经历了早期探索、全国推广、法律规范和深入发展四个阶段。每个阶段都有其特点和重要意义，它们共同推动了融合教育在全球范围内的普及和发展。随着社会的不断进步和教育改革的深入进行，相信融合教育将会在未来发挥更加重要的作用，为所有学生提供更加公平、包容和高质量的教育机会。

（三）发展背景分析

1. 社会需求的变化

随着社会经济的快速发展和人民生活水平的显著提高，人们对教育的期待已远远超出了传统意义上的知识传授。特别是在全球化的浪潮下，社会对人才的多元化、创新性和社会适应能力提出了更高要求。这种变化直接反映在教育领域，即社会对教育的需求变得更加全面化和个性化。

特殊教育的传统困境：传统的特殊教育模式，往往将特殊儿童置于一个相对封闭的环境中，进行专门的教育和训练。这种隔离式的教育模式虽然在一定程度上满足了特殊儿童的基本学习需求，但却忽视了他们与普通儿童交流、互动的需求，限制了他们社会适应能力和综合素质的提升。此外，随着社会对特殊教育认识的深入，人们开始意识到，特殊儿童与普通儿童同样享有受教育的权利和机会。

融合教育的兴起：正是在这样的社会背景下，融合教育作为一种全新的教育理念和实践模式应运而生。融合教育强调将特殊儿童纳入普通教育体系之中，通过提供个性化的教学支持和辅助服务，确保他们能够在与普通儿童共同学习的环境中获得最佳发展。这种教育模式不仅满足了特殊儿童的教育需求，也促进了普通儿童对多样性的理解和尊重，增强了他们的社会责任感和包容心。

社会支持的增强：随着社会对融合教育认识的加深，越来越多的政府、学校、家长和社会组织开始积极参与到融合教育的推广和实践中来。政府通过制定相关政策和法规，为融合教育提供了法律保障和资金支持；学校则通过改革教育教学方式，优化教育资源配置，为特殊儿童提供更加适宜的学习环境；家长则通过积极参与学校教育和家庭教育，为特殊儿童提供全方位的支持和关爱；社会组织则通过开展各种公益活动，为融合教育的发展贡献自己的力量。

社会融合的推动：融合教育的兴起不仅促进了特殊儿童与普通儿童之间的交流与融合，也推动了整个社会的融合与发展。在融合教育的实践中，特殊儿童逐渐融入普通社会生活中，他们的才华和潜力得到了更广泛的认可和发挥；普通儿童则通过与特殊儿童的互动与交流，学会了尊重差异、理解包容和团结协作的重要性。这种社会融合不仅有助于构建更加和谐、包容的社会环境，也为社会的可持续发展注入了新的活力和动力。

2. 教育理念的更新

教育理念是教育实践的先导和灵魂。随着时代的发展和社会的进步，教育理念也在不断更新和发展。这种更新和发展不仅体现在对教育目标、教育内容和教育方法的重新认识上，更体现在对教育本质和价值的深刻反思上。

全面发展的教育理念：现代教育理念强调学生的全面发展和社会适应能力。在这一理念的指导下，融合教育被赋予了新的内涵和意义。融合教育不再仅仅关注特殊儿童的知识和技能学习，更关注他们的情感、态度和价值观的培养；不再仅仅关注他们的学业成绩和考试分数，更关注他们的综合素质和社会适应能力。这种全面发展的教育理念为融合教育的实践提供了重要的理论支撑和指导方向。

以人为本的教育理念：以人为本是现代教育理念的核心理念之一。在融合教育的实践中，这一理念得到了充分体现。融合教育强调以学生为中心，尊重每个学生的个性差异和特殊需求，为他们提供个性化的教学支持和辅助服务。这种以人为本的教育理念使特殊儿童能够在普通学校环境中获得更加适宜的学习体验和成长机会，同时也促进了普通儿童对多样性的理解和尊重。

连续性和统一性的教育理念：融合教育打破了传统特殊教育与普通教育之间的界限，强调教育的连续性和统一性。在这一理念的指导下，融合教育致力于构建一个无缝衔接的教育体系，使特殊儿童能够在不同的教育阶段和环境中获得连续性的教育支持和服务。这种强调连续性和统一性的教育理念有助于特殊儿童更好地适应普通学校环境和社会生活，也为他们的未来发展奠定了坚实的基础。

跨文化交流与合作：国际教育界的交流与合作也为融合教育的发展注入了新的动力。各国在教育领域的相互借鉴和学习使融合教育的理念和实践得以在全球范围内传播和推广。这种跨文化的交流与合作不仅丰富了融合教育的理论内涵和实践经验，也促进了各国在教育领域的相互理解和尊重。通过分享成功案例、交流经验做法、探讨共同问题等方式，各国可以携手推动融合教育事业的持续发展和进步。

三、融合教育与特殊教育比较

（一）融合教育与特殊教育的区别

融合教育与特殊教育在教育理念和实施方式上存在着显著的差异。这些差异不仅体现在对学生的教育方式上，也反映了教育目标和社会价值观的不同。

在教育理念方面，融合教育强调的是包容和公平。它倡导所有学生，无论是否存在特殊教育需求，都应在同一教育环境中共同学习、相互促进。这种教育理念认为，每个学生都有其独特的价值和潜能，而教育的目标就是帮助每个学生实现其潜能的最大化。相比之下，特殊教育则更注重对特殊需求学生的个性化教育服务，其教育理念主要基于对学生个体差异的尊重和满足。

在实施方式上，融合教育采取的是“随班就读”或“全纳教育”的模式，即将特殊需求学生安置在普通学校班级中接受教育。这种模式要求普通学校在教育资源、师资力量和教学策略等方面进行相应的调整和改进，以适应不同学生的学习需求。而特殊教育则通常通过设立专门的特殊学校或特殊教育班级来实施，其教育环境、教学内容和方法都是根据特殊需求学生的特点来定制的。

融合教育和特殊教育在目标追求上也存在差异。融合教育的目标是促进所有学生的全面发展，包括学术成就、社会技能以及情感态度的培养。它致力于消除教育中的歧视和排斥现象，为所有学生提供均等的教育机会。而特殊教育的主要目标则是帮助特殊需求学生克服学习障碍，提高他们的生活自理能力和社会适应能力。

融合教育与特殊教育在教育理念、实施方式和目标追求等方面均存在明显的差异。这些差异反映了两种教育模式对待学生和教育问题的不同视角和侧重点。

（二）融合教育与特殊教育的联系

融合教育与特殊教育在教育实践中展现出紧密的相互补充与促进关系。尽管两者在教育理念、实施方式等方面存在差异，但它们共同致力于满足学生的多样化教育需求，推动教育的全面发展和进步。

融合教育强调将所有学生，包括有特殊教育需求的学生，纳入同一教育环境中，通过提供个性化的支持和资源，确保每位学生都能获得公平且高质量的教育。这种教育模式有助于培养学生的相互理解和尊重，减少歧视和偏见，营造一个更加包容、和谐的社会氛围。然而，融合教育的实施也面临着诸多挑战，如教育资源的分配、教师的专业素养、学生的个性化需求等。

特殊教育则针对有特殊教育需求的学生，提供更加专业化和系统化的教育服务。特殊教育注重根据学生的个体差异和需求，制定个性化的教育方案，通过专门的教学方法和手段，帮助学生克服障碍、发展潜力，实现自我价值。特殊教育在推动学生个体发展方面发挥着重要作用，为融合教育的实施提供了有力的专业支撑。

在教育实践中，融合教育与特殊教育相互补充，共同促进学生的全面发展。融合教育为特殊教育提供了更广阔的教育环境和更多的教育机会，使特殊教育的学生能够更好地融入社会，增强自信心和归属感。同时，特殊教育也为融合教育提供了专业的教育理念和教学方法，帮助普通学校更好地应对有特殊教育需求的学生，提升整体教育质量。

融合教育与特殊教育的相互促进还体现在教育资源的共享和教育创新的推动上。两者在教育资源的开发、利用和整合方面可以相互借鉴和学习，实现教育资源的优化配置和高效利用。同时，两者在教育理念、教学方法等方面的不断创新和探索，也为整个教育系统的改革和发展注入了新的活力和动力。

融合教育与特殊教育共同致力于满足学生的多样化教育需求，推动教育的全面发展和进步。在未来的教育发展中，应进一步加强融合教育与特殊教育的合作与交流，充分发挥各自的优势和特长，为所有学生提供更加优质、公平的教育服务。

（三）融合教育对特殊教育的意义

融合教育作为一种包容性的教育理念和实践，对特殊教育的发展具有深远的推动作用和重要意义。它不仅改变了传统特殊教育的观念和模式，还为特殊儿童提供了更广阔的教育机会，促进了他们的全面发展和社会融入。

融合教育推动了特殊教育理念的转变。传统的特殊教育往往将特殊儿童视为需要单独安置和特殊照顾的群体，而融合教育则强调所有儿童都应享有平等的受教育权，无论其是否存在特殊教育需求。这种理念的转变使得特殊儿童能够在普通学校环境中接受教育，与其他儿童共同学习和成长，从而减少了歧视和排斥，增强了他们的自信心和归属感。

融合教育为特殊儿童提供了更丰富的教育资源和学习机会。在融合教育环境中，特殊儿童能够接触到更多样化的教学方法和课程内容，满足他们个性化的学习需求。同时，他们还能与普通儿童进行互动和交流，拓展社交圈子，提升社交技能，为未来的社会参与做好准备。

融合教育促进了特殊教育教师的专业发展和素质提升。在融合教育背景下，特殊教育教师需要具备更高的专业素养和教育技能，以应对不同学生的学习需求和挑战。这促使他们不断学习和进修，提升自身的教育教学能力，从而更好地支持特殊儿童的学习和发展。

融合教育对于构建和谐社会具有重要意义。通过融合教育，社会能够更加关注和尊重特殊儿童的教育权利和需求，逐渐消除对他们的歧视和偏见。这不仅有助于特殊儿童的成长和发展，还能够培养整个社会的包容性和同理心，促进不同群体之间的相互理解和支持，为构建和谐社会奠定坚实基础。

融合教育对特殊教育的发展具有深远的推动作用和重要意义。它不仅改变了传统特殊教育的观念和模式，还为特殊儿童提供了更广阔的教育机会和资源，促进了他们的全面发展和社会融入。同时，融合教育也推动了特殊教育教师的专业发展和素质提升，为构建和谐社会做出了积极贡献。

第二节　融合教育的核心理念

一、全纳教育理念

（一）全纳教育的核心理念

1. 定义与特点

全纳教育，作为现代教育体系中的一股强劲思潮，其本质是对教育本质的深刻反思与重构。它不仅仅是一种教育模式或策略的革新，更是对教育公平、人权尊重以及社会和谐理念的坚定践行。全纳教育强调，每一个孩子，无论其身体条件、智力水平、文化背景或社会经济地位如何，都应享有在普通学校中接受高质量教育的权利与机会。这种权利不仅是法定的，更是基于人性尊严的必然要求。

全纳教育的特点在于其全面性、包容性和参与性。全面性体现在它关注学生的学习成果，同时也关注学生的情感、社交、心理等多方面的成长。包容性则是指它接纳所有学生的独特性，无论是身体上的差异还是学习上的困难，都力求为每一个学生提供个性化的支持与服务。参与性则强调教育过程中的互动与合作，鼓励学生、教师、家长及社会各界共同参与，共同为创建一个更加公平、和谐的教育环境而努力。

在全纳教育的实践中，教育者需要具备高度的专业素养和人文关怀精神。他们不仅要掌握先进的教学方法和技术手段，更要具备敏锐的洞察力，能够及时发现并满足学生的多样化需求。同时，他们还需要具备开放的心态和包容的胸怀，尊重每一个学生的独特性和差异性，努力营造一个充满爱与尊重的学习氛围。

2. 全纳教育在教育中的重要性

全纳教育在教育领域中的重要性日益凸显，它不仅是实现教育公平的重要途径，也是促进学生全面发展的重要手段。从教育公平的角度来看，全纳教育打破了传统教育体系中的界限与壁垒，让每一个孩子都能站在同一起跑线上，享受平等的教育资源和学习机会。这种公平不仅体现在物质条件的提供上，更体现在精神层面的尊重与关怀上。它让每一个孩子都能感受到自己是被看见、被听见、被重视的，从而激发他们的学习热情和自信心。

全纳教育有利于促进学生的全面发展。在一个充满多样性和包容性的教育环境中，学生能够接触到来自不同背景、不同文化、不同能力水平的同学和老师。这种多元化的交流与学习不仅能够拓宽学生的视野和知识面，还能够培养他们的跨文化沟通能力和批判性思维能力。同时，通过与不同需求的同学共同学习和生活，学生能够学会理解、尊重并帮助他人，从而培养他们的同情心和责任感。这种全面的发展不仅有助于学生在学业上取得优异成绩，更有助于他们成为具有社会责任感、人文关怀精神和创新能力的未来公民。

此外，全纳教育还有助于培养学生的社交技能和合作精神。在团队合作和集体活动中，学生需要学会与他人沟通、协商和妥协以达成共同目标。这种过程不仅能够锻炼学生的沟通能力和团队协作能力，还能够培养他们的领导才能和决策能力。同时，在帮助有特殊需求同学的过程中，学生能够体验到助人的乐趣和成就感，从而培养他们的同情心和奉献精神。这种对社交技能和合作精神的培养对于学生未来的职业发展和社会生活都具有重要意义。

（二）全纳教育的理论基础

1. 理论来源

全纳教育的理论基础犹如一棵根深叶茂的大树，其根基深深扎根于联合国教科文组织于 1994 年颁布的萨拉曼卡宣言之中。这一历史性的文件不仅照亮了特殊教育领域的新方向，更在全球范围内掀起了教育改革的浪潮。萨拉曼卡宣言如同一盏明灯，照亮了全纳教育的道路，它明确提出了“全纳教育”这一革命性的概念，即所有学生，无论其身体条件、情感状态、行为表现或学习能力上的差异，都应当被纳入并平等地参与到教育体系中来。

这一理念的提出，是对传统教育模式的一次深刻反思和勇敢挑战。它打破了长期以来以“标准化”和“一致性”为主导的教育观念，转而强调教育的多样性和包容性。全纳教育不仅仅是一种教育理念的更新，更是一场深刻的社会变革，它要求社会各界共同努力，为所有学习者创造一个无障碍、无偏见的学习环境。

在萨拉曼卡宣言的引领下，全纳教育逐渐从理论走向实践，其理论体系也日趋完善。它充分吸收了教育公平、全人发展等先进教育理念的精髓，形成了自己独特的理论体系。教育公平理念为全纳教育提供了坚实的道德基础，它强调每个学习者都应享有平等的教育机会和资源，无论其家庭背景、经济条件或社会地位如何。而全人发展理念则进一步拓展了全纳教育的视野，它要求教育者关注学习者的全面发展，不仅要在知识和技能上进行传授，还要在情感、态度和价值观等方面进行引导和培养。

此外，全纳教育还从多元智能理论、建构主义学习理论等多种教育理论中汲取营养，不断完善自身的理论体系。这些理论的融入，使得全纳教育更加关注学习者的个体差异和多元化需求，致力于为他们提供更具针对性和个性化的教育支持和服务。

2. 主要观点

全纳教育的主要观点犹如一串串璀璨的珍珠，串联起全纳教育的核心理念和实践路径。教育机会的平等是全纳教育的基石。它强调所有学习者无论其背景如何，都应享有进入学校接受教育的权利。这一观点体现了全纳教育对教育公平的不懈追求，也是其区别于传统教育模式的重要标志之一。在全纳教育的实践中，学校和社会各界应共同努力，消除一切阻碍学习者接受教育的障碍，确保每个学习者都能站在同一起跑线上。

教育过程的平等是全纳教育的重要保障。它不仅关注学习者能否获得教育机会，更关注他们在教育过程中能否得到平等对待和尊重。全纳教育倡导教师应根据学习者的个体差异和需求，灵活调整教学策略和方法，以确保每个学习者都能在教育过程中获得充分的发展和进步。这种个性化的教学方式不仅有助于满足学习者的多元化需求，还能激发他们的学习兴趣和动力，提高学习效果。

此外，全纳教育还尊重学习者的主体性地位。它认为学习者是教育活动的主体而非被动接受者，应充分发挥其主观能动性和创造性。在全纳教育的实践中，教师鼓励学习者积极参与课堂讨论和决策过程，培养他们的自主学习能力和批判性思维。这种教学方式不仅有助于增强学习者的自信心和责任感，还能促进他们之间的交流和合作，形成积极向上的学习氛围。

全纳教育致力于发挥学习者的主观能动性。它认为每个学习者都有独特的潜能和优势，应通过教育激发他们的内在动力和创新精神。全纳教育通过提供个性化的学习支持和资源，帮助学习者发掘自身的兴趣和才能，实现自我价值的最大化。这种以人为本的教育理念不仅有助于培养学习者的创新精神和实践能力，还能为他们未来的发展奠定坚实的基础。

（三）全纳教育的实践路径

全纳教育的实践路径是一个多维度、全方位的系统工程，涉及立法保障、学校支持以及社会参与等多个层面。这些层面相互交织、互为补充，共同构成了全纳教育实践的坚实基础。

1. 立法保障

立法保障是全纳教育实践路径的坚固基石，它不仅为特殊教育需求的学生提供了法律上的保护，还确保了全纳教育理念的深入实施。在全球范围内，各国政府纷纷通过立法手段，明确全纳教育的地位和目标，力求消除教育领域的歧视与不平等。

在法国，“信任学校”法案的出台，标志着全纳教育在该国教育体系中的正式确立。该法案强调学校作为国家公共服务的核心组成部分，有责任接纳并教育所有学生，无论其身体、智力或情感状况如何。这种法律上的明确规定，为全纳学校的建设和发展提供了强有力的支持，使得学校能够自信地接纳特殊学生，并为其提供适应其需求的教育服务。

英国在立法保障方面同样不遗余力。通过《特殊教育需要和残疾人法》等法律文件，英国政府为残疾儿童提供了全面的教育权益保障。这些法律不仅要求学校为残疾学生提供个性化的教育支持，还规定了教育部门的责任和义务，确保残疾学生能够在公平、无歧视的环境中接受高质量的教育。此外，英国还建立了完善的特殊教育评估体系，对残疾学生的教育需求进行定期评估，并根据评估结果调整教育计划和支持措施。

立法保障的重要性在于它为全纳教育的实施提供了法律基础和制度保障。通过制定和执行相关法律法规，政府能够明确各方责任和义务，推动全纳教育理念的深入实施。同时，立法保障还能够促进教育资源的合理分配和优化配置，确保所有学生都能够获得公平且高质量的教育机会。

2. 学校支持

学校是全纳教育实践的关键环节，其支持措施的有效性直接影响到全纳教育的实施效果。为了营造包容性的学习环境，学校需要从多个方面入手，为有特殊教育需求的学生提供个性化的教学计划和支持措施。

学校应积极引入辅助技术，帮助特殊学生克服学习障碍。例如，为视力障碍学生提供电子助视器、为听力障碍学生提供助听器或手语翻译等。这些辅助技术能够帮助学生更好地接收和理解信息，提高学习效率和质量。

学校需要调整教学策略，以适应不同学生的学习需求。这包括采用多样化的教学方法、设计差异化的学习任务和评估方式等。通过实施个别化教学，学校能够确保每个学生都能够在适合自己的学习节奏和方式下获得充分的发展。

此外，加强教师培训也是学校支持全纳教育的重要举措。教师需要具备全纳教育的理念和知识，掌握与特殊学生有效沟通和互动的技巧和方法。为此，学校可以定期组织教师参加全纳教育培训课程，提升教师的教学能力和专业素养。通过培训，教师可以更好地理解和满足特殊学生的教育需求，促进他们的全面发展。

学校支持的全纳教育实践不仅体现在教学和管理层面，还涉及校园文化和环境的营造。学校应倡导包容、尊重和平等的价值观，鼓励学生之间的相互理解和支持。通过举办多样化的活动和课程，学校可以丰富学生的学习体验，增强他们的社会适应能力和自信心。

3. 社会参与

全纳教育的实现离不开全社会的共同努力和广泛参与。家长、社区、政府、非政府组织等各方应积极参与到全纳教育的实践中来，为特殊学生提供全方位的支持和帮助。

家长作为孩子的第一任教育者，在全纳教育中扮演着至关重要的角色。他们应积极参与孩子的教育过程，与学校建立紧密的合作关系，共同关注孩子的成长和发展。家长可以通过参与家长会、与教师沟通交流等方式，了解孩子在学校的表现和需求，为他们提供必要的支持和帮助。

社区是全纳教育的重要资源提供者。社区可以为学校提供丰富的教育资源和实践机会，如志愿者服务、文化活动、实训基地等。这些资源能够帮助学生更好地融入社会，提高他们的社会适应能力和实践能力。同时，社区还可以与学校合作开展全纳教育宣传活动，提高公众对全纳教育的认识和理解。

政府和非政府组织在全纳教育中发挥着重要的推动作用。政府可以通过制定政策、提供资金和技术支持等方式，推动全纳教育的深入发展。例如，政府可以设立全纳教育专项基金，为学校和家庭提供经济援助；还可以制定相关政策，鼓励企业和社会组织参与全纳教育事业。非政府组织则可以通过提供咨询、指导和资源共享等服务，为学校和家长提供全方位的支持。

社会参与的全纳教育实践是一个多元共治的过程。各方应积极履行自己的责任和义务，共同为特殊学生创造一个公平、包容和高质量的教育环境。通过加强合作与交流，可以推动全纳教育走向深入，为所有学生提供更加全面而优质的教育服务。

二、平等教育理念

（一）平等教育的内涵与价值

1. 定义与重要性：融合教育在特殊教育中的深化

在特殊教育的广阔领域中，融合教育作为一股不可忽视的潮流，正逐步成为推动教育公平与包容的重要力量。融合教育不仅仅是一种教育理念或方法，它更是一种深刻的社会变革，旨在打破传统教育体系中“普通”与“特殊”的界限，确保所有学生，无论其身体条件、学习能力或其他任何差异，都能在同样的学习环境中接受教育，享有同等的权利和机会。

定义深化：融合教育超越了简单的“共存”概念，它强调的是“共融”与“共进”。这意味着有特殊教育需求的学生应被视为教育社区中不可或缺的一部分，他们的学习需求、兴趣以及潜能应被充分认识和尊重，并将其融入整个教育体系的设计与实施。融合教育不仅关注物质环境的无障碍性，更重视心理、社会及文化层面的包容与接纳，确保每位学生都能感受到归属感与价值感。

重要性凸显：融合教育是实现教育公平的关键举措。它从根本上挑战了长期以来将特殊教育需求学生隔离于主流教育体系之外的做法，促进了教育资源的合理分配与利用，减少了教育不平等现象的发生。融合教育有助于提升特殊教育需求学生的社会适应能力。在融合的环境中，他们能够与同龄人建立更加自然、真实的社交关系，学会合作、沟通与分享，为日后融入社会打下坚实基础。此外，融合教育还能促进全纳社会的构建，通过教育这一途径，增强公众对特殊教育需求的理解与接纳，推动社会整体向着更加包容、多元的方向发展。

2. 价值体现：融合教育在特殊教育中的多维度影响

自尊与自信的培养：融合教育为特殊教育需求学生提供了一个展示自我、实现价值的舞台。在这个舞台上，他们不再是被边缘化的群体，而是积极参与、贡献智慧的一分子。随着成功经验的积累，他们的自尊心和自信心将得到显著提升，这将为他们克服生活中的种种困难提供强大的心理支持。

偏见与歧视的消除：融合教育通过日常的互动与交流，促进了不同学生群体之间的相互理解与尊重。当特殊教育需求学生的才能、努力和成就被看见并认可时，社会上的偏见与歧视将逐渐淡化乃至消失。这种变化不仅有利于特殊教育需求学生的成长，也促进了整个社会的文明进步。

全面发展的促进：融合教育为特殊教育需求学生提供了更加丰富的学习资源和多元化的学习途径。在融合的环境中，他们可以根据自己的兴趣、能力和需求选择适合的学习内容和方式，从而在各个领域得到均衡而充分的发展。这种个性化的教育模式有助于激发他们的潜能，培养他们的创新精神和实践能力，为未来的职业生涯和人生道路奠定坚实基础。

社会和谐与进步的推动：融合教育的实践不仅关乎个体的成长与发展，更关乎社会的和谐与进步。通过融合教育，能够构建一个更加包容、多元的社会环境，让每一个成员都能在其中找到属于自己的位置和价值。这样的社会将更加稳定、和谐，充满生机与活力。

（二）平等教育的实施障碍

平等教育，作为教育公平的重要体现，其核心理念是为所有学生提供无差别的教育机会和条件。在将这一崇高理念转化为实践的过程中，面临着多方面的挑战和障碍。

教育资源分配不均是阻碍平等教育实施的首要因素。在不同地区、不同学校之间，教育资源的配置存在显著的差异。一些学校拥有先进的教学设备和丰富的教育资源，而另一些学校则条件简陋，难以满足学生多样化的学习需求。这种资源分配的不均衡直接导致了教育质量的差异，使得平等教育的目标难以实现。

教师观念的落后也是平等教育实施过程中的一大障碍。一些教师固守着传统的教学观念，缺乏对学生个体差异的关注和尊重。他们未能充分认识到，每个学生都是独一无二的个体，具有不同的学习风格和发展潜力。因此，在教学过程中，这些教师往往采用一刀切的教学方式，忽视了学生的个性化需求，从而阻碍了平等教育的实施。

教育评价体系的单一性也是导致教育不平等的重要原因。当前的教育评价体系过于注重学生的考试成绩和升学率，而忽视了对学生综合素质和个性特长的评价。这种单一的评价标准使得学校和教师过分追求分数和升学率，导致了对学生的片面评价和歧视性对待。在这种环境下，学生的全面发展受到了限制，平等教育的理念也难以得到贯彻。

社会对特殊学生的偏见和歧视也是平等教育实施的重要障碍之一。特殊学生由于身体或智力上的障碍，往往面临着更多的困难和挑战。一些社会成员对特殊学生持有偏见和歧视态度，认为他们无法像正常学生一样接受教育和融入社会。这种偏见和歧视不仅剥夺了特殊学生应有的教育机会，也严重损害了他们的自尊心和自信心，阻碍了平等教育的实现。

要实现平等教育的理念，必须正视并消除这些实施障碍。通过优化教育资源分配、更新教师观念、完善教育评价体系以及消除社会偏见和歧视等措施，可以逐步推进平等教育的实施，为所有学生创造一个更加公平、包容的学习环境。

（三）平等教育的实施策略

1. 加大教育资源投入：构建平等教育基石

在推动特殊教育融合教育理论与实践发展的进程中，教育资源投入的加大是不可或缺的基石。这不仅关乎硬件设施的升级，更触及教育公平的深层次问题。政府作为教育资源的主要分配者，其角色尤为关键。

政府应明确将特殊教育融合教育纳入教育发展的优先领域，确保教育经费的持续增长和合理分配。通过专项资金的设立，可以有效改善特殊教育学校的基础设施，如无障碍设施、康复训练室等，为特殊学生提供更加舒适和安全的学习环境。同时，现代化教学设备的引入，如智能辅助教学系统、远程教学平台等，将极大地丰富教学手段，提高教学效果，使特殊学生也能享受到科技带来的便利。

在教师队伍建设方面，政府应大力提升特殊教育教师的待遇和地位，吸引更多优秀人才投身于特殊教育事业。通过设立特殊津贴、提供专业培训和发展机会等措施，可以有效激发特殊教育教师的工作热情和创造力。此外，还应加强特殊教育教师的师德师风建设，确保他们能够以平等、尊重、包容的态度对待每一位学生，为他们的成长和发展提供坚实的支撑。

然而，教育资源的投入并非简单的“给钱给物”，更需要科学的规划和管理。政府应建立健全教育资源使用和管理制度，明确各项资源的配置标准和使用要求，防止资源浪费和不合理分配现象的发生。同时，还应加强教育督导和评估工作，定期对特殊教育学校的资源使用情况进行检查和评估，确保资源真正用于提升教育质量和促进教育公平。

2. 更新教育观念：引领特殊教育融合新风尚

教育观念是教师教育行为的先导和灵魂。在特殊教育融合教育的背景下，更新教育观念显得尤为重要。这要求教师们摒弃传统的偏见和歧视，以平等、尊重、包容的心态去接纳和关注每一位学生。

教师应充分认识到每位学生的独特性和差异性。特殊学生虽然在某些方面存在障碍或困难，但他们同样拥有无限的潜力和可能。教师应尊重他们的个体差异和学习需求，为他们提供个性化的教育支持和服务。这包括制订个性化的教学计划、采用多样化的教学方法和手段等，以确保每位学生都能在适合自己的节奏和方式下学习、成长。

教师应注重培养学生的全面发展。特殊教育不仅仅是知识的传授和技能的训练，更是学生个性、情感、社会性等多方面的综合发展。因此，教师应关注学生在创新精神、实践能力、社会责任感等方面的培养，通过组织丰富多彩的课外活动、社会实践等方式，拓宽学生的视野和经验，激发他们的潜能和创造力。

此外，教师还应学会欣赏和接纳学生的多样性。特殊学生往往具有独特的思维方式和行为表现，这需要教师们以开放的心态去理解和接纳。在与学生相处的过程中，教师应耐心倾听他们的想法和感受，鼓励他们表达自己的观点和意见，为他们营造一个自由、宽松、包容的学习氛围。

3．完善教育评价体系：促进特殊教育融合教育质量提升

教育评价体系是衡量教育质量和效果的重要标尺。在特殊教育融合教育的背景下，完善教育评价体系显得尤为重要。这有助于更全面地了解学生的学习情况和需求，为他们提供更加精准和有效的教育支持和服务。

建立多元化的评价机制。传统的以学业成绩为核心的评价体系过于单一和片面，无法全面反映学生的真实水平和发展潜力。因此，需要建立一种多元化的评价机制，以更全面地评价学生的学习成果和综合素质。这包括对学生知识掌握、能力发展、学习态度、合作精神等多方面的考察。通过采用多种评价方法和手段，如课堂观察、作品展示、自我评价等，可以更准确地了解学生的学习情况和需求，为他们提供更加个性化的教育支持和服务。

注重评价结果的反馈和应用。评价不仅仅是为了给出一个分数或等级，更重要的是通过评价发现学生的学习问题和需求，为他们提供针对性的指导和帮助。因此，需要建立一种有效的反馈机制，将评价结果及时反馈给学生和家长，并与他们共同制订改进计划和措施。同时，还应将评价结果作为教师教学效果和教学质量的重要依据，鼓励教师不断改进教学方法和手段，提高教育质量和效果。

加强教育评价体系的改革和创新。随着特殊教育融合教育的不断深入和发展，我们需要不断探索和实践新的评价方式和方法。例如，可以借鉴国际先进

的教育评价理念和经验，结合我国特殊教育的实际情况进行创新和改进；还可以利用现代信息技术手段开发智能化的教育评价系统，提高评价的准确性和效率等。这些改革和创新将有助于更好地适应特殊教育融合教育的发展需求，为特殊学生提供更加优质和高效的教育服务。

三、个性化教育理念

（一）个性化教育的核心理念

个性化教育强调以学生为中心，关注每位学生的独特性，旨在通过量身定制的教学方案，最大限度地激发学生的潜能。这一理念的核心在于尊重差异、因材施教，确保每位学生都能在适合自己的学习环境中成长。

个性化教育要求教育者精准识别学生的需求。这包括了解学生在兴趣爱好、学习风格、能力水平以及学习障碍等多方面的信息。通过综合评估，教育者能够为学生提供更加符合其实际需求的教学内容和方式。

个性化教育倡导设计个性化的教学方案。根据学生的特点，教育者可以灵活调整教学计划，采用多样化的教学方法和手段，如小组合作、项目式学习、探究式学习等，以满足不同学生的学习需求。同时，教育者还应注重培养学生的自主学习能力，引导学生学会自我管理和自我提升。

此外，个性化教育还强调实施灵活分组教学。根据学生的能力水平和兴趣特点，教育者可以将学生分成不同的小组进行教学。这样既能保证每位学生都能在适合自己的学习环境中学习，又能促进学生之间的交流与合作。

在技术支持方面，个性化教育充分利用现代技术手段，如智能教学系统、在线学习平台等，为学生提供更加丰富、便捷的学习资源和学习方式。这些技术手段不仅能够帮助学生更好地掌握知识和技能，还能提高学生的学习效率和兴趣。

个性化教育注重建立多元化的评价体系。除了传统的考试成绩，教育者还应关注学生的综合素质和个性发展，采用多种评价方式和手段来评估学生的学习成果和成长情况。这样既能更加全面地反映学生的实际情况，又能激励学生在多个方面取得进步和发展。

（二）个性化教育的实施策略

1. 精准识别学生需求

在特殊教育领域内，精准识别学生需求是实现融合教育目标的关键基石。这一环节要求教育者不仅具备深厚的专业知识，还需拥有敏锐的观察力和同理心。学生的独特性体现在多个维度，从基础的认知能力到复杂的情感需求，无一不需要被细致入微地关注。

对学生学习能力的识别，教育者需通过标准化的测试与日常学习表现相结合的方式，评估学生在不同学科领域的掌握程度及潜在的发展空间。这包括学生的语言理解能力、数学逻辑、空间想象、创造性思维等多个方面。同时，关注学生的特殊学习需求，如阅读障碍、注意力缺陷等，以便提供针对性的干预措施。

兴趣爱好是学习动机的重要来源。教育者应通过与学生一对一的交流、观察其在课外活动中的表现以及收集家长反馈等方式，全面了解学生的兴趣所在。这不仅有助于激发学生的学习兴趣，还能促进其自主学习能力的培养。

此外，学生的学习习惯和擅长的学习方式同样不容忽视。有的学生偏好独立思考，有的则更喜欢小组讨论；有的学生善于通过动手操作来掌握知识，有的则更倾向于通过阅读或听讲来掌握知识。教育者应尊重学生的这些差异，鼓励他们在适合自己的学习环境中成长。

为了实现精准识别，教育者还需建立并完善学生档案系统，定期更新学生的学习进展、心理状况及特殊需求等信息。这有助于教育者全面把握学生的个体差异，为后续的个性化教学提供坚实的数据基础。

2. 设计个性化教学方案

在精准识别学生需求的基础上，设计个性化教学方案是融合教育实践的核心环节。个性化教学方案应充分考虑学生的独特性，旨在为他们提供最适合的学习路径和支持。

明确教学目标是设计个性化教学方案的前提。教育者需根据学生的实际情况，制定既符合课程标准又符合学生个性化发展需求的教学目标。这些目标应具有可衡量性、可达成性和挑战性，以激发学生的学习兴趣和动力。

针对学生的特定需求，教育者需选择或开发适合的教学策略和学习资源。

例如，对于视觉学习者，教师可以利用多媒体教学资源，如动画、视频等，来直观展示知识点；对于听觉学习者，则可以录制讲解音频或安排朗读练习，以提高学生的听力理解能力。此外，教育者还可以根据学生的学习进度和反馈，灵活调整教学策略和资源，以确保教学效果的最大化。

在评估方式方面，个性化教学方案也应有所创新。传统的纸笔测试虽然能够评估学生的知识掌握程度，但往往难以全面反映学生的综合素质和个性化发展。因此，教育者应采用多元化的评估方式，如项目式学习、口头报告、同伴评价等，以更全面地了解学生的学习情况和成长过程。

3. 实施灵活分组教学

灵活分组教学是融合教育实践中提高教学效率和质量的有效途径。通过合理的分组，教育者可以在同一课堂内满足不同学生的需求，促进他们的全面发展。

分组应遵循异质分组的原则。即在同一小组内，学生之间应具有一定的差异性和互补性。这样既能激发学生的学习兴趣和动力，又能促进他们之间的相互学习和帮助。例如，在一个阅读小组中，可以包含不同阅读水平的学生，让基础较好的学生带动基础较差的学生一起进步。

分组应具有一定的灵活性。教育者应根据学生的学习进展和兴趣变化，及时调整分组策略。例如，在某一阶段的学习任务完成后，教育者可以根据学生的表现重新分组，以便为他们提供更合适的学习环境和资源。

在分组教学过程中，教育者还需关注小组内的互动和合作。通过引导学生积极参与小组讨论、合作完成任务等，培养他们的团队精神和沟通能力。同时，教育者还应对小组学习成果进行及时评价和反馈，以激励学生的学习积极性和创造力。

灵活分组教学是一种有效的融合教育实践方式。通过合理的分组和有效的管理，教育者可以在同一课堂内满足不同学生的需求，促进他们的全面发展。

4. 利用技术手段辅助个性化教学

在现代教育的广阔天地中，技术手段的飞速发展如同一股强劲的东风，为个性化教学插上了翅膀。智能教学系统的兴起，正是这股力量最为直观的体现。这些系统通过深度学习、大数据分析等前沿技术，能够精准捕捉学生的学习行为和成效数据，从而为每一位学生量身定制学习路径。它们不仅能够根据学生的知识掌握情况推荐适宜的学习资源，还能在学生学习过程中提供即时的反馈和调整建议，确保学生的学习始终处于高效、有序的状态。

在线学习平台则进一步打破了时间和空间的限制，让个性化教学变得更加灵活多样。学生可以根据自己的节奏和需求，在任何时间、任何地点进行学习。这种学习方式不仅提高了学生的自主性和积极性，还为他们提供了更多的选择和可能性。通过在线学习平台，学生可以接触到来自世界各地的优质教育资源，与全球的学习者共同交流、切磋，从而拓宽视野、增长见识。

当然，技术手段的应用还需要教师的精心指导和合理安排。教师需要掌握一定的信息技术能力，以便能够熟练操作智能教学系统和在线学习平台，并将其有效地融入教学过程。同时，教师还需要关注学生的学习动态和反馈，及时调整教学策略和方法，以确保个性化教学的顺利实施。

5. 建立多元化的评价体系

在个性化教育的背景下，传统的以考试分数为唯一标准的评价体系显然已无法满足需求。为了更全面地反映学生的发展状况和个性特点，建立多元化的评价体系显得尤为重要。这种多元化的评价体系应综合考虑学生的学术成绩、课堂表现、团队合作能力、创新思维等多个方面，以形成对学生综合素质的全面评价。

在学术成绩方面，除了传统的笔试，还可以引入项目式学习、探究式学习等评价方式，以考查学生的知识应用能力和问题解决能力。在课堂表现方面，教师可以通过关注学生的参与度、思维活跃度、表达能力等方面来评价学生的学习态度和习惯。在团队合作能力和创新思维方面，教师可以通过小组合作项目、创意竞赛等活动来考查学生的综合素质。

此外，定期的反馈和指导也是多元化评价体系中不可或缺的一环。教师需要定期向学生提供学习反馈和建议，帮助他们了解自己的优点和不足，并制订相应的改进计划。同时，教师还需要与家长保持密切沟通，共同关注学生的学习进展和成长变化，为他们的个性化发展提供有力支持。

6. 加强家校合作与沟通

个性化教育的成功实施离不开家长的支持和配合。因此，加强家校合作与沟通显得尤为重要。学校应定期与家长进行沟通交流，共同制订和执行学生的个性化教育计划。这种沟通不仅有助于家长了解学校的教育理念和教学方法，还能够让他们更加清晰地了解孩子在学校的表现和成长情况。

在家校合作的过程中，学校可以通过家长会、家访、家校联系册等多种方式与家长保持密切联系。通过这些渠道，学校可以向家长介绍学生的个性化教育计划、学习进展和成长变化等情况；同时，也可以听取家长的意见和建议，以便更好地调整和完善教育计划。此外，学校还可以邀请家长参与学校的教育活动和教学评价工作，让他们更加深入地了解学校的教育教学工作和学生的成长过程。

加强家校合作与沟通是实施个性化教育的重要保障。只有家校双方共同努力、密切配合，才能为学生的个性化发展创造更加有利的环境和条件。

个性化教育的实施需要教师在教学理念、教学方法和评价方式上进行全面的革新。通过精准识别学生需求、设计个性化教学方案、实施灵活分组教学、利用技术手段辅助个性化教学、建立多元化的评价体系以及加强家校合作与沟通等策略，可以更好地满足学生的个性化需求，促进他们的全面发展。

（三）个性化教育的实施困境

在实施个性化教育的过程中，教育工作者们不可避免地会遇到一系列的挑战和困境。这些困境主要源于多个方面，包括教师工作量的增加、教学资源的有限性、学生自主学习能力的欠缺，以及确保教育公平性和有效性的难题。

个性化教育的实施往往需要教师投入更多的时间和精力。为了深入了解每个学生的学习需求、兴趣爱好和个性特点，教师需要与学生进行频繁的沟通和交流。同时，他们还需要根据学生的个体差异，制订个性化的教学计划和教学策略。这无疑会大大增加教师的工作量，甚至可能超出他们的承受能力。

教学资源的有限性也是制约个性化教育实施的重要因素。为了实现个性化教育，学校需要提供丰富多样的教学资源和支持措施，如个性化的学习材料、灵活多样的教学方式以及专业的辅导和咨询等。然而，在现实中，许多学校由于资金、人力等方面的限制，难以提供充足的教学资源来满足所有学生的个性化需求。

学生自主学习能力的不足也是个性化教育实施过程中的一大难题。个性化教育强调学生的主体地位和自主学习精神，要求学生能够积极主动地参与到学习过程中，并根据自己的学习需求和兴趣进行自主探索和创新。然而，由于传统教育模式的长期影响，许多学生已经习惯了被动接受知识的学习方式，缺乏自主学习的意识和能力。这无疑会给个性化教育的实施带来很大的困难。

如何确保个性化教育的公平性和有效性也是一个需要关注的问题。虽然个性化教育旨在满足每个学生的个性化需求，促进他们的全面发展，但在实施过程中，如果缺乏科学合理的评价机制和监管措施，很可能会导致教育资源的不公平分配和教育质量的参差不齐。因此，在推进个性化教育的同时，也需要建立完善的评价体系和监管机制，以确保教育的公平性和有效性得到充分的保障。

（四）个性化教育的实践探索

现代教育技术，如在线教育平台和智能教学软件，为学生提供了更加丰富多样的学习资源和交互方式。这些创新教学模式不仅有助于满足学生的个性化需求，还能提高教学效果和学习体验。

1. 优化课程设置

在特殊教育领域，融合教育理论与实践的核心在于为学生提供一个既具包容性又具个性化的学习环境。优化课程设置是实现这一目标的关键环节。学校应深入调研学生的兴趣和特长，通过问卷调查、个别访谈等方式，了解学生的真实需求和期望。基于这些反馈，学校可以开设多样化的选修课程和拓展活动，如艺术、体育、科学探索等，让学生根据自己的兴趣选择参与，从而激发他们的学习动力和创造力。

此外，课程设置还应注重跨学科融合。在特殊教育背景下，学生往往面临多重挑战，需要综合运用多学科知识来解决问题。因此，学校可以设计一些跨学科的课程项目，如“环保科技小发明”“历史文化探索之旅”等，让学生在实践中学习，培养他们的综合素养和创新能力。同时，这些跨学科项目也有助于增强学生的团队合作意识和社会交往能力，为他们未来融入社会打下坚实的基础。

为了确保课程设置的有效性和针对性，学校还应建立定期的课程评估机制。通过收集学生、教师和家长的反馈意见，不断调整和优化课程内容、教学方法和评价方式，确保课程设置能够满足学生的个性化需求和发展目标。

2. 加强师资培训

教师作为个性化教育实施的重要主体，其专业素养和教学能力直接影响到教育效果。因此，加强师资培训是推进个性化教育的关键措施之一。学校应组织定期的专题培训活动，邀请教育专家、学者和一线教师分享个性化教育的理念、方法和实践经验。通过这些培训活动，帮助教师更新教育观念，树立以学生为中心的教学理念，掌握个性化的教学方法和策略。

同时，学校还应鼓励教师之间开展研讨交流活动。通过集体备课、公开课观摩、教学反思等形式，促进教师之间的相互学习和共同进步。这种研讨交流不仅有助于提升教师的教学水平，还能激发他们的创新精神和教育热情。

此外，学校还应关注教师的职业发展需求，为他们提供个性化的职业发展规划和支持。通过设立名师工作室、青年教师成长计划等项目，为教师提供广阔的发展空间和展示平台，激励他们在个性化教育领域不断探索和实践。

3. 完善评价体系

个性化教育的实施需要建立完善的评价体系来保障其有效性和公正性。传统的以考试成绩为唯一标准的评价方式已无法满足个性化教育的需求。因此，需要探索多元化的评价方式，以全面、客观地评价学生的学习成果和发展水平。

评价体系应关注学生的知识掌握情况。通过定期的考试、测验和作业检查等方式，了解学生对学科知识的掌握程度和应用能力。同时，评价体系还应注重对学生能力发展的评价，包括思维能力、创新能力、实践能力等方面。对这些能力的评价可以通过项目式学习、实验探究、社会实践等活动来实现。

此外，评价体系还应关注学生的学习态度和价值观等方面。通过学生的自我评价、同伴评价和教师评价相结合的方式，了解学生在学习态度、合作精神、社会责任感等方面的表现。这些评价信息有助于教师更全面地了解学生，为他们提供个性化的指导和支持。

为了确保评价体系的公正性和有效性，学校还应建立透明的评价标准和程序。通过制定详细的评价指南和操作流程，明确评价的目的、内容、方法和标准，确保评价过程的公正性和客观性。同时，学校还应建立评价结果的反馈机制，及时将评价结果反馈给学生和家长，帮助他们了解自己的学习情况和发展方向。

4. 家、校、社协同育人

个性化教育的实施需要家、校、社三方的协同合作。家长、学校和社会是学生学习和成长的重要环境，三者之间的紧密合作有助于为学生提供更加全面、个性化的学习支持。

家长应积极参与孩子的教育过程。他们应了解孩子的学习需求和兴趣特长，与学校共同制定个性化的教育方案。通过参与家长会、家校联系册等方式，家长可以及时了解孩子的学习情况和表现，与教师进行沟通和交流。同时，家长还应关注孩子的情感发展和心理健康，为他们提供必要的关爱和支持。

学校应加强与社区的联系和合作。社区拥有丰富的教育资源和实践活动机会，可以为学生提供广阔的学习和发展空间。学校可以与社区合作开展各类文化活动、科技竞赛、志愿服务等项目，让学生在实践中学习、成长和锻炼。同时，学校还可以邀请社区专家、学者和志愿者来校开展讲座、授课和辅导等活动，为学生提供更加多元化的学习体验。

为了促进家、校、社的协同育人，学校应建立定期的家校沟通机制和社区合作机制。通过家长会、家访、社区活动等形式，加强家、校、社之间的沟通和联系。同时，学校还应建立家、校、社合作的信息平台或社交媒体账号等，及时发布教育资讯、活动信息和家长须知等内容，方便家长和社会各界了解学校的办学情况和教育理念。通过这些措施的实施，我们可以为学生营造一个更加全面、个性化的学习环境，促进他们的全面发展。

第三节 国际融合教育的发展历程

一、欧洲融合教育的发展

（一）欧洲融合教育的起步阶段

1. 欧洲融合教育的起源

（1）社会背景与思潮的兴起

20 世纪后半叶，随着第二次世界大战的结束，欧洲各国进入了经济快速复苏与社会结构深刻变革的时期。这一时期，民主化进程加速，人权观念深入人心，社会对公平与正义的追求达到了前所未有的高度。在教育领域，传统的隔离式特殊教育模式受到了广泛的质疑和批判，人们开始认识到，将残疾儿童与正常儿童分隔开来教育，不仅剥夺了他们平等接受教育的权利，还加剧了社会的隔阂与不平等。

在此背景下，融合教育的理念应运而生。它主张打破传统的隔离壁垒，将残疾儿童纳入普通教育体系之中，通过提供必要的支持和辅助，让他们能够在与普通儿童的共同学习和生活中，获得全面的发展。这一理念不仅符合当时社会对于公平与包容的追求，也顺应了教育现代化和民主化的潮流。

（2）政策推动与立法保障

欧洲各国政府积极响应融合教育的理念，纷纷出台相关政策和法律法规，为融合教育的实施提供了有力保障。例如，北欧国家如挪威、瑞典等，早在 20 世纪 60 年代就开始推行融合教育政策，将残疾儿童纳入普通学校体系，并为其提供个性化的教育支持。随后，这一模式逐渐扩展到欧洲其他国家，成为欧洲大陆教育改革的重要组成部分。

在政策制定过程中，欧洲各国政府注重法律法规的完善和实施机制的建立。他们通过立法明确了融合教育的目标、原则、责任主体和保障措施，确保每一个残疾儿童都能享受到平等的教育权利。同时，政府还加大对融合教育的投入力度，改善教育设施条件，提高教师队伍素质，为融合教育的顺利实施提供有力支持。

（3）实践经验与模式创新

在融合教育的实践过程中，欧洲各国积累了丰富的经验并形成了独具特色的教育模式。他们注重以学生为中心，关注每个学生的个体差异和需求，通过提供个性化的教育支持和辅助措施，帮助残疾儿童克服学习困难，融入普通学校生活。

在具体实施上，欧洲各国采用了多种模式和方法。例如，他们通过设立特殊教育班级或资源教室等方式，为残疾儿童提供有针对性的教育服务；同时，他们还注重普通教育与特殊教育的有机结合，通过教师培训、课程调整等方式，提高普通学校对残疾儿童的接纳能力和教育质量。此外，欧洲各国还积极倡导家校合作和社会参与，形成了政府、学校、家庭和社会共同参与的教育支持体系。

（4）成效与挑战

经过几十年的实践探索，欧洲融合教育取得了显著的成效。它不仅促进了残疾儿童的教育公平和全面发展，还推动了普通学校的教育改革和创新发展。然而，在实践中，融合教育还面临着诸多挑战和困难。例如，如何确保残疾儿童在普通学校中得到充分的关注和支持；如何平衡普通教育与特殊教育的关系；如何加强家校合作和社会参与等问题仍需进一步研究和解决。

欧洲融合教育的起源与发展是一个充满挑战与机遇的过程。它不仅体现了欧洲社会对于公平与包容的追求和承诺，也为全球融合教育的发展提供了有益的借鉴和参考。未来，随着社会的不断发展和教育改革的深入推进，欧洲融合教育将继续发挥其重要作用，迎来更加广阔的发展前景。

2. 初步实践与探索

在融合教育的起步阶段，欧洲各国纷纷通过教育改革措施，尝试将残疾学生纳入普通教育体系。这些措施包括但不限于建立特殊教育资源中心，为残疾学生提供定制化的教育服务；制订个别化教育计划，确保每位残疾学生都能得到适合自己的教育支持；加强教师培训，提升教育工作者对融合教育的理解和实施能力。

在融合教育的历史长河中，初步实践与探索阶段无疑是其最为关键且充满挑战的时期。在这一阶段，欧洲各国作为先驱者，勇敢地迈出了将残疾学生纳入普通教育体系的重要一步，这不仅是对传统教育模式的深刻反思，更是对教育公平与包容性理念的坚定践行。

（1）建立特殊教育资源中心：定制化的教育服务

随着融合教育理念的深入人心，欧洲各国开始着手建立特殊教育资源中心（Resource Centers for Special Education，RCSE），这些中心成为连接普通学校与特殊教育服务的桥梁。RCSE 不仅为残疾学生提供个性化的学习材料、辅助技术和专业咨询，还通过定期的评估与反馈机制，确保每位学生都能获得最适合其需求的教育支持。这种定制化的服务模式，极大地提高了残疾学生的学习效果和满意度，也为普通学校的教师提供了宝贵的专业支持和指导。

（2）制订个别化教育计划：精准施策的基石

为了确保每位残疾学生都能在融合教育中得到充分的发展，欧洲各国普遍实施了个别化教育计划（Individualized Education Program，IEP）。IEP 基于学生的具体需求、兴趣和能力，量身定制学习目标、教学内容和评估方式，确保教育资源的精准投放和有效利用。通过 IEP 的实施，残疾学生能够在普通学校的环境中获得个性化的教育支持，从而更加自信地参与学习和社交活动。同时，IEP 也为家长、教师和学校管理人员提供了明确的指导方向，促进了家校合作和多方协同育人良好氛围的形成。

（3）加强教师培训：提升融合教育实施能力

教师是融合教育成功实施的关键因素。为了提升教育工作者对融合教育的理解和实施能力，欧洲各国纷纷加强了对教师的专业培训。培训内容涵盖了特殊教育理论、融合教学策略、心理辅导与咨询等多个方面，旨在帮助教师掌握与残疾学生有效沟通、合作和评估的技能。此外，欧洲各国还鼓励教师参与融合教育的科研项目和实践活动，通过不断地学习和实践，提升自身的专业素养和创新能力。这些措施不仅提高了教师对融合教育的认同感和参与度，也为融合教育的持续发展提供了有力的人才保障。

（4）面临挑战与应对策略

在融合教育的初步实践与探索阶段，欧洲各国也面临着诸多挑战。资源不足、师资匮乏、社会偏见等问题时常困扰着融合教育的推进。为了应对这些挑战，欧洲各国采取了多种策略。一方面，通过增加教育投入、优化资源配置等方式，努力改善融合教育的物质条件；另一方面，通过加强宣传引导、营造包容性校园文化等方式，努力消除社会对残疾学生的偏见和歧视。同时，欧洲各国还注重加强国际合作与交流，共同应对融合教育中的全球性挑战。这种开放、包容的合作精神不仅促进了欧洲融合教育的快速发展，也为全球融合教育的繁荣与进步注入了新的活力。

（5）初步实践与探索的意义与影响

欧洲融合教育的初步实践与探索不仅为后来的融合教育发展奠定了坚实的基础，也为全球范围内的融合教育推广提供了宝贵的经验。这一阶段的实践证明，融合教育不仅有助于残疾学生获得更加公平和优质的教育机会，还有助于促进全体学生的全面发展和社会融合。同时，融合教育的实施也推动了教育体系的创新与发展，为构建更加包容、公平和高质量的教育体系提供了有力的支撑。因此，欧洲融合教育的初步实践与探索具有重要的历史意义和深远的影响。

（二）欧洲融合教育的发展现状

随着全球对教育公平与质量的持续关注，欧洲融合教育在经历了起步阶段的探索与实践后，已逐渐步入成熟与深化阶段。当前，欧洲大多数国家已经建立了相对完善的融合教育体系，这一体系以包容性、平等性和质量为核心，力求确保所有学生，无论其身体、情感或行为差异，都能在同一教育环境中获得平等的学习机会与发展空间。

1. 当前发展状况

在欧洲，融合教育已经成为教育发展的主流趋势。多数国家通过立法保障和政策支持，推动了融合教育的全面实施。残疾学生与普通学生共同就读于同一所学校，共享教育资源，已成为常态。这种教育模式不仅有助于促进教育公平，更在提升残疾学生的社会适应能力方面发挥了积极作用。例如，一些欧洲国家通过制订个别化教育计划，为残疾学生提供量身定制的学习支持，确保他们能够跟上普通学生的学习进度，同时发展自身的潜能与才华。

欧洲各国还注重加强融合教育师资力量的培养。通过提供专业的培训和发展机会，教育工作者对融合教育的理念和实践有了更深入的理解。他们学会了如何在教学和管理中兼顾不同学生的需求，为所有学生创造一个包容、和谐的学习环境。

2. 特点和趋势

欧洲融合教育的发展呈现出以下几个显著特点。

一是政策支持和立法保障。欧洲各国政府高度重视融合教育，通过制定相关法律法规和政策文件，为融合教育的实施提供了强有力的保障。这些政策不仅明确了融合教育的目标和原则，还具体规定了各级政府、学校和教育工作者在推动融合教育方面的责任和义务。

二是强调个别化教育计划的制订和实施。为了满足不同学生的个性化需求，欧洲各国普遍重视个别化教育计划的制订。这些计划根据每个学生的具体情况和需求量身定制，确保了每个学生都能在适合自己的学习环境中获得最大限度的发展。

三是注重教育资源的均衡配置和有效利用。欧洲各国在推动融合教育的过程中，注重教育资源的合理配置和优化利用。他们努力消除教育资源在不同地区、不同学校之间的不均衡现象，确保所有学生都能享受到优质的教育资源和服务。

四是鼓励教育创新和实践探索。欧洲各国在融合教育的实践中，不断尝试新的教育理念和方法，积极探索适合本国国情的融合教育模式。这种创新精神和实践探索为欧洲融合教育的发展注入了源源不断的动力。

欧洲融合教育将继续朝着更加公平、包容和高质量的方向发展。各国将进一步深化教育改革，完善融合教育体系，努力为所有学生创造一个更加美好的学习环境和发展空间。同时，欧洲也将加强与其他国家和地区的交流与合作，共同推动全球融合教育事业的发展与进步。

（三）欧洲融合教育的实践与挑战

欧洲融合教育在多年的实践中取得了显著的成就，同时也面临着诸多挑战。以下将从其在实践中的成就和所面临的挑战两个方面进行详细阐述。

在实践方面，欧洲融合教育的实施使得残疾学生的学业成绩和社交能力得到了显著提升。通过制订和实施个别化教育计划，残疾学生能够在普通学校中获得适合他们的教育资源和支持，从而更好地融入学校生活，提高学业水平。同时，融合教育也促进了普通学生对残疾学生的理解和尊重，培养了他们的包容心和同理心。这种教育模式的成功实践，不仅在欧洲范围内得到了广泛认可和推广，也为全球融合教育的发展提供了宝贵的经验。

欧洲各国还通过国际交流与合作，共同推动全球融合教育的发展。他们积极参与国际融合教育研讨会和项目合作，分享各自的成功经验和面临的挑战，共同探讨解决方案。这种跨国界的合作与交流，不仅有助于提升欧洲各国融合教育的水平，也为全球融合教育的深入发展注入了新的活力。

欧洲融合教育在实践中也面临着诸多挑战。如何确保教育资源的均衡配置和有效利用是一个亟待解决的问题。尽管欧洲各国在融合教育方面投入了大量的资源，但仍存在部分地区和学校资源不足的情况。这可能导致残疾学生无法获得足够的支持和关注，从而影响他们的学业发展和社交融入。为了解决这一问题，欧洲各国需要进一步加强政策支持和资金投入，确保教育资源的公平分配和合理利用。

提升教育工作者的专业素养和实践能力也是欧洲融合教育面临的重要挑战。融合教育的实施需要教育工作者具备专业的知识和技能，并能够针对残疾学生的特殊需求提供个性化的教学和支持。目前欧洲部分地区的教育工作者在融合教育方面的专业素养和实践能力还有待提高。为了改善这一状况，欧洲各国需要加强教师培训和专业发展项目的投入，提高教育工作者的专业素养和实践能力，使他们能够更好地胜任融合教育的工作。

加强家长和社会的理解和支持也是欧洲融合教育需要面对的挑战之一。尽管融合教育理念已经得到了广泛的传播和认可，但仍有部分家长和社会人士对其持怀疑或反对的态度。这可能对融合教育的顺利实施造成一定的阻碍。因此，欧洲各国需要积极开展宣传和教育活动，提高家长和社会对融合教育的认识和理解，争取他们的支持和配合。同时，也需要加强与家长和社会的沟通与协作，共同为残疾学生创造一个更加包容和友好的学习环境。

欧洲融合教育在实践中取得了显著的成就，但仍面临着诸多挑战。为了推动欧洲融合教育的持续发展，欧洲各国需要共同努力，加强政策支持和资金投入，提升教育工作者的专业素养和实践能力，以及加强家长和社会的理解与支持。

二、北美融合教育的发展

（一）北美融合教育的立法保障

1. 法律法规与政策框架

北美地区在融合教育方面展现了坚定的立法决心，构建了全面细致的法律法规与政策框架。以美国为例，该国通过《残疾人教育法案》等具有里程碑意义的法律法规，不仅明确了残疾学生接受融合教育的神圣不可侵犯的权利，也规定了相关教育机构在融合教育实践中应承担的义务。这些法案的颁布和实施，为残疾学生融入普通学校、接受平等教育提供了强有力的法律支撑。

加拿大同样不甘人后，在融合教育立法方面也取得了显著成效。通过《教育法》等法律文件，加拿大政府保障了所有学生，无论其身体条件如何，均享有平等接受教育的宝贵机会。这些法律法规不仅体现了加拿大对融合教育的高度重视，也彰显了该国在教育公平方面的坚定立场。

2. 政策实施与监督机制

法律的生命力在于实施。为确保融合教育法律法规的有效执行，北美各国建立了严密的政策实施与监督机制。在美国，各州教育部门承担着对融合教育实施情况进行定期评估和监督的重要职责。他们通过实地考察、听取汇报、审阅文档等多种方式，全面了解学校融合教育的开展情况，确保相关法律法规得到切实遵守和执行。

加拿大则通过设立专门机构来负责融合教育的政策制定、实施和监督等工作。这些机构通常由教育专家、法律人士和残疾学生代表等多方力量组成，以确保融合教育政策的科学性和实用性。他们不仅负责制定融合教育的具体政策和措施，还负责监督这些政策和措施的执行情况，确保融合教育在加拿大的顺利推进。

北美地区的融合教育实践还得到了家长和社会的广泛参与和支持。家长积极参与学校融合教育计划的制订和实施，为残疾学生提供必要的家庭支持和辅助；社会各界也通过各种方式关注和支持融合教育的发展，共同为残疾学生创造一个更加公平、包容的学习环境。这种全员参与、共同努力的良好氛围，为北美地区融合教育的蓬勃发展提供了有力保障。

（二）北美融合教育的实践成果

1. 教育成果与社会效益

北美地区在融合教育方面的实践已经取得了令人瞩目的成果。这些成果不仅体现在残疾学生的学业和社交能力的提升上，还彰显于整个社会对融合教育的认同和支持力度的增强上。

通过实施融合教育，北美地区的残疾学生得以在普通学校环境中接受教育，与他们的同龄伙伴共同成长。这种教育模式为他们提供了更多的学习机会和社交互动场景，从而显著提高了他们的学业成绩和社交技能。残疾学生在融合教育环境中不仅能够获得个性化的学习支持，还能在日常生活中培养独立生活的能力和自信心，为他们未来融入社会奠定了坚实的基础。

融合教育的推广也促进了社会对残疾人的理解和接纳，增强了整个社会的包容性。普通学生通过与残疾学生的日常互动，学会了尊重和欣赏不同群体的差异，增强了同理心和合作精神。这种跨群体的交流与理解有助于构建一个更加和谐、多元的社会环境，为所有成员提供平等的发展机会。

2. 典型案例与经验分享

北美地区在融合教育实践中涌现出许多成功的案例，这些案例为其他地区提供了宝贵的经验借鉴。例如，美国的“全纳学校”模式就是一个典型的代表。“全纳学校”致力于创建一个无障碍的学习环境，确保所有学生，无论其身体条件如何，都能平等地参与学习和校园生活。这种模式通过提供个性化的学习计划和辅助技术以及加强师资培训等方式，成功地将融合教育理念转化为实际行动，取得了显著的教育成果。

另一个值得关注的案例是加拿大的“包容性教育”实践。加拿大政府和教育部门通过制定一系列政策和措施，推动学校实施包容性教育，确保所有学生都能在平等、尊重的环境中接受教育。这些实践不仅提升了残疾学生的教育质量，也促进了整个教育系统的持续改进和创新。

这些成功案例的共同之处在于它们都强调了融合教育的核心理念：平等、尊重和包容。通过消除教育中的歧视和隔离现象，融合教育为所有学生提供了公平的发展机会和优质的教育资源。这些经验对于其他地区来说具有重要的借鉴意义，有助于推动全球融合教育的持续发展。

（三）北美融合教育的特色与反思

北美融合教育在长期的发展过程中，形成了独特的模式，积累了丰富的成功经验，同时也面临着一些挑战和问题。以下将对北美融合教育的特色进行阐述，并就其存在的问题提出改进建议。

1. 独特模式与成功经验

在探讨全球教育领域的创新与实践时，北美融合教育无疑以其独特的模式和丰富的成功经验成了引领者，为各国教育改革提供了宝贵的参考。这一小节将深入剖析北美融合教育的三大支柱：个别化教育计划的深度实施、教育资源的均衡配置与高效利用，以及教育创新与实践探索的持续推进。

（1）个别化教育计划的深度实施

北美融合教育的精髓在于其个别化教育计划（IEP）的精心设计与实施。这一计划不仅仅是纸面上的文字，而是真正意义上以学生为中心的教育蓝图。它要求教育者对每位学生的能力、兴趣、挑战和需求进行全面的评估，从而制定出个性化的学习目标、教学策略和评估方法。在这个过程中，家长、学生、教师以及相关专业人员共同参与，形成了一个紧密合作的支持网络。

IEP 的深度实施体现在其细致入微的关怀上。它不仅仅关注学生的学术成就，更重视学生的全面发展。例如，在特殊教育需求学生的教育中，IEP 可能会包含特定的行为干预计划、情感支持策略以及社交技能训练等内容。这些措施旨在帮助学生克服障碍，培养他们的自信心和社交能力，使他们能够更好地融入主流社会。

此外，IEP 还强调动态调整与持续反馈。随着学生的成长和变化，他们的教育需求也会相应发生变化。因此，IEP 需要定期进行评估和修订，以确保其始终符合学生的实际需求。这种灵活性使得个别化教育计划能够更好地适应学生的变化，促进他们的持续进步。

（2）教育资源的均衡配置与高效利用

北美政府及教育部门在融合教育资源的投入上展现出了高度的责任感和前瞻性。他们深知教育资源的不均衡分配是导致教育不公的重要原因之一。因此，他们致力于构建一个资源均衡、设施完善的教育环境，以确保所有学生都能享受到高质量的教育服务。

为了实现这一目标，北美地区采取了多种措施。北美政府通过加大对融合教育的财政投入，为特殊教育需求学生提供了充足的经费支持。这些资金被用于改善学校设施、购买教学设备、培训师资力量等方面。政府还通过立法和政策引导等方式，鼓励社会各界参与融合教育资源的建设和管理。例如，许多企业和社会组织都积极参与到了特殊教育学校的建设和运营中，为这些学校提供了宝贵的支持和帮助。

在资源利用方面，北美地区注重高效与共享。他们通过建立跨校、跨地区的资源网络，实现了教育资源的优化配置和高效利用。这种资源共享的模式不仅提高了教育资源的使用效率，也促进了教育质量的整体提升。同时，北美地区还注重教育技术的创新与应用，通过引入先进的教学手段和技术手段，提高了教学效果和学生的学习兴趣。

（3）教育创新与实践探索的持续推进

北美融合教育之所以能够保持领先地位，离不开教育工作者的不断创新与实践。他们勇于尝试新的教学方法、技术手段和管理模式，以适应不同学生的需求。这种创新精神不仅推动了融合教育理论的不断完善，也为教育实践提供了丰富的经验和案例。

在教育创新方面，北美地区的教育工作者们不断探索新的教学策略和方法。他们注重激发学生的学习兴趣和动力，通过游戏化教学、项目式学习等方式，让学生在轻松愉快的氛围中掌握知识和技能。同时，他们还注重培养学生的批判性思维、创新能力和解决问题的能力等核心素养，为他们未来的学习和生活打下坚实的基础。

在实践探索方面，北美地区的教育工作者们积极参与学术交流与合作研究。他们通过参加学术会议、发表研究论文等方式，与同行们分享自己的经验和见解。这种交流不仅促进了知识的传播和共享，也推动了融合教育领域的进步与发展。同时，北美地区还鼓励教育工作者参与实践研究，通过实证研究来验证和完善融合教育理论和方法。这种理论与实践相结合的研究方式不仅提高了研究的科学性和有效性，也为教育实践提供了有力的支持。

2. 存在问题与改进建议

在北美及全球范围内，融合教育作为特殊教育领域的一项重要实践，旨在通过包容性教育环境，确保所有学生，包括有特殊教育需求的学生，都能获得公平、高质量的教育。尽管这一理念已取得了显著成效，但在实施过程中仍面临诸多挑战与问题，需要社会各界共同努力，提出有效的、切实可行的改进建议。

（1）加强教师培训，提升实践能力

现状分析：

当前，尽管融合教育已成为教育改革的热点之一，但部分学校和教育工作者对其核心价值和实施策略的理解仍显肤浅。这种认知上的不足直接导致教育实践出现了一系列问题，如教学方法单一、个别化教育计划（IEP）制订不精确、特殊教育技术支持不足等。这些问题不仅影响了特殊教育学生的学习效果，也阻碍了融合教育理念的深入推广。

改进建议：

应加大对教师的培训力度，将融合教育作为重要内容纳入教师职前和职后培训。培训内容应涵盖融合教育的理论基础、政策法规、个别化教育计划的制订与实施技巧、特殊教育技术与方法等。通过系统化的培训，教师能够深入理解融合教育的核心理念，掌握有效的教育策略和技术手段。

鼓励教师参与实践探索，通过案例分析、教学观摩、工作坊等形式，分享成功经验和教训，促进教师专业成长。同时，建立教师交流平台，促进跨学科、跨领域的合作与交流，共同推动融合教育的发展。

建立科学的评估与反馈机制，对教师的融合教育实践能力进行定期评估，及时发现问题并提供针对性指导。同时，将评估结果与教师的绩效考核、职称晋升等挂钩，激发教师参与融合教育的积极性和主动性。

（2）完善支持体系，关注残疾学生需求

现状分析：

残疾学生在融合教育环境中面临着诸多挑战，如学习障碍、社交困难、心理压力等。然而，目前部分学校和教育工作者对残疾学生的了解和支持还不够充分，导致他们在学习和生活中遇到诸多不便。此外，一些学校缺乏必要的辅助设备和专业支持人员，难以满足残疾学生的特殊需求。

改进建议：

应建立完善的支持体系，为残疾学生提供全方位的支持和服务。这包括提供专业的辅导和咨询服务，帮助他们克服学习障碍；配备必要的辅助设备，如助听器、轮椅、电子辅助学习工具等，提高他们的学习和生活自理能力；加强心理健康教育，关注残疾学生的心理状态，提供必要的心理支持和干预。

加强与家长和社会的沟通与合作，形成家校共育的良好局面。学校应定期向家长反馈残疾学生的学习和生活情况，听取家长的意见和建议；同时，积极争取社会各界的支持和帮助，为残疾学生提供更多的资源和机会。

推动特殊教育资源的均衡配置，缩小城乡、区域之间的差异。政府应加大对特殊教育的投入力度，改善特殊教育学校的办学条件；同时，鼓励和支持社会力量参与特殊教育事业的发展，形成多元化、多层次的教育服务体系。

（3）加强宣传与推广，提高公众认识

现状分析：

尽管融合教育理念在学术界和教育界得到了广泛认可和推广，但在家长和社会层面仍存在不少误解和偏见。一些家长认为将残疾学生纳入普通班级会干扰正常教学秩序；一些社会成员则对残疾学生的能力和潜力持怀疑态度。这些误解和偏见不仅阻碍了融合教育的顺利实施，也损害了残疾学生的合法权益。

改进建议：

应加强宣传和推广工作，提高公众对融合教育的认识和接受度。可以通过举办讲座、研讨会、开放日等活动向家长和社会成员普及融合教育的理念和成果；利用电视、广播、报纸等传统媒体以及互联网、社交媒体等新媒体平台扩大宣传范围和影响力；邀请成功案例中的教师、学生及其家长现身说法分享经验和感受。

加强舆论引导工作，积极回应社会关切和质疑。对于社会上存在的误解和偏见要及时澄清和纠正；对于融合教育实施过程中出现的问题要勇于面对和解决；同时要注重宣传融合教育带来的积极变化和社会效益，增强公众的信心和支持。

建立长效的宣传机制，将融合教育纳入国民教育体系和精神文明建设的重要内容。通过持续不断的宣传和推广工作，逐步消除社会上的误解和偏见，为融合教育的顺利实施营造良好的社会氛围和舆论环境。

三、亚洲融合教育的发展

（一）亚洲融合教育的起步与发展

亚洲作为世界上人口最多、文化多样的大陆之一，其融合教育的发展具有独特的挑战与机遇。近年来，随着全球教育理念的交流与融合，亚洲各国逐渐认识到融合教育的重要性，并纷纷采取措施推动其起步与发展。

在起步阶段，亚洲各国面临着教育资源不均、师资短缺、社会观念滞后等多重挑战。然而，通过政府的大力推动、社会各界的积极参与以及国际组织的援助与支持，亚洲融合教育逐渐取得了显著进展。一些国家开始制定相关法律法规，为融合教育提供法律保障；同时，加强师资培训，提高教师的专业素养和融合教育能力；此外，还积极倡导社会包容与理解，为特殊儿童营造更加友好的成长环境。

随着亚洲融合教育的不断发展，其成果也日益显现。越来越多的特殊儿童能够在普通学校中接受教育，与同龄人共同成长；同时，普通学生也通过接触和了解特殊儿童，培养了包容、理解和尊重的价值观。此外，亚洲各国还积极探索适合本国国情的融合教育模式，为其他国家和地区提供了有益的借鉴。

然而，亚洲融合教育的发展仍面临诸多挑战。如教育资源分配不均、师资力量不足、社会观念滞后等问题仍需进一步解决。未来，亚洲各国应继续加强合作与交流，共同推动融合教育的发展；同时，注重本土化创新与实践探索，形成具有亚洲特色的融合教育模式；此外，还应加强宣传与推广工作，提高公众对融合教育的认识和接受度，为特殊儿童创造更加公平、包容的教育环境。

（二）亚洲融合教育的挑战与前景

1. 面临的主要挑战

在亚洲，融合教育作为一种促进教育公平和包容性的重要策略，虽然近年来得到了广泛的关注和推广，但其发展之路并非一帆风顺，仍面临着多重挑战。

教育资源分配不均：亚洲地区经济发展水平不一，城乡差距显著，这直接导致了教育资源的分配不均。在许多地区，尤其是偏远乡村和经济欠发达地区，学校基础设施落后，教学设备匮乏，特殊教育资源更是少之又少。这使得残疾学生在这些地区难以获得与同龄人相当的教育机会。此外，即便是在城市地区，由于特殊教育资源的相对稀缺，残疾学生也常常面临被边缘化的风险。

教育工作者专业素养待提升：融合教育的实施需要教育工作者具备较高的专业素养和实践能力。然而，在亚洲许多国家和地区，特殊教育师资力量不足，且现有教师的专业培训和继续教育体系尚不完善。这导致许多教师在面对残疾学生的特殊教育需求时感到力不从心，难以提供有效的支持和帮助。此外，部分教师对于融合教育的理念和方法缺乏深入了解，甚至存在偏见和误解，这也在一定程度上阻碍了融合教育的推广和实施。

家长和社会认知度不高：在亚洲传统文化和社会观念中，残疾往往被视为不幸和耻辱的象征。这种观念导致许多家长对残疾孩子的教育问题缺乏足够的重视和关注。他们往往认为残疾孩子无法像正常孩子一样接受教育，甚至担心孩子在学校受到歧视和排挤。因此，许多家长对融合教育持观望或抵触态度。同时，社会对融合教育的认知度也不高，缺乏足够的理解和支持。这使得融合教育在推广过程中遇到了不小的阻力。

2. 应对策略与措施

为了应对上述挑战，亚洲各国正在积极采取措施，推动融合教育的发展。

加大政府投入，改善教育资源分配：政府应加大对融合教育的投入力度，通过增加财政拨款、设立专项基金等方式，改善特殊教育资源的分配状况。同时，应加强对偏远地区和经济欠发达地区的支持力度，确保这些地区的残疾学生也能享受到与同龄人相当的教育资源。此外，还可以鼓励社会力量参与融合教育事业的发展，形成多元化的教育投入机制。

加强教师培训，提升专业素养：针对教育工作者专业素养不高的问题，各国应建立完善的特殊教育师资培训体系。通过组织定期的培训班、研讨会等活动，提升教师的专业知识和技能水平。同时，应鼓励教师积极参与融合教育实践和研究活动，不断积累经验和教训。此外，还可以建立特殊教育教师的资格认证制度，确保只有具备相应资格的教师才能从事特殊教育工作。

开展家长教育和社会宣传：为了提高家长和社会对融合教育的认知度和支持度，各国应积极开展家长教育和社会宣传活动。通过举办讲座、展览、媒体宣传等多种形式的活动，向家长和社会介绍融合教育的理念、方法和成效。同时，应加强与家长的沟通和交流，了解他们的需求和关切，积极回应他们的疑虑和担忧。通过这些措施可以逐步消除家长和社会的偏见和误解，形成广泛的社会共识和支持氛围。

3. 发展前景展望

亚洲融合教育的发展前景广阔而充满希望。随着全球融合教育理念的深入人心和亚洲各国对教育公平与包容性的不断追求，融合教育必将在亚洲地区得到更广泛的实践和推广。

理念深入人心：随着社会的进步和人们思想观念的转变，越来越多的人开始认识到融合教育的重要性和价值。他们开始关注残疾孩子的教育问题，支持并推动融合教育的发展。这种社会共识的形成将为融合教育的推广提供坚实的思想基础和社会支持。

科技助力发展：随着科技的不断进步和教育模式的创新，融合教育也将迎来更多的发展机遇。例如，通过利用现代信息技术手段，如人工智能、大数据等，可以为残疾学生提供更加个性化、多元化的学习方式和支持服务。这些技术的应用将进一步提升融合教育的质量和效果，使更多的残疾孩子能够享受到高质量的教育资源和服务。

国际合作与交流：在全球化背景下，国际合作与交流对于推动融合教育的发展具有重要意义。亚洲各国可以加强与国际组织和其他国家的合作与交流，共同分享经验、探讨问题、寻求解决方案。这种国际合作与交流将有助于促进亚洲融合教育事业的快速发展和繁荣。

综上所述，亚洲融合教育虽然面临着诸多挑战和困难，但只要坚定信念、积极探索、勇于创新、加强合作与交流，就一定能够推动亚洲融合教育朝着更加公平、包容和高质量的方向发展。

（三）亚洲融合教育的特色

1．亚洲特色与成功经验

在亚洲这片广袤的土地上，融合教育的发展不仅承载着教育公平与包容的愿景，还深刻融入了地域文化的精髓，形成了独特的亚洲模式。这一模式的核心在于将文化传承与融合教育紧密相连，构建了一个既尊重个体差异又强调集体认同的教育生态。

文化传承与融合教育的深度融合：亚洲各国，如中国、日本、韩国等，都拥有悠久的历史和丰富的文化遗产。在融合教育的实践中，这些国家巧妙地将传统文化元素融入教学之中，通过节日庆典、民俗活动、传统艺术体验等形式，让学生在学习知识的同时，感受到文化的魅力，增强民族自信心和归属感。这种教育方式不仅促进了残疾学生与普通学生之间的文化交流和相互理解，还为他们提供了展示自我、融入社会的平台。

家庭与社会的全方位支持：亚洲社会强调家庭观念和社会责任感，这一价值观在融合教育中得到了充分体现。政府、学校、家庭和社会各界形成了强大的合力，共同为残疾学生提供全方位的支持和保障。政府通过制定相关政策、投入专项资金，确保融合教育的顺利实施；学校通过优化教学环境、提升教师素质，为残疾学生提供高质量的教育服务；家庭通过积极参与孩子的教育过程，与孩子共同面对挑战，共同成长；社会各界通过志愿服务、公益活动等形式，为残疾学生提供关爱和帮助，营造一个温馨、包容的社会环境。

教育资源的均衡配置与有效利用：面对残疾学生的特殊需求，亚洲各国在资源配置上进行了精心规划和科学安排。一方面，政府加大了对融合教育的投入力度，确保残疾学生能够获得与普通学生同等甚至更好的教育资源；另一方面，学校通过创新教学方式、优化课程设置等手段，提高教育资源的利用效率。此外，亚洲各国还注重教育资源的共享和协作，通过区域合作、校际交流等方式，实现教育资源的优化配置和互补共赢。

2. 教育创新与实践

面对融合教育的新挑战和新机遇，亚洲各国不断探索和实践创新教育模式和方法，以推动融合教育的深入发展。

信息技术的广泛应用：随着信息技术的飞速发展，亚洲各国纷纷将其应用于融合教育领域。通过远程教育平台、在线学习资源库等现代信息技术手段，残疾学生得以跨越地域限制，接受来自世界各地的优质教育资源。同时，智能辅助教学系统的应用也为残疾学生提供了个性化的学习方案，帮助他们更好地掌握知识和技能。这些技术的应用不仅提高了教学效果和学习效率，还促进了教育公平和包容性的实现。

课程体系建设的创新：为了满足残疾学生的多元化需求和发展潜力，亚洲各国在课程体系建设上进行了大胆的创新。他们打破了传统学科界限的束缚，构建了跨学科的融合教育课程体系。这一课程体系不仅注重基础学科知识的传授，还融入了职业技能培训、心理健康教育等多元化内容。通过跨学科的学习和实践，残疾学生的综合素质得到了全面提升。此外，亚洲各国还注重课程内容的实用性和针对性，确保学生所学知识与现实生活紧密相连，为他们未来的社会生活打下坚实的基础。

教学模式与方法的创新：在教学模式和方法上，亚洲各国也进行了积极的探索和尝试。他们倡导以学生为中心的教学理念，注重培养学生的自主学习能力和创新思维。通过小组合作学习、项目式学习等教学模式的应用，激发学生的学习兴趣和积极性；同时，通过情境教学、案例分析等教学方法的运用，提高学生的实践能力和解决问题的能力。这些教学模式和方法的应用不仅促进了残疾学生的全面发展，还为他们未来的职业发展和社会参与提供了有力的支持。

（四）亚洲融合教育面临的挑战

1. 教育资源不均与师资问题

在亚洲地区，融合教育的推进犹如一场复杂的交响乐，其中教育资源的不均衡分配和师资力量的短缺无疑是这场交响乐中最不和谐的音符。这一现象的根源可以追溯至多个层面，首先是地域经济发展的巨大差异。经济发达地区往往能够投入更多的资源用于教育建设，包括特殊教育设施的建设和师资培训。相比之下，经济欠发达地区则显得捉襟见肘，其特殊教育设施匮乏，师资力量薄弱，难以满足残疾学生的基本教育需求。

政策支持的力度不一也是导致教育资源不均衡的重要因素。虽然许多国家和地区都出台了相关政策以推动融合教育的发展，但在具体实施过程中，政策执行力度、资金投入以及监督评估机制等方面仍存在诸多问题。一些地区在政策制定上缺乏针对性和可操作性，导致政策难以落地生根；另一些地区则在政策执行过程中存在偏差，未能将政策红利真正惠及到残疾学生及其家庭。

师资力量短缺则是融合教育面临的另一大挑战。特殊教育需要具备专业知识和技能的教师来实施，但现实情况却是，许多地区都面临着特殊教育师资不足的问题。特殊教育教师不仅需要掌握特殊教育的教学方法和技巧，还需要具备高度的责任心和爱心，以应对残疾学生的多样化需求。然而，由于特殊教育师资的培养周期长、投入大，且社会认可度相对较低，导致许多优秀人才不愿投身于此领域，进一步加剧了师资短缺的问题。

这一问题，需要从多个方面入手加以解决。政府应加大对特殊教育的投入力度，完善特殊教育设施建设，提高特殊教育师资待遇和地位，吸引更多优秀人才投身于此领域。加强特殊教育师资培训力度，提升教师的专业素养和教学能力。同时，还应建立健全特殊教育师资评价体系和激励机制，激发教师的工作积极性和创造力。加强社会宣传和教育引导工作，提高公众对特殊教育的认识和理解程度，为融合教育的推广和实施营造良好的社会氛围。

2. 社会旧观念与家长不理解问题

在亚洲地区融合教育的推进过程中，社会旧观念和家长不理解成为不可忽视的障碍。传统观念中对于残疾学生的偏见和歧视态度根深蒂固，这在一定程度上阻碍了融合教育的推广和实施。许多人认为残疾学生与普通学生之间存在不可逾越的鸿沟，难以在主流教育体系中实现真正的融合。这种观念不仅限制了残疾学生的发展空间和机会，也影响了整个社会对融合教育的接受度和认可度。

家长作为孩子成长过程中的重要陪伴者和支持者，在融合教育的推广和实施中扮演着至关重要的角色。然而，部分家长对融合教育的认识不够深入和全面，导致其对此持保留态度或缺乏积极性。他们可能担心残疾孩子在普通学校中受到歧视或无法得到适当的关注和支持，从而选择将孩子送入传统的特殊学校接受教育。这种选择看似是对孩子的保护，实际上却可能限制了孩子的成长和发展空间。

改变这一现状，需要从多个方面入手进行努力。一是加强社会宣传和教育引导工作，提高公众对融合教育的认识和理解程度。通过举办讲座、展览、媒体宣传等多种形式的活动，向公众展示融合教育的成果和优势，消除人们对残疾学生的偏见和歧视态度。二是加强与家长的沟通交流工作，帮助他们了解融合教育的理念和实践模式，以及残疾孩子在普通学校中可能获得的成长和发展机会。通过提供个性化的教育咨询和指导服务，帮助家长做出更加明智和合理的教育选择。三是建立健全融合教育的支持体系和服务机制，为残疾学生和家长提供更加全面和贴心的支持和服务。这包括提供必要的心理辅导和干预服务、建立家校合作机制、加强与其他社会组织的合作等方面的工作。通过这些措施的实施和推广，有望逐步改变社会对融合教育的错误认识和态度，为残疾学生的成长和发展创造更加公平和包容的教育环境。

针对这些问题，亚洲各国需要加强社会宣传和教育引导工作。通过普及融合教育的理念和成功案例，提升公众对残疾学生的接纳度和对融合教育的认同感。同时，积极开展家长教育工作，帮助他们了解融合教育的意义和价值，消除他们的顾虑和担忧。只有建立起广泛的社会支持和理解基础，亚洲地区的融合教育才能取得更加长足的发展。

第二章　特殊教育的需求分析

第一节　特殊儿童的心理与生理特征

一、智力障碍儿童的特征

（一）智力障碍儿童的认知特点

智力障碍儿童在认知能力上展现出的一系列特征，显著地区别于他们的同龄伙伴。这些特征主要体现在学习新知识或技能的困难、发育缓慢以及记忆力问题等方面。

在学习新知识或新技能时，智力障碍儿童往往面临巨大的挑战。他们无法像普通儿童那样迅速而有效地掌握新的学习内容。这可能是由于他们在理解、分析和应用信息方面存在困难，从而导致其学习过程变得更为复杂和耗时。这种学习上的障碍不仅影响了他们的学术表现，还可能对他们的日常生活技能和社会适应能力造成负面影响。

智力障碍儿童通常伴有发育缓慢的现象，尤其是在语言发展方面。他们可能说话较晚，且表达能力有限。这种语言发展的延迟不仅影响了他们与他人的交流能力，还可能进一步阻碍他们的认知和社会发展。因此，针对这一特征，特殊教育学校和家庭需要给予他们更多的关注和支持，以促进他们的语言发展和交流能力的提升。

在记忆力方面，智力障碍儿童也存在明显的问题。他们对近期事物的记忆容易衰退，且随着时间推移，记忆淡化更为明显。这种记忆力问题可能对他们的学习和生活造成诸多不便，如难以回忆起学习过的内容、无法准确记住日常事务等。因此，在教育过程中，需要采用特殊的教学策略和方法来帮助他们巩固记忆、提高记忆能力。

尽管智力障碍儿童在认知方面存在上述特征，但他们仍然具有巨大的发展潜力和可塑性。通过适当的教育和训练，他们可以在一定程度上改善认知功能、提高生活技能和社会适应能力。因此，社会各界应该给予他们更多的关注和支持，共同为他们的成长和发展创造有利的环境。

为了更有效地支持智力障碍儿童的发展，特殊教育学校需要采取多样化的教育方法，关注儿童的心理及情感发育，并强化与各方（如家庭、社区等）的沟通与合作。此外，针对智力障碍儿童的具体需求，还需要开发适合的校本课程，以帮助他们更好地学习和成长。

智力障碍儿童在认知能力方面表现出的一系列特征，包括学习困难、发育缓慢和记忆力差问题等，提示我们在教育和支持过程中需要采用特殊的方法和策略，以帮助他们充分发展潜力、提高生活质量。

（二）智力障碍儿童的社交行为

智力障碍儿童在社交行为方面呈现出显著的特点，这些特点主要源于他们在认知和情感表达上的障碍。由于这些障碍，他们往往难以建立正常的人际交往，缺乏与同伴的有效沟通和互动。

智力障碍儿童在社交中面临的首要问题是难以理解他人的情感和意图。由于他们的理解能力有限，可能无法准确捕捉到他人言语或非言语信息中的微妙变化，从而导致误解或无法做出适当的回应。这种情况在日常交往中尤为明显，比如，他们可能难以理解同伴的玩笑或讽刺，也可能无法感知到他人的愤怒或悲伤。

除了理解障碍，智力障碍儿童在情感表达方面也存在显著问题。他们可能情绪波动较大，且难以自我控制。这种情绪波动可能表现为突然地发脾气、哭泣或大笑，这种行为往往让周围人感到困惑或不安。此外，他们可能缺乏表达自己情感的有效方式，导致其在社交场合中显得被动或被孤立。

在社交互动方面，智力障碍儿童往往缺乏与同伴的沟通和互动。他们可能难以主动发起对话或参与集体活动，也可能无法维持长时间的交流。这种情况可能导致他们在社交环境中被边缘化，进一步加剧他们的孤独感和自卑感。

针对智力障碍儿童的社交行为特点，我们需要采取相应的干预措施来帮助他们改善社交技能。例如，通过社交技能训练来教会他们如何理解他人的情感和意图，如何表达自己的情感和需求，以及如何建立和维护人际关系。此外，还可以通过家庭支持和学校教育等途径来为他们提供更多的社交机会和资源，促进他们的社会融入和发展。

智力障碍儿童的社交行为特点主要表现为理解障碍、情感表达问题和缺乏沟通与互动。这些特点对他们的日常生活和社会融入造成了显著影响。因此，需要关注他们的社交需求，并提供必要的支持和干预，以帮助他们建立正常的人际交往，提升生活质量。

智力障碍儿童面临的社交困难并非不可逾越的障碍。通过适当的干预和支持，他们有可能逐渐克服这些困难，融入社会并发挥自己的潜能。未来研究可以进一步探讨如何根据智力障碍儿童的具体需求和特点制定个性化的社交技能训练方案，以及如何通过多方合作来共同促进他们的社交发展。同时，还需要关注社会对智力障碍儿童的接纳程度，倡导包容和尊重的社会氛围，为他们的成长和发展创造更加有利的环境。

在理解和支持智力障碍儿童的社交行为方面，家长、教师和社会工作者扮演着至关重要的角色。他们需要具备相应的知识和技能，以便在日常生活中为这些儿童提供必要的帮助和指导。同时，他们还需要保持耐心和爱心，以理解和接纳的态度面对智力障碍儿童在社交方面所遇到的困难和挑战。只有这样，才能共同为智力障碍儿童创造一个更加美好的未来。

（三）针对智力障碍儿童的教育建议

在针对智力障碍儿童的教育过程中，教师需要采取一系列特殊的教学方法和策略，以适应他们独特的学习和发展需求。

教师应根据儿童的认知能力制订个性化的教学计划。由于智力障碍儿童在学习新知识或新技能时面临困难，教师需充分了解每个孩子的具体需求和能力水平，从而设计出符合他们实际情况的教学方案。例如，对于语言能力发展缓慢的儿童，教师可以采用直观、形象的教学方法，如使用图片、实物等辅助工具，帮助他们更好地理解和掌握新知识。

通过康复训练和心理干预等手段，教师可以帮助儿童改善记忆力和社交能力。康复训练可能包括语言训练、认知训练等，旨在提高儿童的沟通能力和日常生活自理能力。心理干预则可能涉及心理咨询、心理疏导等，以帮助儿童更好地处理情绪波动，增强自信心和自尊心。

家长和教师的关爱与鼓励对于智力障碍儿童的成长也至关重要。家长需要积极参与到孩子的教育中来，与教师保持密切沟通，共同关注孩子的进步和成长。同时，家长和教师应给予孩子足够的支持和鼓励，让他们在面对困难时能够保持积极的心态，勇敢地迎接挑战。

在实际教学过程中，教师还可以采用多种教学方法和技巧来提高教学效果。例如，利用游戏化学习的方式激发儿童的学习兴趣，让他们在轻松愉快的氛围中学习知识。同时，教师还可以借助现代科技手段，如使用教育软件、多媒体教学等，丰富教学内容和形式，提高教学效果。

针对智力障碍儿童的社交困难，教师可以组织一些小组活动或集体活动，鼓励儿童参与其中，提高他们的社交能力和团队协作能力。通过这些活动，儿童不仅可以锻炼自己的社交技巧，还能增强自信心和归属感。

在制订教育计划时，教师还需要考虑到儿童的长期发展需求。除了基本的知识和技能传授，还应注重培养他们的独立生活能力、自我管理能力以及社会适应能力等。对这些能力的培养将有助于智力障碍儿童在未来更好地融入社会，实现自我价值。

针对智力障碍儿童的教育需要综合考虑多个方面，包括儿童的认知能力、社交行为以及长期发展需求等。通过制订个性化的教学计划、采用多样化的教学方法和技巧、加强家长和教师的合作与关爱，可以为这些孩子创造一个更加包容和有利的学习环境，帮助他们更好地成长和发展。

二、视觉障碍儿童的特征

（一）视觉障碍儿童的感官补偿

视觉障碍儿童在面临视觉功能缺失的挑战时，会展现出一种独特的感官补偿能力。这种补偿主要通过其他感官，如听觉、触觉和嗅觉，来更为敏锐地感知并理解周围环境。这种感官的适应性变化不仅有助于他们在日常生活中进行导航和交流，还在一定程度上弥补了视觉信息的缺失。

在听觉方面，视觉障碍儿童往往表现出更高的敏感度和注意力。由于视觉是感知外界信息的主要途径，视觉障碍儿童在日常生活中会更多地依赖听觉来获取信息。这种依赖性使得他们的听觉系统得到更多的锻炼和发展，从而能够更为准确地捕捉声音中的细微差别，如语调的起伏、音量的变化等。这种增强的听觉能力不仅有助于他们理解语言，还能帮助他们在社交环境中感知他人的情绪和态度。

触觉在视觉障碍儿童的感官补偿中也扮演着重要角色。通过触摸，他们能够更直接地感知物体的形状、质地和温度等属性。这种触觉的反馈不仅提供了关于物体本身的信息，还能帮助他们建立对空间的理解和感知。例如，通过触摸不同形状的积木，视觉障碍儿童可以逐渐理解空间结构的概念，这对于他们的认知发展具有重要意义。

嗅觉在视觉障碍儿童的感官补偿中也发挥着一定的作用。虽然嗅觉在日常感知中的作用相对较小，但对于视觉障碍儿童来说，它可能成为一种重要的补充信息源。通过嗅觉，他们可以感知到环境中的气味变化，从而判断某些物体的存在或环境的变化。例如，通过嗅到食物的香味，他们可以判断出食物的种类和状态。

虽然这些感官补偿机制有助于视觉障碍儿童在一定程度上弥补视觉功能的不足，但他们仍然面临着许多挑战。例如，在复杂的环境中，仅凭听觉、触觉和嗅觉可能难以获取全面的信息，这可能导致他们在理解和应对环境时存在一定的困难。因此，需要给予视觉障碍儿童更多的支持和关注，帮助他们更好地适应并融入社会。

在教育方面，针对视觉障碍儿童的感官补偿特点，教师可以采用多感官教学法，通过结合听觉、触觉和嗅觉等多种感官刺激来呈现教学内容。这种方法不仅有助于吸引学生的注意力，还能帮助他们更深入地理解和掌握知识。同时，家长也可以在日常生活中利用这些感官补偿机制来帮助孩子进行认知和学习，如通过讲述故事来锻炼孩子的听觉理解能力，或通过触摸不同材质的物体来增强孩子的触觉感知能力。通过这些努力，可以为视觉障碍儿童创造一个更加包容和支持的学习环境，促进他们的全面发展。

（二）视觉障碍儿童的日常生活

视觉障碍儿童的日常生活面临着诸多挑战。由于视觉功能的缺失或受损，他们必须依靠其他感官来感知和理解周围环境。在日常生活中，这些儿童需要借助各种辅助工具来帮助他们行走、导航以及完成其他日常活动。

在行走和导航方面，视觉障碍儿童通常会使用盲杖或导盲犬等工具。盲杖可以帮助他们探测路面障碍，而导盲犬则能提供更为直观的导航帮助。虽然这些辅助工具的使用能在一定程度上弥补视觉的缺失，但仍然需要儿童进行大量的训练和适应。

除了行走和导航，视觉障碍儿童在学习方面也面临着诸多困难。由于无法直接阅读文字材料，他们需要借助特殊的教育资源，如盲文书籍和音频教材。

这些资源虽然能够帮助他们获取知识，但仍然无法完全替代视觉信息的作用。因此，视觉障碍儿童在学习过程中往往需要更多的耐心和努力。

视觉信息的缺失还会影响视觉障碍儿童在空间认知、颜色识别和面部表情识别等方面的能力。这些困难可能会导致他们在社交和人际交往中遇到障碍，因此，他们需要更多的支持和理解。

尽管视觉障碍儿童的日常生活面临着诸多困难，但通过适当的训练和支持，他们仍然能够过上充实和有意义的生活。家长、教师和社会大众应该给予他们更多的关注和支持，帮助他们克服生活中的各种挑战，实现自我价值。

在帮助视觉障碍儿童的过程中，还需要注意他们的心理健康。由于视觉障碍带来的种种困难，这些儿童可能会产生自卑、孤独等不良心理状态。因此，除了提供物质上的帮助，还需要关注他们的心理健康，给予他们足够的关爱和鼓励。

社会各界也应该加强对视觉障碍儿童的教育和支持。特殊教育学校、康复机构等组织应该提供专业的教育和康复服务，帮助这些儿童提高生活自理能力、社交能力和学习能力。此外，政府和社会各界也应该加大对特殊教育事业的投入和支持力度，为视觉障碍儿童提供更好的教育和生活环境。

（三）视觉障碍儿童的康复训练

视觉障碍儿童的康复训练是一个综合性、多元化的过程，它涵盖了视觉功能训练、日常生活技能训练以及心理干预等多个层面。这些训练措施旨在帮助视觉障碍儿童更好地适应生活，提高他们的生活质量和社会参与度。

在视觉功能训练方面，重点是通过一系列专业的训练活动，帮助儿童提高残余视力或学会利用其他感官来弥补视觉上的不足。例如，对于有一定残余视力的儿童，可以通过视觉刺激训练、视野扩大训练等方法，来提升他们的视觉敏锐度和视野范围。而对于完全失明的儿童，则需要训练他们通过听觉、触觉等感官来感知和理解周围环境的能力。这种跨感官的补偿机制在视觉障碍儿童的认知发展中起着至关重要的作用。

日常生活技能训练则是康复训练中的另一大重点。这些技能包括穿衣、吃饭、洗漱等基本的自理能力，以及行走、导航等日常活动能力。通过专门的训练，视觉障碍儿童可以逐渐掌握这些技能，从而提高他们的独立生活能力。例如，使用盲杖和导盲犬等辅助工具可以帮助他们在行走和导航方面更加自如。此外，还有一些特殊的教育资源，如盲文书籍和音频教材，可以帮助他们克服学习上的困难。

除了上述两方面的训练，心理干预也是视觉障碍儿童康复训练中不可或缺的一部分。由于视觉障碍可能会给儿童带来一定的心理压力和困扰，因此及时的心理干预和支持显得尤为重要。心理干预可以包括个别心理辅导、团体心理治疗等多种形式，旨在帮助儿童建立积极的心态，增强他们的自信心和抗逆能力。同时，家长和教师的关爱与鼓励也是视觉障碍儿童心理健康的重要保障。

视觉障碍儿童的康复训练是一个全面而系统的过程，它需要多方面的配合和努力。通过视觉功能训练、日常生活技能训练以及心理干预等措施的综合运用，可以帮助这些儿童更好地融入社会，实现他们的全面发展。

康复训练的效果往往受到多种因素的影响，包括儿童的年龄、障碍程度、家庭环境等。因此，在制订康复计划时，需要充分考虑这些因素，制定个性化的训练方案。同时，康复训练也需要持续性和耐心，只有长期坚持和不断努力，才能取得显著的效果。

社会各界对视觉障碍儿童的关注和支持也是至关重要的。通过加强宣传教育、提高公众对视觉障碍的认识和理解，可以为这些儿童创造一个更加包容和友好的社会环境。同时，政府和相关机构也应加大对视觉障碍儿童康复训练的投入和支持力度，为他们提供更多的康复资源和机会。

三、听力障碍儿童的特征

（一）听力障碍儿童的沟通方式

听力障碍儿童在沟通方面面临着独特的挑战，但他们也可以通过各种方式表达自己的需求和情感，建立起与他人的联系。手语是听力障碍儿童最常用的沟通方式之一。通过手势、动作和面部表情的组合，他们能够传递复杂的信息和情感。手语的灵活性和表达力使得听力障碍儿童能够在无声的世界中自由交流，与同伴、家人和教师建立起深厚的情感纽带。

除了手语，唇读也是听力障碍儿童常用的沟通技巧。通过观察说话者的口型、面部表情和发音，他们能够揣摩出对方说话的内容和意图。虽然唇读并非百分之百准确，但它为听力障碍儿童提供了一种感知语言的方式，使他们在日常生活中能够更好地融入社会。

随着科技的发展，听力辅助设备在听力障碍儿童的沟通中发挥着越来越重要的作用。助听器能够放大声音，使儿童能够更清晰地听到周围的声音和语言。而人工耳蜗则通过电刺激听觉神经，帮助儿童感知声音，进而提高语言能力。这些设备的运用不仅改善了听力障碍儿童的听觉体验，也为他们的沟通提供了更多可能性。

在教育环境中，教师需要特别关注听力障碍儿童的沟通需求。通过提供个性化的教学支持，如使用手语翻译、调整教学材料以适应他们的学习方式等，教师可以帮助听力障碍儿童充分表达自己的思想和情感，实现与他人的有效沟通。同时，家长也应在日常生活中积极与儿童交流，鼓励他们使用各种沟通方式，以促进其社交技能和情感发展。

听力障碍儿童的沟通方式多种多样，包括手语、唇读和听力辅助设备等。这些方式不仅帮助他们克服了沟通障碍，还使他们在社会交往中更加自信和独立。通过教育支持和家庭关爱，可以进一步促进听力障碍儿童的全面发展，让他们在无声的世界中绽放出独特的光彩。

（二）听力障碍儿童的听觉训练

听觉训练在听力障碍儿童的康复过程中占据着举足轻重的地位。这种训练不仅关乎儿童听觉功能的恢复与提升，更会对其未来的语言发展、社交能力乃至整体生活质量产生深远影响。

在听觉训练中，声音识别是基础且关键的一环。听力障碍儿童往往对声音的敏感度和辨识度较低，因此，训练初期应着重于帮助他们熟悉和区分各种声音。这包括自然环境中的声音，如风声、雨声、动物叫声等，以及日常生活中的声音，如门铃声、电话铃声等。通过反复播放和辨识这些声音，听力障碍儿童能够逐渐建立起对声音的感知和记忆，为后续的语言学习打下基础。

语音辨别训练则是听觉训练的另一个重要方面。听力障碍儿童在语音感知上存在困难，他们可能无法准确区分不同的音素和音节，这在一定程度上会影响其语言理解和表达能力。因此，在训练中，需要通过大量的语音材料，让听力障碍儿童熟悉和掌握各种语音特征。这包括不同音素的发音特点、音节的结构和韵律等。通过模仿、跟读和辨音等练习，听力障碍儿童能够逐渐提高对语音的敏感度和准确性。

除了声音识别和语音辨别，语言理解也是听觉训练的重要目标。听力障碍儿童在语言理解上往往存在较大的困难，他们可能无法准确理解他人的话语意图和含义。因此，在训练中需要通过大量的语言材料和实践练习来提高听力障碍儿童的语言理解能力。这包括听故事、理解指令、回答问题等练习。通过这些练习，听力障碍儿童能够逐渐学会从听觉信息中提取关键信息、理解语言结构和含义，并尝试运用所学知识进行表达和交流。

在实施听觉训练时，个性化的训练计划至关重要。每个听力障碍儿童的情况都是独特的，他们的听力损失程度、语言发展水平、认知能力等方面都存在差异。因此，训练计划应根据听力障碍儿童的实际情况进行量身定制，确保训练内容既符合他们的需求，又能激发他们的学习兴趣和动力。同时，科学的评估方法也是不可或缺的。通过定期的评估和调整，可以及时了解听力障碍儿童的进步和存在的问题，以便对训练计划进行针对性的优化和调整。

听觉训练在听力障碍儿童的康复过程中具有不可替代的作用。通过系统的、个性化的训练计划以及科学的评估方法，可以帮助这些儿童逐步提高听觉感知能力、语言理解能力和表达能力，为他们未来的生活和发展奠定坚实的基础。

（三）听力障碍儿童的语言发展

听力障碍儿童的语言发展是一个复杂而关键的过程。这些儿童在面临听力缺失的挑战时，往往也伴随着语言发展的延迟和困难。听觉是感知声音、接收语言信息以及模仿发音的重要方式，而听力障碍儿童在这一方面显然处于不利地位。然而，通过科学的方法和持续的努力，仍然可以帮助他们实现语言能力的有效提升。

在语音方面，听力障碍儿童可能难以准确感知和发出各种音素，这导致他们的发音可能不清晰或存在偏差。为了改善这一状况，语音训练成为至关重要的一环。训练者可以采用感觉发音法、观察发音法等多种方法，帮助听力障碍儿童感受和理解发音的细微差别，逐步纠正不正确的发音习惯。

词汇的积累对于语言发展同样至关重要。听力障碍儿童可能由于缺乏听觉输入而在词汇学习方面遇到困难。因此，需要通过其他感官途径，如视觉、触觉等，来帮助他们建立词汇与实物之间的联系。例如，利用图片、实物或手势等辅助工具，可以帮助听力障碍儿童更直观地理解词汇的含义，促进词汇量的增长。

在语法方面，听力障碍儿童可能难以理解和运用复杂的句子结构。这要求在语言训练中要注重语法知识的系统性和层次性。通过逐步引入和讲解基本的语法规则，并结合实际的语境进行练习，可以帮助听力障碍儿童逐步建立起完整的语法体系，并提高他们运用语言进行表达和交流的能力。

除了上述具体的训练方法，为听力障碍儿童创造一个丰富的语言环境也至关重要。这包括提供多样的语言刺激，如阅读图书、讲故事、观看影视作品等，以及鼓励他们与同龄人和其他社会成员进行互动和交流。一个充满关爱和支持的语言环境不仅可以激发听力障碍儿童学习语言的积极性，还能帮助他们在实践中不断巩固和提升语言能力。

虽然听力障碍儿童在语言发展方面面临诸多挑战，但通过科学的方法和持续的努力，仍然可以帮助他们实现语言能力的有效提升。这不仅有助于他们的个人成长和全面发展，也将为他们未来更好地融入社会奠定坚实的基础。

四、自闭症谱系障碍儿童的特征

（一）自闭症谱系障碍儿童的社交障碍

自闭症谱系障碍儿童的社交障碍表现在多个层面。他们往往难以解读和回应社交线索，如面部表情、肢体语言以及语调的变化，这使得他们在与他人互动时会感到困惑和不安。这种困难不仅影响了他们与同龄人的交往，也阻碍了他们与成人建立亲密和信任的关系。

自闭症谱系障碍儿童在社交情感的理解上存在明显缺陷。他们可能无法感知到他人的情绪状态，或者对他人的情感反应不敏感。这导致他们在互动中缺乏共鸣和同情，进一步加剧了他们社交孤立的状态。同时，他们也可能难以表达自己的情感和需求，这使得与他们建立深入的情感联系变得尤为困难。

另外，自闭症谱系障碍儿童的社交障碍还表现为对社交规则的难以理解。他们可能会因不熟悉常规的社会交往模式，如轮流、分享或等待，从而在社交场合表现出不适宜的行为。这种行为可能引发他人的误解和负面反应，进一步加剧他们的社交困境。

除了上述的社交障碍，自闭症谱系障碍儿童还可能出现一些特征性行为，如重复性行为或刻板动作。这些行为可能是他们对环境刺激的一种应对方式，也可能是他们试图寻求秩序和安全感的表现。然而，这些行为在社交环境中可能会被视为怪异或不寻常，从而增加他们与他人互动的难度。

针对自闭症谱系障碍儿童的社交障碍，专业的干预和支持至关重要。通过社交技能训练、情感教育和家庭支持等综合性措施，可以帮助他们改善社交能力，增强情感表达和理解，更好地适应社交环境。同时，提高社会对自闭症谱系障碍的认知和理解，创造一个更加包容和支持的环境，也是促进他们社交发展的重要因素。

（二）自闭症谱系障碍儿童的刻板行为

刻板行为在自闭症谱系障碍儿童中是一种常见且显著的特征。这些行为不仅影响了他们的日常生活，更在某种程度上阻碍了他们的社交发展。因此，深入探讨刻板行为的成因、表现以及干预策略，对于帮助这类儿童融入社会、提升生活质量具有不可忽视的价值。

自闭症谱系障碍儿童的刻板行为表现形式多样，其中，对特定物品的过度关注尤为突出。例如，有的儿童可能对某种玩具或物品产生异乎寻常的兴趣，长时间地凝视、摆弄，甚至忽视周围的其他事物。这种行为模式在一定程度上限制了他们的视野和社交互动，使得他们更加沉浸于自己的世界。

固定不变的动作模式也是刻板行为的一种体现。自闭症谱系障碍儿童可能会反复进行某些无意义的动作，如摇摆身体、重复拍手等。这些动作不仅影响了他们的日常生活自理能力，更可能会在社交场合引发他人的误解和排斥。

言语表达的重复性同样是刻板行为的一个重要方面。自闭症谱系障碍儿童可能会反复重复某些词语或句子，而这些言语往往与当前的情境无关。这种言语上的刻板行为不仅影响了他们的沟通能力，更可能使得他们在社交互动中显得格格不入。

针对这些刻板行为，有效的干预策略显得尤为重要。深入了解自闭症谱系障碍儿童的刻板行为成因是制订干预计划的前提。生理、心理以及环境因素都可能对刻板行为产生影响，因此，全面的评估和分析是必不可少的。

采用个性化的干预方法对于改善刻板行为至关重要。针对不同类型的刻板行为，可以制定相应的干预措施。例如，对于过度关注特定物品，可以通过引导他们关注其他事物、拓展兴趣范围等方式来减少此类刻板行为的发生。对于固定不变的动作模式和重复性言语表达，则可以通过行为矫正、言语治疗等方法进行干预。

家长的参与和支持在干预过程中发挥着举足轻重的作用。家长需要密切关注儿童的行为变化，及时与专业人士沟通并调整干预策略。同时，为自闭症谱系障碍儿童创造一个宽松、包容的家庭环境，有助于减轻他们的焦虑和压力，从而更好地应对刻板行为带来的挑战。

自闭症谱系障碍儿童的刻板行为是一个复杂且需要深入关注的问题。通过了解刻板行为的表现形式、成因以及制定有效的干预策略，可以帮助这类儿童更好地融入社会、提升生活质量，为他们的未来发展奠定坚实的基础。

（三）自闭症谱系障碍儿童的干预策略

在针对自闭症谱系障碍儿童的干预策略中，多元化的方法显得至关重要。这种方法需要囊括不同的治疗手段，以全面应对自闭症儿童面临的各种挑战。

行为疗法被广泛认为是改善自闭症儿童社交技能和沟通能力的有效手段。通过应用行为分析（ABA）等技术，可以帮助自闭症儿童学习适当的社交行为，并提高他们的互动能力。这种疗法注重正向强化，通过奖励机制激发自闭症儿童学习和改变的动力。

认知疗法也在干预过程中发挥着不可或缺的作用。该疗法旨在帮助自闭症儿童理解并管理自己的情绪，以及培养解决问题的能力。通过认知重建，自闭症儿童能够更好地识别和处理负面思维模式，进而提升自我意识和自我控制能力。

除了心理疗法，药物治疗在某些情况下也是必要的。针对自闭症儿童可能出现的焦虑、抑郁等情绪问题，医生可能会开具适当的药物以缓解症状。然而，药物治疗通常作为辅助手段与心理干预相结合，以达到最佳效果。

在干预过程中，家长和教育者的角色不容忽视。他们需要密切关注自闭症儿童的需求，提供情感支持，并创造一个包容、理解的环境。此外，他们还应积极参与治疗计划，与专业人士合作，共同促进儿童的进步。

鼓励自闭症儿童参与社交活动和集体活动也是干预策略中的重要一环。这不仅有助于提升他们的社交技能，还能增强他们的自信心和归属感。通过参与集体活动，自闭症儿童能有机会与同龄人互动，并学习合作与分享，从而更好地融入社会。

针对自闭症谱系障碍儿童的干预策略需要综合考虑多个维度，包括心理疗法、药物治疗、家长和教育者的支持以及社交活动的参与。通过这些综合手段，可以为自闭症儿童提供一个更加全面、个性化的治疗方案，助力他们走向更加美好的未来。

第二节　特殊教育的需求与挑战

一、特殊教育的需求分析

（一）特殊儿童的教育需求

1. 教育资源需求

特殊儿童的教育资源需求具有多样性和特定性。这些儿童由于身心发展的差异，需要定制化的教育资源来支持他们的学习进程。这些资源不仅包括教材、教具和辅助设备，还涵盖特殊学校或班级的设立，以确保他们能在适宜的环境中接受教育。

在教材方面，应考虑特殊儿童的认知特点和学习风格，编制适合他们的教材。例如，为视障儿童提供大字本或盲文教材，为听障儿童提供配有手语或字幕的视频教材。这些教材能够帮助特殊儿童更好地理解和掌握知识，提升他们的学习效果。

在教具和辅助设备方面，应根据特殊儿童的具体需求进行选择和配置。触觉图书、助听器和视力辅助器等都是常见的辅助设备，它们能够有效地弥补特殊儿童在感官方面的不足，帮助他们更好地参与学习活动。例如，触觉图书通过不同材质的触摸体验，能够帮助视障儿童感知和理解书中的内容；助听器则能够放大声音，提高听障儿童的听觉敏感度，使他们能够更清晰地听到教师的讲解和同伴的交流。

特殊学校或班级的设立也是保障特殊儿童教育资源的重要一环。这些学校或班级能够为特殊儿童提供专门的教育服务，包括专业的教师团队、定制化的课程计划和适宜的教学环境等。在这样的环境中，特殊儿童能够得到更加全面和有针对性的教育支持，有利于他们的成长和发展。

2. 教学方法需求

特殊儿童在教学方法上的需求同样值得关注。由于他们的身心发展差异，传统的教学方法往往难以满足他们的学习需求。因此，教师需要采用更加灵活多样的教学策略，以适应特殊儿童的学习风格和节奏。

多感官教学法是一种有效的教学方法，它通过刺激特殊儿童的多种感官来增强他们的学习体验。例如，在教学中使用彩色的图片、动听的音乐或有趣的实物等，能够吸引特殊儿童的注意力，提高他们的学习兴趣。这种方法能够帮助特殊儿童更好地理解和记忆知识，提升他们的学习效果。

任务分解法则是将复杂的学习任务分解成若干个简单的子任务，以便特殊儿童能够逐步完成。这种方法能够降低学习难度，减轻特殊儿童的学习压力，帮助他们逐步建立学习自信心。通过逐步完成子任务，特殊儿童能够逐渐掌握复杂的知识和技能，实现自我突破和成长。

直观演示法也是一种常用的教学方法。它通过直观的演示和操作来帮助特殊儿童理解抽象的概念和原理。例如，在数学教学中使用具体的数学模型或图形来演示数学概念，能够让特殊儿童更加直观地理解这些概念。这种方法能够增强特殊儿童的学习效果，提高他们的学习兴趣和实践能力。

除了上述教学方法，还应注重情感教育和心理辅导在特殊儿童教育中的作用。特殊儿童往往面临着身心发展的挑战和社会适应的压力，因此需要更多的情感支持和心理关怀。教师可以通过情感交流、心理疏导和团体活动等方式来帮助特殊儿童建立积极的学习态度和自信心，促进他们的全面发展。

（二）特殊儿童的家庭需求

1．家庭对教育的期望

在特殊教育的融合教育理论与实践的广阔背景下，家庭对教育的期望如同夜空中最亮的星，指引着前行的方向。特殊儿童家庭的期望，不仅仅是对简单的知识传授和学业成就的追求，而是更加复杂且深远的愿景。他们深知，每个孩子都是独一无二的，尤其是那些面临身心障碍挑战的孩子，他们的成长之路充满了未知与变数。

家庭对教育的首要期望，是希望教育能够真正贴近孩子的身心发展特点，做到因材施教。这意味着教育体系需要充分考虑到特殊儿童的特殊需求，提供个性化的教学计划和策略，确保每个孩子都能在适合自己的节奏和方式下学习成长。家庭渴望看到孩子在学习过程中展现出的积极变化，无论是知识技能的提升，还是情感态度的转变，都是他们心中最宝贵的收获。

同时，家庭也期望教育能够成为孩子提升生活自理能力和社会适应能力的桥梁。他们深知，在未来的社会中，孩子将不可避免地面对各种挑战和机遇。因此，他们希望教育能够教会孩子如何独立生活、如何与人交往、如何解决问题等关键技能，为孩子顺利融入社会打下坚实的基础。

此外，家庭还期望教育能够激发孩子的潜能和兴趣，为孩子打开一扇通往未来世界的窗户。他们相信，每个孩子都有自己独特的天赋和才能，只要给予足够的关注和支持，这些潜能就能被充分挖掘和展现出来。因此，他们希望教育体系能够提供更多元化的教育资源和机会，让孩子在探索中发现自己的兴趣和热情，从而为他们未来的生活和就业铺设更宽广的道路。

这种深切且多维的期望背后，是特殊儿童家庭对孩子未来生活的深切关怀和对教育力量的坚定信念。他们相信通过教育的力量，孩子能够克服身心障碍的困扰，实现自我价值的提升和超越。这份信念不仅是对孩子的信任和支持，更是对整个社会和教育体系的期待和呼吁。

2. 家庭的支持

在特殊儿童接受融合教育的征途中，家庭的支持如同航船上的风帆，为其前行的道路提供源源不断的动力。面对孩子身心障碍带来的种种挑战和困难，家庭不仅需要付出更多的精力和时间，还需要寻求专业的指导和帮助来应对复杂的教育问题。

家庭需要学习如何与特殊儿童进行有效沟通。特殊儿童在语言表达和理解能力上可能存在一定的障碍，这要求家庭成员必须具备耐心和细心，通过适当的沟通方式和技巧来理解和满足孩子的需求。此外，家庭成员还需要关注孩子的情感变化和心理状态，及时给予关爱和支持，帮助孩子建立积极的自我认知和情绪管理能力。

家庭需要了解如何辅助孩子完成作业和学习任务。特殊儿童在学习上可能会遇到更多的困难和挑战，需要家庭成员的积极参与和协助。这包括帮助孩子制订学习计划、解答学习疑问、提供学习资源等。家庭成员需要具备一定的教学知识和方法，以便更好地辅助孩子学习成长。

除了学习上的支持，家庭还需要参与孩子的康复训练和治疗过程。特殊儿童的身心障碍可能需要通过专业的康复训练和治疗来改善和提升。家庭成员需要了解孩子的康复计划和目标，积极参与康复训练过程，与康复师和治疗师保持良好的沟通和协作关系，共同促进孩子身心功能的恢复和提升。

此外，家庭还需要得到广泛的社会资源和服务支持。这包括心理咨询服务的提供、家庭辅导服务的开展以及经济援助的落实等。心理咨询服务的提供可以帮助家庭应对因孩子身心障碍而带来的心理压力和困惑；家庭辅导服务的开展则能针对家庭教育的具体问题提供解决方案；而经济援助的落实则是许多特殊儿童家庭能够持续接受教育的有力保障。这些社会资源和服务的支持共同构成了特殊儿童家庭教育的坚实后盾，为孩子的成长和发展提供了有力的保障和支持。

（三）教育需求与家庭关系的探讨

在特殊教育领域，教育需求与家庭关系之间的紧密联系不容忽视。特殊儿童的教育需求不仅受到学校教育资源和方法的影响，更在很大程度上受到家庭期望和支持的塑造。同时，特殊教育要想取得最佳效果，也离不开家庭的积极参与和配合。因此，深入探讨教育需求与家庭关系，对于推动特殊教育的发展具有重要意义。

家庭的教育期望会对特殊儿童的教育选择和效果产生直接影响。特殊儿童的家庭往往对孩子接受教育抱有更高的期望，他们希望孩子能够通过教育提高生活自理能力，更好地融入社会。这些期望不仅体现在对孩子学术成绩的关注上，更体现在对孩子综合素质和未来发展的期盼上。为了满足这些期望，家庭会积极寻求各种教育资源和支持，为孩子创造更好的学习条件。例如，有的家庭会主动与学校沟通，了解孩子的学习进展和困难，共同制定个性化的教育方案；有的家庭则会积极参加各种康复训练和心理辅导活动，帮助孩子提升自信心和社交能力。

特殊教育也需要家庭的积极参与和配合。特殊儿童的教育过程往往更加复杂和艰巨，需要家庭和学校双方共同努力。家庭作为孩子成长的重要环境，能够提供丰富的情感支持和生活实践机会，帮助孩子更好地适应学校生活。例如，家长可以在日常生活中培养孩子的自理能力，教导他们如何与人交往、处理情绪等。同时，家长还可以参与学校的志愿服务活动，协助教师进行教学辅导和康复训练，为特殊儿童创造更加包容和温暖的学习环境。

为了加强家庭与学校之间的沟通与合作，建立家校合作机制至关重要。这一机制能够保障双方信息的及时共享和有效反馈，促进教育合力的形成。学校可以定期举办家长会、座谈会等活动，邀请家长参与讨论和分享孩子的学习情况；同时也可以利用网络平台建立家校互动渠道，方便日常的沟通和交流。通过这些措施，家庭和学校能够更加紧密地联系在一起，共同为特殊儿童的成长和发展贡献力量。

教育需求与家庭关系在特殊教育中占据着举足轻重的地位。通过深入探讨二者之间的联系和影响机制，能够更加全面地理解特殊教育的本质和挑战，进而为推动其持续发展和改进提供有力的支撑和保障。同时，也应认识到家庭在特殊教育中的重要作用和不可替代性，积极寻求与家庭的有效合作方式，共同促进特殊儿童的全面发展和幸福成长。

二、特殊教育面临的挑战

（一）资源配置的挑战

特殊教育在我国面临多方面的挑战，其中资源配置的问题尤为突出。这主要体现在资源分配不均、设施建设滞后以及师资配备不足三个方面。

1. 资源分配不均：深化理解与均衡策略

在我国，特殊教育资源分配不均的问题，如同一道隐形的鸿沟，横亘在特殊儿童与平等教育机会之间。这一现象不仅体现在地区间的显著差异上，更深刻地反映在城乡二元结构以及学校内部的资源配置上。偏远山区和经济欠发达地区的特殊教育资源匮乏，这不仅意味着教学设备的落后，更直接关联到教学质量的低下，使得这些地区的特殊儿童在起跑线上就已落后。

要深入理解这一问题的根源，需要从多个维度进行剖析。地区经济发展水平的不平衡，是导致资源分配不均的直接原因之一。经济欠发达地区往往财政紧张，难以投入足够的资金用于特殊教育的发展。此外，政府政策的执行力度和社会认知度也是影响资源分配的重要因素。在一些地区，特殊教育仍然被视为“边缘化”的教育形式，缺乏足够的关注和重视。

为了破解这一难题，需要采取一系列行之有效的策略。政府应加大对特殊教育的财政投入，特别是对经济欠发达地区和偏远山区的支持力度，确保这些地区的特殊儿童能够享受到与同龄人相等的教育资源。建立科学合理的资源配置机制，通过政策引导和资源倾斜，促进教育资源的均衡分布。同时，加强社会宣传和教育，提高公众对特殊教育的认知度和关注度，营造全社会关心和支持特殊教育的良好氛围。

2. 设施建设滞后：从硬件到软件的全面升级

特殊教育设施的建设，是特殊儿童接受良好教育的重要物质基础。然而，在我国许多地区，特殊教育设施的建设仍然滞后于实际需求，成为制约特殊教育发展的瓶颈之一。这些设施不仅陈旧落后，难以满足特殊儿童的学习和生活需求，甚至在某些情况下还可能对他们的身心健康造成不利影响。

设施建设滞后的原因复杂多样。一方面，资金短缺是制约设施建设的重要因素。由于特殊教育属于小众教育领域，往往难以获得足够的财政支持。另一方面，规划不足和重视程度不够也是导致设施建设滞后的原因之一。一些地区在规划特殊教育设施时缺乏科学性和前瞻性，导致设施建成后无法满足实际需求或很快就被淘汰。

为了改善这一状况，需要从硬件和软件两个方面入手进行全面升级。在硬件方面，政府应加大对特殊教育设施建设的投入力度，确保设施建设的科学性和实用性。同时，加强设施的日常维护和管理，确保设施的安全和卫生。在软件方面，应注重提升特殊教育设施的服务质量和管理水平。通过引进先进的教学设备和管理理念，提高设施的教学效率和管理效能。此外，还应加强特殊教育设施与社区、家庭等方面的联系和合作，形成多元化的支持体系。

3. 师资配备不足：强化培养与激励机制

特殊教育师资的短缺和质量问题，是当前我国特殊教育面临的又一重大挑战。特殊教育教师需要具备高度的专业素养和人文关怀精神，能够针对特殊儿童的不同需求和特点进行有针对性的教学。然而，目前我国特殊教育师资普遍短缺且整体素质参差不齐，难以满足特殊教育发展的需求。

造成师资配备不足的原因主要有三个方面：一是特殊教育专业人才培养不足；二是教师职业吸引力不强；三是教师流失严重。为了破解这一难题，需要从源头上加强特殊教育专业人才的培养力度，提高毕业生的整体素质。同时，建立科学合理的激励机制和职业发展路径，提高特殊教育教师的待遇和地位，吸引更多优秀人才投身特殊教育事业。

在加强特殊教育专业人才培养方面，高校应发挥重要作用。通过优化课程设置和教学方法，提高特殊教育专业学生的专业素养和实践能力。同时，加强与特殊教育学校的合作与交流，为学生提供更多的实践机会和职业发展指导。此外，政府还应加大对特殊教育师资培养的投入力度，支持高校开展特殊教育师资培训项目和研究工作。

在建立激励机制和职业发展路径方面，可以借鉴国际先进经验并结合我国实际情况进行探索和创新。例如，建立特殊教育教师职称评定和晋升制度；设立特殊教育教师奖励基金；加强特殊教育教师的职业培训和继续教育等。这些措施将有助于提高特殊教育教师的职业吸引力和归属感，促进他们的专业成长和职业发展。

（二）教育质量的挑战

特殊教育在发展过程中，尤其是在教育质量方面，面临着诸多挑战。这些挑战主要源于教学质量不稳定、课程设置缺乏针对性以及学生评估体系不完善。

1. 教学质量参差不齐

在特殊教育领域，教学质量的不均衡现象尤为突出，这背后的深层次原因复杂且多样。师资力量的短缺是制约教学质量提升的关键因素。特殊教育教师不仅需要具备扎实的专业知识，还需要深入了解特殊儿童的心理与生理特点，掌握科学的教学方法和技巧。然而，在现实情况中，许多特殊教育学校面临着教师招聘难、教师流失率高的问题，导致教师队伍整体素质参差不齐。这种师资力量的薄弱直接影响了教学质量，使得一些学校难以提供高质量的教育服务。

资源分配的不均也是导致教学质量存在差异的重要原因。由于教育资源的有限性，特殊教育学校在资金、设备、教材等方面的投入往往难以满足实际需求。特别是在偏远地区和经济欠发达地区，特殊教育学校的办学条件更加艰苦，教学设施落后，教学资源匮乏，这严重制约了教学质量的提升。

为了改善这一状况，特殊教育学校需要采取一系列措施。加强师资队伍建设是关键。学校应加大对特殊教育教师的培训力度，提升教师的专业素养和教学能力。同时，建立健全教师激励机制，提高教师的职业认同感和归属感，减少教师流失。优化资源配置也是必要的。政府和社会各界应加大对特殊教育的投入，为特殊教育学校提供必要的资金支持和物质保障。此外，学校还应积极探索多元化的教学模式和方法，以适应特殊儿童多样化的学习需求。

2. 课程设置缺乏针对性

特殊教育学校的课程设置是教学质量的重要体现。然而，当前许多特殊教育学校的课程设置仍显得单一且缺乏针对性。这主要体现在以下几个方面：一是课程内容过于传统和保守，未能充分反映特殊教育领域的新理念和新成果；二是课程结构不合理，未能充分考虑特殊儿童的学习特点和需求；三是课程实施方式单一，缺乏创新性和灵活性。

针对这些问题，特殊教育学校需要加强对课程设置的改革和创新。学校应根据特殊儿童的身心特点和学习需求，制订个性化的教学计划和课程设置。这包括选择适合特殊儿童的教材、设计符合他们认知特点的教学活动以及采用多样化的教学方法和手段等。学校还应积极引入创新性的教学理念和方法，如差异化教学、多感官教学等。这些新的教学理念和方法有助于激发学生的学习兴趣和积极性，提高他们的学习效果和参与度。学校还应建立完善的课程评价机制，对课程设置进行定期评估和调整，以确保其针对性和有效性。

3. 学生评估体系不完善

在特殊教育中，学生评估体系是衡量教学质量和学生学习成果的重要手段。然而，当前许多特殊教育学校的学生评估体系仍存在不完善之处。这主要体现在评估内容过于单一、评估方式缺乏多样性和灵活性等方面。

为了完善学生评估体系，特殊教育学校需要采取以下措施。一是丰富评估内容。除了学科知识，还应将学生的实践能力、情感态度、社会交往能力等方面纳入评估范围，这样可以更全面地反映学生的学习成果和成长情况。二是采用多样化的评估方式。除了传统的笔试和口试，还可以采用观察记录、作品展示、自我评价和同伴评价等多种评估方式。这些评估方式可以更加客观地反映学生的学习情况和发展特点。三是加强评估结果的反馈和应用。学校应及时将评估结果反馈给学生和家长，帮助他们了解学生的学习情况和发展需求；同时，学校还应根据评估结果调整教学计划和教学方法，以提高教学质量和学生的学习效果。

针对这些问题，特殊教育学校应构建多维度、多层次的学生评估体系。在评估内容上，应涵盖学生的学科知识、实践能力、情感态度等多个方面；在评估方式上，应采用定量与定性相结合的方法，包括观察记录、作品展示、自我评价等多种形式。通过完善学生评估体系，可以更全面地反映特殊儿童的学习情况和成长发展，为教学改进提供有力依据。

（三）特殊教育面临的挑战对其发展的影响

特殊教育在发展过程中面临着诸多挑战，这些挑战对特殊教育的进步产生了深远的影响。资源配置的不均衡和教育质量的参差不齐是其中最为突出的问题，它们直接制约了特殊儿童教育需求方面的满足，进而影响了其生活质量和社会适应能力。此外，这些挑战还对特殊教育事业的可持续发展和创新能力的提升构成了限制。

资源配置的不均衡对特殊教育的影响是显而易见的。在我国，特殊教育资源的分配存在明显的地区差异、城乡差异和学校差异。一些地区和学校由于资源匮乏，难以为特殊儿童提供充足的教育机会和优质的教育服务。这种不均衡不仅加剧了教育的不平等，还可能导致特殊儿童的教育需求被忽视或无法得到充分满足。例如，在一些偏远地区，由于缺乏专业的特殊教育教师和必要的教学设备，特殊儿童可能无法受到适合其身心特点的教育，从而影响其成长和发展。

教育质量的参差不齐也是特殊教育面临的一大挑战。由于特殊教育师资和资源的限制，许多学校在教学质量上存在较大差异。一些学校可能采用落后的教学方法、不合理的课程设置以及不科学的学生评估方式，导致特殊儿童的学习效果不佳。此外，课程设置的单一性和缺乏针对性也制约了特殊儿童的学习进步。特殊儿童的身心障碍各不相同，因此需要有针对性的课程设置来满足其多样化的学习需求。目前许多学校的课程设置仍显得过于单一，缺乏灵活性和个性化，无法充分激发特殊儿童的学习兴趣和潜能。

学生评估体系的不完善也是影响特殊教育质量的重要因素。特殊儿童的评估应注重多维度、多层次的评价，以全面反映其学习情况和成长发展。目前许多学校的学生评估体系仍存在诸多不足，如评估内容单一、评估方法不科学等。这种不完善的评估体系可能导致对特殊儿童的学习状况产生误判，进而影响教学计划的制订和实施。

特殊教育在资源配置和教育质量方面面临的挑战对其发展产生了深远的制约作用。为了解决这些问题，需要加强政策引导，优化资源配置，提高教育质量，并不断完善学生评估体系。只有这样，才能确保特殊儿童的教育需求得到充分满足，促进其生活质量和社会适应能力的提升，同时推动特殊教育事业的可持续发展和创新能力的进步。

三、应对挑战的策略与方法

（一）政策支持与立法保障

1. 加强师资培训与专业发展

在特殊教育领域，教师的专业素养和教学能力直接决定了特殊儿童的教育质量和成长效果。因此，加强师资培训与专业发展是特殊教育发展的关键环节。政府和教育部门应建立完善的师资培训体系，确保每位特殊教育教师都能接受到系统的职前培训。培训内容应包括特殊教育理论、教学方法、心理辅导、康复训练等多个方面，使教师具备全面的特殊教育知识和技能。

在职进修和定期研修也是提升特殊教育教师专业素养的重要途径。教育部门应定期举办各类培训班、研讨会和学术交流活动，鼓励教师积极参与，不断更新教育理念和教学方法。同时，支持教师参加国内外高水平的教育培训和学术研究，拓宽视野，提升专业水平。

此外，为了激发特殊教育教师的积极性和创造力，还应建立健全的激励机制。通过评选优秀教师、教学成果奖等方式，表彰在特殊教育领域做出突出贡献的教师，激励更多教师投身于特殊教育事业。同时，加强特殊教育教师的职业发展规划和指导，帮助他们明确职业目标和发展方向，实现个人价值和社会价值的统一。

2. 推动社会支持与合作

特殊教育的发展需要社会各界的广泛支持和合作。政府应发挥主导作用，通过制定相关政策和措施，引导社会各界关注和支持特殊教育。加强特殊教育政策的宣传和推广，提高社会对特殊教育的认知度和认同感。通过媒体宣传、公益活动等方式，让更多人了解特殊教育的意义和价值，形成关爱特殊儿童的社会风尚。

鼓励企事业单位、社会组织和志愿者等参与特殊教育服务。政府可以出台相关优惠政策，鼓励企业为特殊教育提供实习就业机会、康复训练设施和心理关爱服务等。同时，加强与社区、家庭等各方面的沟通与合作，形成合力，共同推动特殊教育的发展。例如，可以建立特殊教育学校与社区、家庭之间的联动机制，共同为特殊儿童提供全方位的教育和关爱服务。

此外，加强家校共育也是推动特殊教育发展的重要举措。家长是特殊儿童最亲近的人，他们的参与和支持对于特殊儿童的成长至关重要。学校应加强与家长的沟通和合作，建立家校共育的良好机制。通过家长会、家访等方式，及时了解特殊儿童在家庭中的表现和需求，共同制订个性化的教育计划和发展方案。同时，鼓励家长参与学校的教育活动和教学管理，形成家校合作的良好氛围。

3. 促进教育创新与技术应用

面对特殊教育的挑战和机遇，需要不断创新教育方法和手段以适应特殊儿童的学习需求。政府和教育部门应支持特殊教育领域的创新实践，鼓励教师积极探索个性化、差异化的教学模式。例如，可以采用小班化教学、个别化教学等灵活多样的教学方式；注重培养特殊儿童的自主学习能力、创新能力和实践能力；加强跨学科整合教学，提高特殊儿童的综合素质和适应能力。

同时，推动现代信息技术在特殊教育中的应用也是促进教育创新的重要手段。政府和教育部门应加大对特殊教育信息化的投入力度，建设完善的信息技术基础设施和教学资源库。鼓励教师运用远程教育、智能辅助设备、虚拟现实技术等现代信息技术手段开展教学活动，为特殊儿童提供更加丰富多样的学习资源和交互方式。这些创新措施不仅有助于提高特殊教育的教学质量和效率，还能激发特殊儿童的学习兴趣和潜能。

4. 建立全面的评估与反馈机制

为了确保特殊教育的质量和效果，应建立全面的评估与反馈机制。政府和教育部门应制定科学、客观的评估标准和方法，定期对特殊教育学校的教学质量、管理水平、师资力量等进行全面评估。评估内容应包括学生的学业成绩、综合素质发展、家长满意度等多个方面；评估方式可以采用问卷调查、现场考察、专家评审等多种方式相结合。通过评估结果的反馈和分析，及时发现问题并采取措施进行改进。

注重收集家长、学生和社会各界的反馈意见也是建立全面评估与反馈机制的重要环节。学校应建立畅通的反馈渠道和机制，鼓励家长、学生和社会各界积极提出意见和建议。对于收集到的反馈意见，学校应认真梳理和分析，及时采取措施进行改进和优化。同时，加强对学生成长过程的跟踪和记录工作，形成完整的学生成长档案和评价体系，为特殊儿童的个性化发展和教育决策提供有力支持。

建立评估与反馈机制的目的是不断推动特殊教育的优化和发展。因此，在评估与反馈过程中要注重总结经验教训以及成功案例的分享和推广工作。通过组织经验交流会、成果展示会等活动形式，促进特殊教育领域的交流与合作；同时积极向国内外先进经验学习借鉴，不断提升我国特殊教育的整体水平和影响力。

（二）教育创新与实践探索

1. 教学方法创新

在特殊教育领域，教学方法的创新显得尤为重要。传统的、一刀切的教学方式往往无法满足特殊儿童的学习需求，这就要求教师不仅具备专业知识，更需要有创新意识和探索精神。多感官教学法便是一种值得推崇的创新教学方法，它通过刺激学生的多种感官，如视觉、听觉、触觉等，来增强学习效果。对于特殊儿童来说，这种方式能够更有效地帮助他们理解和记忆知识。

任务分解法也是一种非常实用的教学方法。由于特殊儿童在认知和学习上可能存在障碍，因此将复杂的学习任务分解成若干个小任务，能够让他们逐步掌握知识，减轻学习压力。同时，这种方法也有助于培养学生的自主学习能力和问题解决能力。

直观演示法也是特殊教育中不可或缺的教学方法。通过实物展示、实验操作等方式，让学生能够直观地理解和掌握知识，提高他们的学习兴趣和实践能力。这种教学方法对于培养特殊儿童的观察力和动手能力具有重要意义。

在创新教学方法的同时，还应注重情感教育和心理辅导的融入。特殊儿童往往面临着更多的心理压力和困难，因此教师需要关注他们的情感需求，帮助他们建立积极的学习态度和自信心。通过情感教育和心理辅导，可以让特殊儿童更好地融入学习环境，提高学习效果。

2. 课程设置优化

课程设置是特殊教育中的重要环节。为了满足不同特殊儿童的学习需求和发展需求，学校应根据他们的身心特点和学习情况来优化课程设置。多样化的课程和活动项目能够激发学生的学习兴趣和积极性，让他们在轻松愉快的氛围中学习成长。

针对特殊儿童的不同需求，课程设置应具备针对性和灵活性。例如，对于智力障碍儿童，可以设置一些基础认知课程和生活技能课程；对于情绪障碍儿童，可以设置心理疏导课程和社交技能课程等。同时，课程内容和教学方式也应根据学生的实际情况进行调整和优化，确保每个学生都能得到适合自己的教育。

除了基础课程和活动项目，学校还可以开展一些特色课程和实践活动，如艺术课程、体育课程、社会实践等。这些课程和活动不仅能够丰富学生的学习生活，还能够培养他们的创造力、合作精神和实践能力。通过这些课程和活动的优化设置，可以为特殊儿童提供更全面、更个性化的教育服务。

（三）多方合作与资源共享

1. 加强家校合作

在特殊教育领域，家庭与学校之间的紧密合作显得尤为重要。特殊儿童的教育需求多样化，且每个孩子的身心状况、学习进度和适应能力都各有不同。因此，仅凭学校单方面的努力，往往难以充分满足这些需求。家庭作为孩子成长的第一课堂，对于孩子的教育起着至关重要的作用。通过加强合作，家校双方可以共同为特殊儿童提供更加全面、个性化的教育支持。

学校应主动与家庭建立定期沟通的渠道，如家长会、家访等，以深入了解特殊儿童的家庭背景、成长经历及教育期望。同时，学校可开展家庭教育指导活动，帮助家长提升特殊教育相关的知识和技能，从而更好地辅助孩子的学习和生活。此外，学校还可以邀请家长参与到学校的教育活动和社会实践项目中，让家长更加直观地了解孩子在学校的学习情况，同时也能增进家校之间的信任和合作。

家校合作的加强，不仅能够让特殊儿童的教育需求得到更好的满足，还能促进家庭与学校之间的良性互动，共同为特殊儿童的成长和发展创造更加有利的环境。

2. 促进社会参与

特殊教育事业的发展，离不开社会各界的广泛参与和支持。政府作为公共服务的提供者，应积极推动特殊教育事业的发展，并通过政策引导、财政支持等方式，鼓励企业、社会组织和个人等多元主体参与到特殊教育工作中来。

企业可以通过捐赠资金、设备或提供实习就业机会等方式，支持特殊教育学校的发展，帮助特殊儿童更好地融入社会。社会组织则可以发挥其在资源整合和志愿服务等方面的优势，为特殊教育提供专业化的支持和帮助。个人则可以通过志愿服务、辅导特殊儿童等方式，贡献自己的力量。

社会各界的广泛参与，不仅能够为特殊教育事业提供更多的资源和支持，还能推动社会形成更加包容、平等的氛围，让特殊儿童能够更好地享受到教育带来的福祉。同时，这种全社会共同参与的模式，也有助于提升特殊教育工作的质量和效率，推动特殊教育事业实现更加全面、可持续的发展。

第三节　特殊教育的目标与任务

一、特殊教育的目标设定

（一）特殊教育的短期目标

特殊教育的短期目标主要聚焦于学生个体在学术、生活技能、社交及情感等各方面的即时需求与发展。这些目标通常具有明确性、可量化性和短期内可实现性的特点，旨在为特殊学生提供有针对性的教育和支持，促进其全面进步。

在学术方面，特殊教育的短期目标之一是提升学生的基础知识掌握水平。这包括语言与数学等基础学科的知识，以及与学生个体特殊需求相关的专业知识。例如，为视障学生提供盲文学习支持，以便他们能够更好地阅读和理解文本信息。通过个性化的教学计划和辅助技术的运用，特殊教育致力于帮助学生在短期内取得学术上的明显进步。

在生活技能方面，特殊教育的短期目标着重于培养学生独立生活的能力。

这包括日常生活自理能力，如穿衣、进食、洗漱等，以及基本的生活常识和安全意识。特殊教育通过实践训练和生活模拟等方式，帮助学生在短期内掌握必要的生活技能，提高其生活自理能力和生活质量。

在社交技能领域，特殊教育的短期目标是增强学生的社交互动能力。特殊学生往往面临社交障碍，难以与他人建立良好的沟通关系。因此，特殊教育注重培养学生基本的社交礼仪、沟通技巧和人际交往能力，以便他们能够更好地融入社会。通过角色扮演、小组讨论等教学方法，特殊教育可以帮助学生在短期内提升社交技能，增强自信心和归属感。

在情感发展方面，特殊教育的短期目标则关注学生的心理健康和情感需求。特殊学生可能因身体或智力上的障碍而面临自卑、焦虑等情感问题。特殊教育致力于提供个性化的心理辅导和支持，帮助学生建立积极的心态和情感应对策略。通过心理咨询、情感表达等活动，特殊教育可以在短期内帮助学生缓解情感困扰，促进其情感健康发展。

特殊教育的短期目标涵盖了学术、生活技能、社交及情感等多个方面，旨在通过有针对性的教育和支持，促进特殊学生在短期内的全面进步和发展。这些目标的实现不仅有助于提升特殊学生的个人素养和生活质量，也为他们未来更好地融入社会奠定了坚实基础。

（二）特殊教育的长期目标

特殊教育的长期目标是指在较长的时间跨度内，特殊教育所应追求和达成的核心目标。这些目标不仅关乎特殊儿童个体的成长与发展，也涉及特殊教育事业的整体进步与社会的和谐共融。以下将从几个关键方面探讨特殊教育的长期目标。

1. 提升特殊儿童的生活质量

在特殊教育领域，提升特殊儿童的生活质量是一项至关重要的任务，这不仅仅是改善他们的物质条件，更是关乎他们心灵成长与幸福感的全方位提升。从生活环境入手，特殊教育机构和家庭应共同营造一个安全、温馨、无障碍的学习环境。这意味着需要对教室、宿舍、活动场所等进行特殊设计，确保特殊儿童能够自由、方便地移动和使用设施。同时，通过合理的布局和色彩搭配，营造出一个积极向上、富有活力的氛围，激发他们的好奇心和探索欲。

在生活自理能力方面，特殊教育需要注重培养特殊儿童的独立性和自我管理能力。这包括教会他们如何穿衣、吃饭、洗漱等日常生活技能，以及管理自己的时间和物品。通过循序渐进的训练和耐心指导，帮助他们逐步摆脱对成人的依赖，建立起自信和自我价值感。此外，还可以通过角色扮演、模拟生活场景等方式，让特殊儿童在实践中学习和成长。

社会适应能力的增强是提升特殊儿童生活质量的另一重要方面。特殊教育需要为特殊儿童提供丰富多样的社交机会，让他们在与同龄人的互动中学会合作、分享、沟通等社交技能。同时，通过组织社区服务、志愿者活动等，让他们接触和了解社会，培养他们的责任感和公民意识。在这一过程中，特殊教育工作者和家长需要密切关注特殊儿童的情感变化和心理需求，给予他们足够的关爱和支持，帮助他们克服自卑、焦虑等负面情绪，建立起积极向上的心态。

2. 促进特殊儿童的全面发展

特殊教育的核心价值在于促进特殊儿童的全面发展，即让他们在认知、情感、社交、身体等多个方面都得到均衡而充分的发展。在认知发展方面，特殊教育需要针对特殊儿童的个体差异和特殊需求，制订个别化的教育计划。这包括选择合适的课程内容、教学方法和评估方式，确保特殊儿童能够在自己的潜能范围内得到最大限度的发展。同时，通过运用现代教育技术和多媒体资源，激发特殊儿童的学习兴趣和创造力，培养他们的思维能力和解决问题的能力。

在情感发展方面，特殊教育需要关注特殊儿童的情感体验和心理健康。这包括建立良好的师生关系和同伴关系，为特殊儿童提供安全、稳定的情感支持。通过倾听、理解和鼓励，帮助他们建立自信、自尊和自爱的品质。同时，针对特殊儿童可能出现的情感问题，如焦虑、抑郁等，提供及时的心理干预和辅导，帮助他们恢复心理平衡和健康。

社交发展是特殊儿童全面发展的重要组成部分。特殊教育需要为特殊儿童提供多样化的社交机会和平台，让他们在与同龄人的互动中学会合作、分享、尊重等社交技能。通过组织小组活动、团队游戏等方式，增强特殊儿童的集体意识和归属感。同时，引导特殊儿童积极参与社区服务和社会实践，培养他们的社会责任感和公民意识。

身体发展也是不可忽视的重要方面。特殊教育需要关注特殊儿童的身体健康和运动能力的发展。通过制订合理的运动计划和康复训练方案，帮助特殊儿童增强体质、提高运动能力。同时，根据特殊儿童的特殊需求，提供个性化的辅助器具和康复设备，确保他们能够在安全、舒适的环境中进行锻炼和康复。在这个过程中，特殊教育还需要注重培养特殊儿童的健康意识和自我保健能力，让他们学会关注自己的身体变化、预防疾病和保持健康的生活方式。

3. 推动特殊教育的普及与提高

在特殊教育领域，推动特殊教育的普及与提高是不可或缺的战略目标。这一目标的实现，不仅关乎每一个特殊儿童的成长与未来，也是社会文明进步的重要标志。扩大特殊教育的覆盖范围，意味着要打破地域、经济、文化等多方面的限制，确保每一个需要特殊教育的孩子都能得到应有的关注和支持。这要求政府、学校、社会组织等多方共同努力，建立更加完善、灵活的特殊教育服务网络，确保特殊教育资源能够下沉到基层，惠及更多家庭。

在师资培养方面，特殊教育教师的专业素养直接影响到教育质量。因此，应加大对特殊教育师资的培训力度，提升他们的专业技能和教育理念。这包括通过设立专门的特殊教育师范专业、开展在职教师培训项目、建立教师交流平台等方式，不断提高特殊教育教师的综合素质。同时，还应注重培养教师的爱心、耐心和责任心，让他们能够更好地理解和关爱特殊儿童，为特殊儿童的成长提供有力的支持。

教材建设是特殊教育普及与提高的重要环节。应根据特殊儿童的身心发展特点和教育需求，编写适合他们使用的教材。这些教材应注重内容的科学性、实用性和趣味性，激发特殊儿童的学习兴趣和潜能。同时，还应加强教材的研发和创新，不断推出新的教育资源和教学工具，以满足特殊教育发展的需要。

教学研究是推动特殊教育发展的重要动力。应鼓励和支持特殊教育领域的专家学者、一线教师等开展深入研究，探索适合特殊儿童的教学策略和方法。这包括开展特殊教育课程改革、教学模式创新、教育效果评估等方面的研究，为特殊教育的发展提供科学依据和实践指导。

4. 增进社会对特殊教育的理解与支持

增进社会对特殊教育的理解与支持，是实现特殊教育长期目标的重要保障。这要求我们应从多个方面入手，加强特殊教育的宣传与倡导工作。通过多种渠道和形式，向公众普及特殊教育的相关知识，提高他们对特殊儿童及其教育需求的认知度。这包括利用媒体、网络等平台进行宣传报道，组织特殊教育体验活动、公益讲座等，让更多人了解特殊教育的意义和价值。

同时，还应倡导包容与平等的社会风尚，消除对特殊儿童的歧视与偏见。这要求我们从法律、政策、文化等多个层面入手，为特殊儿童创造一个更加友好与和谐的社会环境。例如，加强反歧视法律法规的制定和执行力度，推动社会各界关注和支持特殊教育事业的发展；加强特殊教育文化的建设和传播力度，让更多人理解和尊重特殊儿童的差异性和独特性。

此外，还应鼓励社会各界积极参与特殊教育事业的发展。这包括政府、企业、社会组织、志愿者等多个方面。政府应加大对特殊教育的投入和支持力度；企业应积极履行社会责任，为特殊教育事业提供资金、技术等方面的支持；社会组织应发挥自身优势和作用，为特殊儿童提供更多的关爱和服务；志愿者则应积极参与特殊教育志愿服务活动，为特殊儿童送去温暖和关爱。

5. 探索特殊教育的新模式与新方法

随着科技的进步和社会的发展，特殊教育也面临着新的挑战与机遇。为了应对这些挑战并抓住机遇，我们应积极探索特殊教育的新模式与新方法。运用现代教育技术手段改进教学方式。这包括利用互联网、大数据、人工智能等先进技术手段，为特殊儿童提供更加个性化、精准化的教学服务。例如，开发适合特殊儿童使用的在线教育平台、智能教学系统等工具；利用大数据分析技术评估学生的学习效果并调整教学策略等。

开展跨学科的合作与交流以拓展教育资源。特殊教育涉及多个学科领域的知识和技能，需要不同领域的专家学者和一线教师共同合作与交流。这不仅可以促进特殊教育领域的学科交叉和融合创新，还可以拓展教育资源来源渠道并提升资源利用效率。例如，组织跨学科的教学研讨会、教学观摩活动；建立跨学科的教学资源共享平台等。

借鉴国际先进经验以优化教育体系。特殊教育是一个全球性的议题，各国在特殊教育领域都积累了丰富的经验和做法。我们应积极学习和借鉴国际先进经验并结合本国国情进行本土化改造和创新应用。这不仅可以提升我国特殊教育的整体水平，还可以增强我国特殊教育在国际上的影响力和竞争力。例如，参与国际特殊教育合作项目；引进国际先进的特殊教育理念和教学模式等。

特殊教育的长期目标涉及多个层面和领域，需要政府、学校、家庭以及社会各界的共同努力与配合。只有这样，才能确保特殊儿童得到全面而有效的教育支持，实现他们的最大潜能和人生价值。

（三）目标设定的原则与方法

在特殊教育领域，目标的设定是至关重要的一环，它不仅指引着教育的方向，也是评估教育效果的重要依据。特殊教育目标的设定应遵循一定的原则，并采用科学的方法，以确保教育活动的针对性和有效性。

1．原则

（1）个别化原则：深度剖析与实践应用

在特殊教育领域，个别化原则的核心在于对每位学生独特性的深刻理解和尊重。这要求教育者首先进行详尽的个别化评估，不仅限于学生的障碍类型（如智力障碍、视力障碍、听力障碍等）和程度，还需深入探索其个人兴趣、学习动机、情感需求以及潜在能力。这一过程如同一场细致入微的探索之旅，旨在揭开每个学生独特世界的面纱。

理论阐述：

个别化原则强调教育计划的定制化，即根据评估结果为学生量身定制学习目标、教学内容和教学方法。这不仅仅是简单的“一对一”教学，更是对学生整体发展路径的精心规划。它要求教育者具备高度的专业素养和敏锐的洞察力，并能够准确捕捉学生的细微变化，及时调整教育策略。

实践研究：

在实践中，个别化原则的应用体现在多个方面。例如，在课程设置上，学校可以根据学生的特殊需求开设特殊课程，如生活技能课、社交技能课等，以弥补其在常规教育中的不足。在教学方法上，可以采用多样化的教学手段，如直观教学、情境教学、任务导向教学等，以适应不同学生的学习风格。同时，教师还需关注学生的心理健康，提供必要的心理支持和辅导，帮助学生建立自信心和积极的生活态度。

案例分享：

以一位患有自闭症的学生为例，教师在设定其学习目标时，充分考虑了其在社交互动方面的困难。通过个别化评估，教师发现该学生对绘画有浓厚兴趣且展现出一定天赋。于是，教师将绘画作为切入点，设定了“通过绘画表达情感，增强社交互动能力”的目标。在教学过程中，教师不仅教授绘画技巧，还引导学生通过作品分享、小组讨论等形式，逐步提升其社交技能。经过一段时间的努力，该学生在社交方面取得了显著进步，同时也在绘画领域获得了成就感和自信心。

（2）可行性原则：从理论到实践的桥梁

可行性原则是特殊教育目标设定中不可或缺的一环。它要求教育者在设定目标时，既要保持一定的挑战性，又要确保目标在现有条件下能够实现。这一原则体现了教育实践的务实性和科学性。

理论阐述：

可行性原则强调目标的明确性、具体性和可操作性。明确的目标能够指引教育者和学生朝着既定方向努力；具体的目标则便于教师和学生理解和执行；可操作性则要求目标能够在现有教育资源和教育环境下得以实现。这三者相辅相成，共同构成了特殊教育目标设定的基石。

实践研究：

在实践中，教育者需要综合考虑多种因素以确保目标的可行性。要对教育资源进行充分调研和评估，了解学校、家庭和社会能够提供的支持和服务。要充分考虑学生的现有水平和学习能力，避免设定过高或过低的目标。要制定详细的教学计划和时间表，确保教学活动的有序进行和目标的顺利实现。

案例分享：

某学校针对一名智力障碍学生设定了“提高生活自理能力”的目标。在设定这一目标时，学校首先对该学生的现有生活自理能力进行了全面评估。然后，根据评估结果和学校的实际条件，制订了详细的教学计划。教学计划包括具体的训练内容（如穿衣、洗漱、整理物品等）、训练方法和时间表。在教学过程中，教师采用分阶段教学的方式，逐步提高学生的生活自理能力。同时，学校还积极争取家庭和社会的支持，共同为学生的成长创造良好的环境。经过一段时间的努力，该学生在生活自理能力方面取得了显著进步。

（3）发展性原则：引领未来的教育视野

发展性原则是特殊教育目标设定的长远考虑。它要求教育者不仅关注学生当前的教育需求，还要预测其未来可能面临的挑战，并据此设定具有前瞻性的目标。这一原则体现了教育的连续性和可持续性。

理论阐述：

发展性原则强调目标的动态性和适应性。随着学生年龄的增长和社会的进步，其教育需求也会发生变化。因此，特殊教育目标需要不断调整和完善，以适应学生的成长需求和社会发展的要求。同时，目标应具有引领性，能够引导学生不断超越自我，实现个人价值的最大化。

实践研究：

在实践中，教育者需要关注特殊教育领域的最新研究成果和发展趋势，以更新教育理念和教学方法。同时，还需要密切关注学生的成长变化和社会环境的变化，及时调整教育目标和教学策略。例如，在职业教育方面，学校可以根据市场需求和学生兴趣设定职业培训课程，帮助学生掌握一技之长并为未来就业做好准备。

案例分享：

某特殊教育学校针对即将毕业的学生设定了“实现职业融合，融入社会”的目标。为了实现这一目标，学校首先对学生进行了职业兴趣和能力评估。然后，根据评估结果和市场需求，学校开设了多个职业培训课程，如烹饪、园艺、手工艺等。在教学过程中，学校注重培养学生的职业技能和职业素养，同时加强与社会各界的联系和合作。通过实习、就业推荐等方式，帮助学生顺利过渡到职业生涯。最终，许多学生成功实现了职业融合并融入了社会大家庭。

2. 方法

（1）基于评估的目标设定

在特殊教育领域内，基于评估的目标设定是融合教育实践的重要基石。这一过程不仅要求教育者对学生进行全面而深入的评估，还需精准把握学生的现有发展水平、潜在能力以及独特的特殊需求。评估工作的多维度与多方法性，确保了信息的全面性和准确性，为教育目标的设定提供了坚实的依据。

①评估工具的多元化

评估工具的选择与应用，直接关系到评估结果的信度和效度。标准化测试，如认知能力测试、情感行为量表等，能够为学生提供一个相对客观、可量化的能力评估。然而，这些测试往往难以全面反映学生的真实情况，因此，观察记录、学生自评和家长反馈等质性评估手段也显得尤为重要。观察记录能够捕捉学生在日常学习生活中的细微表现，揭示其潜在的优势与不足；而学生自评和家长反馈则能让学生和家长参与到评估过程中来，使评估结果更加贴近学生的实际需求。

②评估结果的深度分析

在获取了丰富的评估数据后，教育者需要运用专业的知识和技能，对这些数据进行深度分析。这包括对数据的量化处理，如计算平均分、标准差等统计指标，以及对质性数据的整理与归纳。通过综合分析，教育者能够更清晰地了解学生在不同领域的发展状况，识别其存在的问题与挑战，进而为教育目标的设定提供有力的支持。

③教育目标的个性化设定

基于评估结果，教育者可以为学生设定个性化的教育目标。这些目标应既符合学生的现有发展水平，又能促进其潜能的发挥；既关注学生的学业成就，又重视其社会适应能力、情感发展等方面的培养。同时，教育目标还应具有一定的挑战性，以激发学生的积极性和创造力，促进其全面发展。

（2）分层教学目标设定

分层教学目标设定是融合教育实践中的重要策略之一。它要求教育者根据学生的不同层次和需求，灵活调整教学目标，以满足每个学生的个性化需求。

①差异化教学策略

在分层教学中，教育者需要采用差异化的教学策略。对于基础较差的学生，教师应注重基础知识的巩固和基本技能的训练，通过降低学习难度、增加练习次数等方式，帮助学生逐步建立自信心和学习兴趣。对于基础较好的学生，则可以在保证基础知识掌握的前提下，适当提高教学难度，拓展学习内容，鼓励学生进行自主探究和创新实践。

②灵活调整教学目标

分层教学并不意味着教学目标一成不变。相反，教育者应根据学生的学习进展和反馈情况，灵活调整教学目标。当发现学生已经达到或超过预设目标时，教师应及时提高目标要求，以激发学生的进一步发展；而当学生遇到学习困难时，教师则应适当降低目标难度，帮助学生克服障碍，重拾学习信心。

③促进学生间的相互学习

在分层教学中，教师还可以利用学生间的差异资源，促进学生间的相互学习和帮助。通过组织小组合作学习、开展同伴辅导等活动，让学生在学习过程中相互启发、相互支持，共同提高。这种教学模式不仅能够提高学生的学习效率，还能培养学生的团队合作精神和社会交往能力。

（3）参与式目标设定

参与式目标设定是融合教育实践中的一种重要方法。它强调学生和家长的主体地位，鼓励他们积极参与到教育目标的设定过程中来。

①增强学生的自主性

参与式目标设定能够增强学生的自主性。通过让学生参与到目标设定的过程中来，学生可以更加清晰地了解自己的学习目标和学习任务，从而更加主动地投入学习。同时，学生还可以根据自己的实际情况和需求，提出自己的意见和建议，使教育目标更加贴近自己的实际需求。

②提高家长的参与度

家长是学生学习和成长的重要伙伴。参与式目标设定能够提高家长的参与度，让家长更加了解学生的学习情况和教育目标。通过与教育者的沟通和交流，家长可以更好地理解教育者的教育理念和教学方法，从而更加积极地配合和支持教育工作。同时，家长还可以根据自己的观察和了解，为教育目标的设定提供有价值的意见和建议。

③增进师生、家校之间的沟通与理解

参与式目标设定还能够增进师生、家校之间的沟通与理解。在目标设定的过程中，教育者、学生和家长需要共同讨论和协商，这有助于消除彼此之间的误解和隔阂，增进相互之间的了解和信任。同时，这种沟通和交流还能够促进教育资源的共享和优化配置，提高教育工作的针对性和实效性。

二、特殊教育的任务分解

（一）教育部门的任务

在特殊教育领域，教育部门的任务尤为关键，它涵盖了政策制定、资源配置、师资培训、教育评估以及家庭与社区合作等多个方面。这些任务构成了特殊教育发展的基石，旨在确保特殊儿童能够获得与同龄人相等的教育机会和质量。

教育部门首先需要制定并执行一系列特殊教育相关政策。这些政策应当明确特殊教育的目标、原则和实施路径，为各级各类学校提供指导和支持。政策的制定应基于对特殊儿童需求的深入了解，同时结合国际先进经验和国内实际情况，以确保政策的科学性和有效性。

资源配置是教育部门在特殊教育中的另一项重要任务。这包括为特殊学校和普通学校中的特殊教育资源教室提供必要的教学设备、辅助器具和教材等。教育部门还需根据特殊儿童的数量和分布情况，合理规划学校布局，确保特殊儿童能够就近入学。此外，对于家庭经济困难的特殊儿童，教育部门还应提供资助，以减轻他们的经济负担。

师资培训对于提升特殊教育质量至关重要。教育部门应定期组织针对特殊教育教师的培训活动，提高他们的专业素养和教学能力。培训内容可包括特殊教育理论、教学方法、心理辅导技巧等。同时，教育部门还应鼓励和支持特殊教育教师参加国内外学术交流活动，以拓宽他们的视野和知识面。

教育评估是确保特殊教育有效性的重要环节。教育部门应建立科学的评估体系，定期对特殊学校和教学点的教学质量进行评估。评估结果应作为改进教学方法、优化资源配置的重要依据。同时，教育部门还应关注特殊儿童的个体发展，为他们提供个性化的教育支持和服务。

教育部门在特殊教育中的任务还包括促进家庭与社区的合作。特殊儿童的教育需要家庭、学校和社区的共同参与和支持。教育部门应积极与家长沟通，了解他们的需求和期望，为他们提供必要的教育指导和帮助。同时，教育部门还应加强与社区相关机构的合作，共同为特殊儿童创造一个包容、友好的成长环境。

教育部门在特殊教育中的任务是多方面的，需要政策、资源、师资、评估和合作等多个方面的共同努力。只有这样，才能确保特殊儿童能够获得全面、系统的教育支持和服务，实现他们的最大潜能和发展。

（二）社会力量的任务

社会力量在特殊教育中扮演着举足轻重的角色，其应发挥的作用和任务主要体现在以下几个方面。

1. 倡导与普及特殊教育理念

社会力量，特别是非政府组织和媒体，应当积极倡导和普及特殊教育理念，提高公众对特殊教育重要性的认识。通过宣传特殊教育成功案例、普及相关知识，帮助社会大众理解特殊儿童的需求，营造一个更加包容和支持的社会环境。这不仅能够为特殊儿童提供更多的关注和支持，还能促进社会的整体进步和和谐发展。

2. 提供多元化的教育资源和支持

社会力量在资源和支持方面具有灵活性和创新性的优势。企业、社会组织和个人可以通过捐赠资金、物资，或者提供志愿服务等方式，为特殊教育学校和学生提供必要的帮助。此外，社会力量还可以推动特殊教育领域的科技创新，如开发辅助器具、设计软件等，以提高特殊儿童的学习和生活质量。

3. 促进特殊教育与普通教育的融合

社会力量应当致力于打破特殊教育与普通教育之间的壁垒，推动两者的融合与发展。这包括支持特殊儿童参与普通学校的教育活动，倡导普通学校接纳和包容特殊儿童，以及推动普通教师接受特殊教育培训等。通过这些举措，可以逐步构建一个更加平等、开放的教育体系，让特殊儿童能够享受到更加全面和优质的教育资源。

4. 参与特殊教育的政策制定与监督

社会力量作为特殊教育事业的重要参与者，应当积极参与到特殊教育的政策制定和监督过程中。通过参与政策讨论、提出建设性意见、监督政策执行等方式，确保特殊教育政策的科学性和有效性。同时，社会力量还可以借助自身的影响力和资源，推动政府加大对特殊教育的投入和支持力度。

5. 搭建特殊教育交流平台与合作机制

社会力量在搭建特殊教育交流平台与合作机制方面具有独特优势。通过组织研讨会、培训班、国际交流等活动，可以促进特殊教育领域的经验分享与知识更新。此外，社会力量还可以推动建立跨地区、跨行业的特殊教育合作机制，整合各方资源，共同推动特殊教育事业的发展与进步。

社会力量在特殊教育中承担着倡导理念、提供资源、促进融合、参与政策与搭建平台等多重任务。这些任务的完成需要社会各界的共同努力和协作，以实现特殊教育的长期目标：让每一个特殊儿童都能享受到平等、优质的教育机会，成为社会的有用之才。

（三）任务分解的实施与协作

在特殊教育领域，任务分解的实施与协作是确保教育目标得以实现的关键环节。它涉及将特殊教育的总体任务细化为具体、可操作的子任务，并明确各相关方的责任与协作方式，从而确保教育实践的顺利进行。

在任务分解的实施过程中，教育部门扮演着核心角色。教育部门需要依据特殊教育的整体目标，制订详细的任务分解计划，明确各项任务的具体内容、完成时间和预期成果。同时，教育部门还需建立有效的监督机制，定期对各项任务完成情况进行评估，并根据评估结果及时调整任务分解计划，以确保教育实践的针对性和实效性。

社会力量在特殊教育任务分解中发挥着重要作用。社会力量包括各类非政府组织、企业和个人等，他们可以通过提供资金、技术、人力等资源，为特殊教育的实施提供有力支持。在任务分解过程中，社会力量应与教育部门密切协作，共同确定各自的任务分工和协作方式，形成教育合力，推动特殊教育的持续发展。

特殊教育任务分解的实施还需注重家校合作。家庭是特殊教育的重要场所，家长是特殊教育的重要参与者。在任务分解过程中，教育部门应充分考虑家庭教育的实际需求，为家长提供必要的支持和指导，帮助他们更好地参与到孩子的教育过程中。同时，家长也应积极配合教育部门的工作，共同落实各项教育任务，促进孩子的全面发展。

在协作方面，特殊教育任务分解的实施需要建立多方参与的协作机制。这包括教育部门内部的协作、教育部门与社会力量的协作，以及家校之间的协作等。通过建立有效的沟通渠道和协作平台，各方可以及时分享信息、交流经验、解决问题，共同推动特殊教育任务的顺利实施。

特殊教育任务分解的实施还应注重创新实践。随着特殊教育领域的不断发展，新的教育理念和教育技术不断涌现。在任务分解过程中，教育部门和社会力量应积极探索创新实践模式，将新的教育理念和教育技术融入教育实践，为特殊儿童提供更加优质的教育服务。

特殊教育任务分解的实施与协作是确保教育目标得以实现的关键环节。通过明确教育部门和社会力量的任务分工、加强家校合作、建立多方参与的协作机制以及注重创新实践等措施，可以共同推动特殊教育的持续发展，为特殊儿童创造更加美好的未来。

三、特殊教育的成效评估

（一）特殊教育成效评估的方法

特殊教育成效评估是衡量特殊教育实施效果的关键环节，其方法的选择与运用直接影响到评估结果的准确性和有效性。因此，在探讨特殊教育成效评估的方法时，需要综合考虑评估的目的、对象、内容以及实际条件等多个因素。

在特殊教育成效评估中，常用的方法主要包括定量评估和定性评估两大类。定量评估主要是通过收集和分析数据来评估特殊教育的成效，常用的数据收集方法包括问卷调查、测验和统计等。这种方法能够客观地反映特殊教育实施的效果，便于进行量化分析和比较。例如，可以通过对学生学业成绩的统计和分析，来评估特殊教育在提高学生学业水平方面的成效。

与定量评估相比，定性评估则更加注重对特殊教育实施过程中的主观体验和感受的收集与分析。常用的定性评估方法包括观察、访谈和案例分析等。这种方法能够深入地了解特殊教育实施过程中的实际情况和问题，为改进和完善特殊教育提供有价值的参考。例如，可以通过对教师和学生进行访谈，了解他们在特殊教育实施过程中的看法和感受，从而发现可能存在的问题和改进的方向。

除了定量评估和定性评估，还有一些综合性的评估方法，如多元评估、动态评估等。这些方法综合运用了定量评估和定性评估的优势，能够更加全面、准确地评估特殊教育的成效。例如，多元评估方法可以从多个角度和层面来评估特殊教育的成效，包括学生的学业成绩、社交能力、自我照顾能力等方面，从而得出更为全面和准确的评估结果。

在特殊教育成效评估的流程方面，通常包括以下几个步骤：明确评估的目的和对象，确定评估的内容和标准；选择合适的评估方法，制定具体的评估方案；然后，实施评估方案，收集和分析评估数据；根据评估结果得出结论，提出改进建议。

值得注意的是，特殊教育成效评估并非一次性的活动，而是一个持续不断的过程。在实施特殊教育的过程中，需要定期进行评估，及时发现问题并进行改进，以确保特殊教育能够持续、有效地促进学生的全面发展。此外，特殊教育成效评估还需要与特殊教育目标设定和任务分解等环节紧密相连，形成一个完整的特殊教育管理体系。

特殊教育成效评估的方法多种多样，需要根据具体情况选择合适的方法进行评估。同时，评估过程中需要注重科学性、客观性和公正性，确保评估结果的可信度和有效性。通过持续不断的评估和改进，能够更好地促进特殊教育事业的发展，为特殊学生提供更加优质、个性化的教育服务。

（二）融合教育模式的实践与探索

融合教育模式，作为特殊教育领域的一项重大改革，旨在打破传统隔离式的特殊教育体制，让特殊学生能够在普通教育环境中获得与其他学生共同学习和成长的机会。这一模式的实践与探索，不仅关乎特殊学生的教育权益，也深刻影响着整个教育体系的公平与包容性。

融合教育并非简单地将特殊学生安置在普通班级中，而是基于“全纳教育”的核心理念，强调所有学生，无论其能力、背景或需求如何，都应在同一教育体系中受到尊重和平等对待。这意味着教育机构和教师需要转变传统观念，从“特殊”与“普通”的二元对立中解脱出来，认识到每个学生都是独一无二的个体，具有无限的发展潜力。

在实践中，融合教育模式呈现出多样化的特点。一方面，学校可以根据特殊学生的具体需求和特点，制订个性化的教育计划，包括课程设置、教学方法和评估方式等，以确保他们能够在适合自己的节奏和方式下学习。另一方面，学校还可以采取资源教室、合作学习小组等形式，为特殊学生提供必要的支持和帮助，同时促进他们与普通学生之间的交流和互动。

融合教育的成功实施离不开教师的专业发展和角色转变。教师需要不断学习和掌握特殊教育知识和技能，提高自己的教学能力和专业素养。同时，教师还需要从传统的知识传授者转变为学习引导者和促进者，关注学生的学习过程和发展需求，积极创造有利于学生全面发展的教育环境。

融合教育的成功还依赖于家校合作和社会支持。家长是孩子的第一任老师，他们的理解和支持对于特殊学生融入普通教育环境至关重要。因此，学校需要加强与家长的沟通和合作，共同关注孩子的成长和发展。此外，社会各界也应该为融合教育提供必要的支持和帮助，包括政策制定、资金投入、资源配置等方面。

（三）特殊教育成效评估的指标

在特殊教育领域，成效评估是衡量教育干预效果、促进学生全面发展的关键环节。它不仅关乎特殊教育目标的实现，也直接影响着教育资源的合理配置与利用。

1．个体发展评估指标

个体发展评估是特殊教育成效评估的核心，旨在全面、客观地反映学生在接受教育过程中的成长与变化。这一评估体系涵盖了学生的学术成绩、认知能力、技能掌握情况以及学习动力等多个维度。

（1）学术成绩与认知能力

学术成绩是评估学生学业进步的直接指标。通过定期的学业测试、标准化测验，可以量化地评价学生在各个学科领域的知识掌握程度。这些测试不仅关注学生对基础知识的掌握，还重视其应用能力和创新思维的培养。同时，认知能力评估也是不可或缺的一环。它通过对学生的注意力、记忆力、思维力等认知功能的评估，了解学生的认知发展水平，为制订个性化的教学计划提供依据。

（2）技能掌握情况

技能掌握情况是衡量学生实践能力的重要标准。这包括了学生的专业技能、生活技能以及职业技能等多个方面。通过作品集评价、技能展示等方式，可以直观地评估学生在特定领域的技能掌握情况。此外，针对特殊学生的个体差异，还应设计个性化的评估方案，如功能性行为评估等，以更全面地反映学生的技能发展水平。

（3）学习动力与兴趣

学习动力与兴趣是驱动学生持续学习的内在力量。在特殊教育成效评估中，应关注学生的学习态度、学习动力以及学习兴趣的变化。通过问卷调查、访谈等方式，了解学生对学习的看法和感受，以及他们对不同学科和活动的兴趣程度。这些信息有助于特殊教育教师调整教学策略，激发学生的学习积极性和主动性。

2．社会适应能力评估指标

社会适应能力是特殊教育学生融入社会、实现自我价值的关键。在特殊教育成效评估中，社会适应能力评估具有举足轻重的地位。这一评估体系主要关注学生在社交技能、沟通技巧、团队合作能力以及规则意识等方面的发展。

（1）社交技能与沟通技巧

社交技能和沟通技巧是学生在社会交往中必须具备的基本能力。通过观察学生在小组活动、角色扮演等社交场景中的表现，可以评估他们的社交技能和沟通技巧。这些技能包括表达自己的想法和感受、倾听他人的意见和建议、处理冲突和矛盾等。良好的社交技能和沟通技巧有助于学生建立良好的人际关系，增强社会适应能力。

（2）团队合作与解决问题的能力

团队合作能力和解决问题的能力是学生在未来社会中取得成功的重要因素。通过一些模拟工作任务或社会场景的团队项目，可以评估学生的团队合作能力和解决问题的能力。这些项目要求学生共同完成任务、分享资源与信息、协调彼此的行动等。在团队合作中，学生需要学会相互尊重、理解和支持；在解决问题时，学生需要运用批判性思维和创新思维来寻找最佳解决方案。

（3）规则意识与责任感

规则意识与责任感是学生在社会生活中必须遵守的基本规范。通过制定明确的规则和行为规范，并观察学生的遵守情况，可以评估他们的规则意识和责任感。这些规则和规范包括学校的规章制度、社会公德和法律法规等。遵守规则和规范不仅有助于学生建立良好的行为习惯和道德品质，还有助于他们在未来社会中承担起应有的责任和义务。

综上所述，特殊教育成效评估的指标体系应全面、客观地反映学生在个体发展和社会适应能力两个方面的成长与变化。通过科学的评估方法和手段，特殊教育教师可以更加精准地了解学生的学习需求和发展状况，为他们提供更加有效的支持和帮助。同时，评估结果也为特殊教育政策的制定和调整提供了重要的参考依据。

3. 心理健康评估指标

在特殊教育的广阔领域中，心理健康评估不仅是教育过程的重要一环，更是学生全面发展的重要保障。特殊学生由于自身条件的特殊性，往往比同龄人承受着更多的心理压力和挑战，因此，建立一套科学、全面的心理健康评估指标体系显得尤为重要。

（1）情绪管理能力

情绪管理能力是心理健康的核心组成部分。对于特殊学生来说，他们可能更容易受到外界环境的刺激，产生情绪波动。因此，通过情绪日记、情绪识别与表达训练等方式，可以有效评估学生的情绪管理能力。情绪日记鼓励学生记录每日的情绪变化及触发因素，帮助教师了解学生的情绪状态；而情绪识别与表达训练则通过角色扮演、情景模拟等活动，让学生学习如何正确识别并合理表达自己的情绪。

（2）自我认知能力

自我认知是个体对自己在心理状态、能力、性格等方面的认识和了解。对于特殊学生来说，培养他们的自我认知能力有助于增强他们的自我意识，提升自我价值感。通过自我反思、自我评估等活动，学生可以更清晰地认识自己的优点和不足，明确自己的发展方向。教师可以引导学生定期进行自我反思，如撰写自我评价报告或组织小组讨论会，让学生分享自己的成长经历和思考。

（3）应对压力的策略

特殊学生在学习和生活中常常面临各种压力和挑战。因此，掌握有效的应对压力策略对他们的心理健康至关重要。学校可以为学生提供心理支持服务，如设立心理咨询室、开展心理辅导课程等，帮助学生学会如何识别压力源、评估压力强度，并采取积极的应对策略。此外，还可以通过角色扮演、模拟演练等方式，让学生在模拟情境中练习应对压力的技能。

（4）自尊自信

自尊自信是心理健康的重要体现。对于特殊学生来说，由于自身条件的限制，他们可能更容易产生自卑心理。因此，提升他们的自尊自信是心理健康教育的重要目标之一。教师可以通过肯定学生的优点和成就、鼓励他们参与各种活动等方式，来提升学生的自尊自信。同时，还可以组织班级或学校表彰大会，对在学习和生活中表现出色的学生进行表彰和奖励，以此激发他们的积极性和自信心。

综上所述，心理健康评估指标应涵盖情绪管理能力、自我认知能力、应对压力的策略以及自尊自信等方面。通过科学、全面的评估指标体系，可以及时发现并解决特殊学生的心理问题，为他们的心理健康保驾护航。

4. 评估标准的制定与实施

在特殊教育中，评估标准的制定与实施是确保教育质量、促进学生全面发展的重要环节。为了确保特殊教育成效评估的准确性和公正性，需要制定明确、可操作和客观的评价标准，并注重评估过程的科学性和规范性。

评估标准的制定：评估标准的制定应基于特殊教育理论和实践经验，结合学生的实际情况和需求进行。在制定过程中，应充分考虑特殊学生的个体差异和多样性，确保评估标准既具有普遍性又具有针对性。同时，还应注重评估标准的可操作性和可测量性，确保评估结果能够真实反映学生的发展状况。具体而言，评估标准可以包括学业成绩、生活技能、社交能力、情绪管理能力等多个方面，并根据不同年龄段和障碍类型的学生制定具体的评估指标和权重。

评估标准的实施：在评估标准的实施过程中，应充分考虑学生的个体差异和多样性，采用多种评估方法和工具进行综合评估。例如，可以采用观察记录、问卷调查、访谈等多种方式收集学生的数据和信息；同时，还可以运用量化评价和质性评价相结合的方法对学生的发展状况进行全面评估。此外，在评估过程中还应注重评估结果的客观性和公正性，避免主观臆断和偏见的影响。

评估结果的反馈与利用：评估结果的反馈和利用是评估工作的重要环节。评估结果应及时反馈给特殊教育教师、家长和学生本人，让他们了解学生在各个方面的表现和发展状况。同时，还应根据评估结果调整教育计划和教学方法，以提高特殊教育的针对性和实效性。例如，针对学生在某些方面的不足和缺陷，可以制订个性化的教育计划进行有针对性的辅导和训练；针对学生在某些方面的优势和特长，则可以提供更多的机会和资源促进他们的进一步发展。

综上所述，评估标准的制定与实施是特殊教育成效评估的关键环节。通过制定明确、可操作和客观的评价标准，并注重评估过程的科学性和规范性以及评估结果的反馈与利用，可以确保特殊教育评估工作的准确性和公正性，为学生的全面发展提供有力保障。

（四）成效评估的实践应用

特殊教育成效评估的实践应用，是检验特殊教育质量和效果的关键环节，具有深远的应用价值和意义。它不仅为特殊教育提供了科学的反馈机制，还为特殊教育的持续发展与创新奠定了坚实基础。

在实践应用中，特殊教育成效评估首先体现了对特殊教育质量的监控作用。通过定期或不定期的评估，可以及时发现特殊教育教学过程中存在的问题和不足，从而有针对性地进行改进和优化。这种监控作用确保了特殊教育的质量始终保持在较高水平，为特殊儿童提供了更加优质的教育环境。

特殊教育成效评估的实践应用还促进了教育资源的合理配置。评估结果可以客观反映特殊儿童的教育需求和教育机构的资源配置状况，为政府和教育部门提供决策依据。根据评估结果，政府和教育部门可以更加精准地投放教育资源，满足特殊儿童的教育需求，推动特殊教育事业的均衡发展。

特殊教育成效评估的实践应用还激发了社会各界的广泛参与。评估结果的公开与透明，让更多的人了解到特殊教育的现状与挑战，从而引发社会各界对特殊教育的关注和支持。这种广泛参与不仅为特殊教育带来了更多的资源和机会，还提升了特殊教育的社会地位和影响力。

在特殊教育实践中，成效评估还被广泛运用于个性化教育方案的制定。通过深入评估每个特殊儿童的教育需求和发展潜力，教师可以为他们量身定制更加符合其实际情况的教育方案。这种个性化教育方案不仅提高了特殊儿童的学习兴趣和积极性，还促进了他们的全面发展与成长。

特殊教育成效评估的实践应用还推动了特殊教育师资队伍的建设与提升。评估结果可以为教师提供客观的反馈和指导，帮助他们认识到自己在教学过程中的优点和不足。这种反馈机制促使教师不断进行自我反思和学习提升，进而提高了特殊教育师资队伍的整体素质和教学水平。

特殊教育成效评估的实践应用在多个方面展现了其重要的应用价值和意义。它不仅保障了特殊教育的质量和效果，还促进了教育资源的合理配置，激发了社会各界的广泛参与，推动了个性化教育方案的制定，提升了特殊教育师资队伍的素质。因此，在未来的特殊教育事业发展中，应继续加强和完善成效评估的实践应用，为特殊儿童创造更加美好的教育环境和发展空间。

第三章　融合教育的教学模式

第一节　全纳教育的课堂设计

一、全纳教育的课堂设计概述

（一）全纳教育背景与意义

1. 全纳教育的起源与发展

全纳教育，作为一种具有深远影响力的教育理念，自 20 世纪 90 年代开始在国际范围内逐渐兴起。其起源可追溯到 1994 年，当时联合国教科文组织在西班牙萨拉曼卡召开了一次具有历史意义的“世界特殊需要教育大会”。在这次会议上，全纳教育的概念被正式提出，并被定义为一种旨在覆盖所有学生的教育，不论他们的能力水平、特殊需求或背景如何。全纳教育的核心思想是打破传统教育中存在的排斥与歧视现象，积极推动教育的公平与包容性，从而使每一个学生都能在最适合自己的环境中获得全面的发展机会。

随着全球教育民主化进程的加速，全纳教育得到了越来越多的关注和支持。它不仅成为国际教育发展的重要趋势，也被许多国家和地区作为教育改革的重要方向。全纳教育的实践表明，通过构建一个包容性的教育环境，可以有效地提高教育质量，促进学生的全面发展，同时也有助于消除社会不平等和歧视现象。

2. 全纳教育在教育领域中的重要地位

全纳教育不仅仅是教育理念的一次革新，它更是教育实践领域中的一个重要方向。全纳教育的推广和实施，要求教育系统进行全面的改革，以适应学生日益多样化的学习需求。在全纳教育理念的指导下，学校和教育机构需要积极调整教学策略，优化教学环境，完善评价体系，以确保每一个学生都能获得公平、公正的教育机会。

全纳教育的重要性在于它强调了教育的普遍性和包容性。这一理念认为，教育应该是无差别的，不应该因为学生的能力、需求或背景的差异而有所偏颇。全纳教育的实施，有助于消除教育中的歧视和排斥现象，提升教育的整体质量，促进学生的全面发展。同时，全纳教育也有助于培养学生的社会责任感和公民意识，为构建一个更加和谐、公正的社会奠定基础。

全纳教育还对教师的专业素养提出了更高的要求。在全纳教育的实践中，教师需要具备更强的教育教学能力、学生管理能力以及跨学科合作能力。他们不仅需要关注学生的学习成绩，还需要关注学生在心理健康、情感需求以及社会适应能力等方面的发展。这就要求教师要不断更新教育观念，提高教育教学水平，以适应全纳教育带来的挑战和机遇。

全纳教育在教育领域中占据着举足轻重的地位。它不仅推动了教育的民主化和公平化进程，还为学生的全面发展提供了有力的保障。随着全球教育改革的不断深入，全纳教育将会在未来发挥更加重要的作用。

（二）课堂设计在全纳教育中的作用

课堂设计在全纳教育的实践中占据着举足轻重的地位。一个精心设计的课堂不仅能够满足学生的多样化需求，还能为他们提供个性化的学习路径，从而在最大程度上促进教育公平与包容。

全纳教育强调对所有学生的接纳与尊重，无论他们是否存在身体、情感、行为或学习上的障碍。因此，课堂设计需要细致入微地考虑到每一个学生的特殊情况。例如，对于有视觉障碍的学生，教师可以利用音频材料和触觉图表来辅助他们学习；对于有听力障碍的学生，则可以通过手势表达和文字说明来传递信息。这种差异化的教学策略是全纳教育课堂设计的核心，它确保了每个学生都能在平等的基础上参与学习活动。

除了满足学生的特殊需求，课堂设计还需关注学生的学习方式和兴趣点。每个学生都是独一无二的个体，他们有着不同的学习风格和节奏。一个灵活多变的课堂设计能够允许学生根据自己的喜好和能力来选择学习内容和进度。例如，通过设立自主学习区，学生可以在教师的指导下自主规划学习路径，从而培养自主学习和终身学习的能力。

课堂环境的优化也是全纳教育课堂设计不可忽视的一环。一个安全、舒适、积极的学习环境能够激发学生的学习兴趣，提高他们的学习动力。教师可以通过合理的空间布局、温馨的装饰风格以及正面的言语激励来营造这样的课堂环境。此外，教师还可以利用现代科技手段，如多媒体教学和在线学习平台，来丰富教学资源、创新教学方法，进一步提升课堂的教学效果。

全纳教育的课堂设计并非一蹴而就，而是需要教师在实践中不断探索和完善。教师需要定期收集学生的反馈意见，分析教学效果，及时调整教学策略。同时，教师还需要与同行、家长和社区保持密切沟通，共同为学生的全面发展创造更多机会。

课堂设计在全纳教育中发挥着至关重要的作用。通过充分考虑学生的特殊需求、尊重学生的学习方式、优化课堂环境以及不断创新教学方法，教师能够为学生打造一个充满关爱与支持的学习环境，从而促进全纳教育目标的实现。

二、全纳课堂的空间布局

（一）空间布局的设计原则

1. 包容性原则

在全纳教育的背景下，包容性原则是构建无障碍学习环境的基石。这一原则要求在设计全纳课堂时，将学生的多样性和差异性置于核心地位，确保每位学生都能在课堂中找到归属感和价值感。这不仅是对学生个体差异的尊重，更是对教育公平理念的实践。

在具体实施中，包容性原则体现在教室的每一个角落和细节中。教室的座位安排需要打破传统的“排排坐”模式，采用更加灵活多变的布局方式，如马蹄形、U 形或圆形等，以促进学生之间的交流与互动。同时，针对有特殊需求的学生，如视觉障碍者，可以提供可调节亮度和对比度的照明设备，以及大字体的阅读材料；对于听觉障碍者，则需配备先进的助听系统和手语翻译服务，确保他们能够无障碍地接收课堂信息。

此外，包容性原则还体现在对学生心理需求的关注上。全纳课堂应营造一个温馨、接纳的氛围，让学生感受到自己是班级不可或缺的一员。教师可以通过个别化教学策略，为每位学生量身定制学习计划，帮助他们克服学习中的困难。同时，鼓励学生之间的相互帮助和支持，形成互助共进的良好风尚。

包容性原则的实施，不仅能够提升学生的学习体验，还能够培养他们的自信心和自尊心。当学生感受到自己被尊重和理解时，他们更有可能以积极的态度面对学习中的挑战，从而在学业上取得更大的进步。

2. 互动性原则

互动性是全纳课堂生命力的源泉。在全纳教育理念的指导下，互动性原则强调学生在课堂中的主体地位，鼓励他们积极参与课堂讨论和活动，通过互动与合作实现知识的共享和创造。

为了实现这一目标，教室的座位布局需要精心设计。圆桌式、小组式等布局方式有助于拉近学生之间的距离，促进他们之间的面对面交流和讨论。在这样的环境中，学生可以自由地表达自己的观点和想法，与同伴进行思想的碰撞和融合。同时，教师还可以根据教学内容的需要，灵活调整座位布局，以适应不同的教学活动和互动形式。

除了座位布局，教室中还应设置专门的互动区域或角落。如图书角、实验区、艺术角等区域，为学生提供丰富的互动机会和学习资源。在这些区域中，学生可以自主选择感兴趣的学习内容，进行深入的探究和实践。通过参与各种互动活动，学生不仅能够巩固所学知识，还能够培养创新思维和实践能力。

互动性原则的实施，有助于构建一个充满活力和创造力的课堂环境。在这样的环境中，学生不再是被动接受知识的容器，而是主动探索未知世界的主体。他们通过互动与合作，不断挑战自我、超越自我，最终实现个人价值的最大化。

3. 灵活性原则

灵活性原则是全纳课堂空间布局设计的关键要素之一。这一原则要求在设计教室时充分考虑教学活动的多样性和变化性，确保教室布局能够随时适应不同的教学需求和学习场景。

为了实现布局的灵活性，需要选择可移动、可调节的家具和设备。例如，课桌和椅子可以设计成易于移动和可调节高度的款式，以便教师根据教学需要随时调整座位布局。同时，教室中的储物柜、白板等固定设施也应具备足够的灵活性和可扩展性，以满足不同教学活动的需求。

此外，教室还应配备足够的储物空间和展示区域。这些区域可以用来存放各种教学资源和学生作品，如图书、教具、模型、绘画作品等。通过展示学生的优秀作品和学习成果，可以激发学生的学习兴趣和自信心，同时也为他们提供一个相互学习和交流的平台。

灵活性原则的实施，有助于提升全纳课堂的适应性和创新性。它使得教室不再是一个固定不变的空间，而是一个能够随着教学活动和学生需求的变化而不断演变和发展的生命体。通过灵活运用各种布局方式和教学资源，可以为学生创造一个更加丰富多彩、充满挑战和机遇的学习环境。

（二）实践案例分析

1. 案例一：某特殊教育学校的全纳课堂设计

某特殊教育学校针对聋哑儿童的学习特点和需求，进行了一场深入且全面的全纳课堂设计实践。该学校充分认识到聋哑儿童在听觉和语言方面的障碍，因此在教室布局中特别设置了手语翻译区和助听设备区。这些特殊区域的设立，不仅为聋哑儿童提供了更为便捷的学习条件，也体现了全纳教育中的包容性原则。

在座位布局上，该学校采用了小组式的方式，这种布局便于学生之间的合作与交流，促进了学习共同体的形成。小组成员可以互相协助，共同完成学习任务，从而提高了学生的社会交往能力和团队协作能力。

为了激发学生的学习兴趣和创造力，该学校在教室中还精心设置了丰富的互动区域和展示区域。例如，图书角提供了丰富的阅读材料，满足了学生对知识的渴望；实验区则鼓励学生动手实践，探索科学的奥秘；而展示区则为学生提供了展示自己才华的平台，增强了学生的自信心和成就感。

2. 案例二：某普通学校的全纳课堂改造

某普通学校也积极进行了全纳课堂的改造实践。该校通过优化教室空间布局和教学资源配置，成功地将全纳教育理念融入了课堂教学之中。在教室布局方面，学校巧妙地设置了多样化的学习区域和互动区域，如图书角、实验区、讨论区等，以满足不同学生的学习需求和兴趣爱好。

该校还积极引入了多媒体技术和教学游戏等先进的教学手段。多媒体技术的应用使得教学内容更加生动有趣，提高了学生的注意力和参与度；而教学游戏则让学生在轻松愉快的氛围中学习知识，培养了学生的主动学习能力和创新思维。

这些改造措施的实施，不仅使得课堂环境更加舒适宜人，还大大提高了学生的学习兴趣和参与度。学生们在多样化的学习环境中找到了适合自己的学习方式，实现了个性化的发展。同时，教师也更加注重学生的个体差异和特殊需求，提供了更加有针对性的教学支持，从而促进了全纳教育目标的实现。

以上两个案例均展示了全纳课堂设计的实践成果。特殊教育学校针对聋哑儿童的特点进行了精心的课堂设计，而普通学校则通过优化教室布局和引入先进教学手段等方式，成功地将全纳教育理念融入了课堂教学之中。这些实践经验不仅为其他学校提供了有益的借鉴和启示，也推动了全纳教育理念在实践中的深入发展和广泛应用。

（三）空间布局对教学效果的影响

空间布局在全纳教育课堂设计中占据着举足轻重的地位，其科学合理性对教学效果有着深远的影响。一个经过精心设计的课堂空间，不仅能够为学生提供舒适、安全的学习环境，更能在无形中激发他们的学习兴趣和创造力，促进师生之间的有效互动，从而提高整体的教学效果和学习效率。

舒适且安全的学习环境是学生学习的基础。在全纳教育的理念下，课堂空间布局需要充分考虑学生的个体差异和特殊需求。例如，为视觉障碍学生提供适宜的阅读环境，为行动不便的学生设置无障碍通道等。这样的设计能够确保每个学生都能在课堂中找到适合自己的学习空间，从而在心理上感受到被接纳和尊重。这种积极的心理体验有助于学生更加专注地投入学习，提高学习效果。

有序的课堂空间布局有利于提升学生的学习效率。一个杂乱无章的学习环境往往会分散学生的注意力，影响他们的学习效果。因此，在设计全纳教育课堂时，应注重空间的秩序感和条理性。例如，可以通过合理的区域划分和明确的标识系统来引导学生快速找到自己需要的学习资源或活动区域。这样不仅能够减少学生在课堂上的迷茫和混乱，还能帮助他们养成良好的学习习惯和自主管理能力。

优化的空间布局还能有效促进师生之间的互动与合作。全纳教育强调学生的主体性和参与性，鼓励他们在课堂上进行积极的交流和合作。因此，在设计课堂空间时，应充分考虑是否便于师生之间的互动。例如，可以采用灵活的座位安排，如小组式、圆桌式等，以便于学生之间的讨论和交流。同时，也可以在教室中设置专门的互动区域或展示区，为学生提供更多展示自我和相互学习的机会。

空间布局在全纳教育课堂设计中发挥着至关重要的作用。优化空间布局通过创造舒适、安全、有序的学习环境，不仅能够激发学生的学习兴趣和创造力，还能促进师生之间的有效互动，从而提高整体的教学效果和学习效率。因此，在全纳教育的实践中，应高度重视课堂空间布局的设计与优化工作，以充分发挥其在提升教育质量中的关键作用。

三、全纳课堂的教学策略

（一）教学策略的选择与调整

在实施全纳教育的过程中，教学策略的选择并非一成不变，而是需要根据实际教学情况进行适时的调整。全纳课堂中的学生具有多样性和差异性，他们的学习需求和进步速度各不相同。因此，教师需要密切关注学生的学习动态，通过课堂观察、作业反馈、学生自评和互评等多种方式收集教学反馈。

基于这些反馈，教师可以对教学策略进行及时的反思和调整。例如，当发现某些学生在某一知识点上存在普遍困难时，教师可以调整教学进度，增加相关内容的讲解和练习；当发现某些学生在特定教学策略下表现出更高的学习兴趣和效果时，教师可以进一步优化该策略，以更好地满足学生的学习需求。

教师还应鼓励学生参与到教学策略的调整过程中来。通过与学生进行沟通和交流，教师可以更深入地了解他们的学习需求和偏好，从而制定出更加贴合学生实际的教学策略。这种以学生为中心的教学策略调整方式，不仅能够提高学生的学习积极性和参与度，还能够促进全纳教育目标的实现，让每个学生都能在适合自己的学习环境中得到充分的发展。

教学策略的调整也需要教师具备灵活性和创新性的思维。全纳教育课堂是一个充满挑战和变化的学习环境，教师需要不断更新自己的教育理念和教学方法，以适应不同学生的学习需求和发展变化。通过持续的教学反思和实践探索，教师可以逐渐积累起丰富的教学策略库，为全纳教育的实施提供有力的支持。

（二）教学策略的实施方法

在全纳课堂中，教学策略的实施方法至关重要，它直接关系到教学效果和学习成果的达成。以下将详细阐述几种主要的教学策略实施方法。

1. 个性化教学计划的制订

在融合教育的背景下，特殊教育领域的个性化教学计划制订显得尤为重要。这不仅是对学生个体差异的尊重，更是实现教育公平与效率的关键。个性化教学计划的制订需围绕学生的核心需求，确保每位学生都能在最适合自己的环境中获得成长。

（1）明确的教学目标

教师需要深入了解每位学生的特殊需求、学习风格、兴趣偏好及能力水平，并以此为基础设定具体、可达成的教学目标。这些目标应涵盖知识、技能、情感态度等多个维度，确保学生的全面发展。例如，对于有学习障碍的学生，教学目标可能侧重于提升其阅读理解能力；而对于自闭症学生，则可能更侧重于增强其社交互动能力。

（2）合适的教学内容

教学内容的选择应与教学目标紧密相关，同时考虑到学生的实际情况。教师可以通过调整教材难度、增加辅助材料、引入生活实例等方式，使教学内容更加贴近学生的生活实际，激发学生的学习兴趣。此外，还可以利用现代信息技术手段，如多媒体教学、在线资源库等，为学生提供丰富多样的学习资源。

（3）灵活的教学方法

个性化教学计划的实施离不开灵活多样的教学方法。教师应根据学生的特点，采用启发式、探究式、合作式等多种教学方式，引导学生主动参与学习过程。例如，对于视觉型学习者，可以更多地使用图表、图片等视觉材料；对于听觉型学习者，则可以增加音频资料的使用。同时，教师还应注重培养学生的自主学习能力，教会他们如何独立解决问题、寻找答案。

（4）多元的评价方式

评价是检验教学效果的重要手段。在融合教育中，教师应采用多元化的评价方式，全面、客观地评估学生的学习成果。除了传统的纸笔测试，还可以引入口头报告、作品展示、同伴评价、自我评价等多种评价方式。这些评价方式不仅能够更全面地反映学生的学习情况，还能帮助教师更好地了解学生的学习动态，及时调整教学策略。

2. 合作学习与小组活动的组织

合作学习是融合教育中不可或缺的教学策略之一。通过小组活动，学生可以在相互帮助、共同解决问题的过程中，提升团队协作能力、社会交往能力和批判性思维能力。

（1）小组组建与角色分配

在组织小组活动时，教师应根据学生的特点进行合理分组，确保每个小组内成员之间具有一定的互补性。同时，为了增强小组的凝聚力，教师可以为每个成员分配具体的角色和任务，如组长、记录员、汇报员等。这些角色不仅有助于学生明确自己的职责，还能促进他们在小组中发挥各自的优势。

（2）活动设计与实施

小组活动的设计应紧密围绕教学目标和学生的需求展开。教师可以根据教学内容设计多样化的活动形式，如角色扮演、案例分析、项目研究等。这些活动不仅能够激发学生的学习兴趣，还能帮助他们将所学知识应用于实际情境中。在实施过程中，教师应密切关注学生的表现，及时给予指导和反馈，确保活动的顺利进行。

（3）促进交流与分享

合作学习的核心在于交流与分享。在小组活动中，教师应鼓励学生积极发表自己的观点、分享自己的经验，同时尊重他人的意见和看法。为了促进学生的交流与分享，教师可以设置讨论环节、分享环节等，让学生有机会展示自己的成果和收获。此外，教师还可以利用课堂互动平台等现代信息技术手段，为学生提供更加便捷的交流渠道。

（4）反思与总结

每次小组活动结束后，教师应组织学生进行反思与总结。通过回顾活动过程、分析成功与不足、提炼经验教训等方式，帮助学生深化对所学知识的理解和应用。同时，教师还应关注学生的情感变化和心理需求，及时给予关心和支持，确保他们能够以积极的心态面对未来的学习和生活。

3. 多元化教学方法的运用

在全纳教育的背景下，构建一个包容性、个性化的学习环境是至关重要的。这要求教师不仅要具备深厚的专业知识，还要灵活掌握并运用多元化的教学方法，以满足不同背景、不同能力和不同学习风格学生的需求。以下是对多元化教学方法的运用的一些深入探讨。

（1）多媒体技术的融合

随着科技的飞速发展，多媒体技术已成为现代教学不可或缺的一部分。在全纳课堂中，教师可以充分利用图像、音频、视频等多媒体资源，使教学内容更加生动、直观、易于理解。例如，在教授地理知识时，教师可以通过展示地图、卫星图像和虚拟现实技术，让学生仿佛置身于不同的地理环境之中，增强他们的空间感知能力和学习兴趣。同时，多媒体技术的使用还可以帮助学生更好地理解抽象概念，如通过动画演示化学反应过程，使复杂的化学原理变得简单易懂。

（2）游戏化教学的探索

游戏化教学是一种将游戏元素融入教学活动中的创新方法。它利用游戏的趣味性、竞争性和挑战性来激发学生的学习兴趣和积极性。在全纳课堂中，教师可以通过设计各种有趣的游戏和活动，让学生在轻松愉快的氛围中掌握知识、提升技能。例如，在数学课上，教师可以设计数学接龙游戏或数学迷宫挑战，让学生在游戏中运用数学概念和运算技能，提高他们的数学素养和逻辑思维能力。游戏化教学不仅能够激发学生的学习兴趣，还能够培养他们的团队合作精神和解决问题的能力。

（3）项目式学习的实践

项目式学习是一种以项目为核心的教学模式，它强调让学生在真实情境中通过自主探究和合作学习来解决问题、完成任务。在全纳课堂中，教师可以根据学生的兴趣和特点，设计一系列具有挑战性和实践性的项目任务，让学生在完成项目的过程中获得知识和技能的提升。例如，在社会科学课上，教师可以组织学生进行社区调查或历史研究项目，让学生通过实地探访、资料搜集和数据分析等方式，深入了解社会现象和历史事件。项目式学习不仅能够培养学生的实践能力和创新能力，还能够促进他们的自主学习和终身学习意识。

（4）灵活多样的教学方法组合

除了上述提到的几种教学方法，全纳课堂中的教师还应根据具体情况灵活选择其他多种教学方法进行。例如，可以采用讨论式教学法来促进学生的交流和思考；采用案例分析法来帮助学生理解复杂的社会问题和法律条文；采用角色扮演法来增强学生的情感体验和同理心等。通过组合运用灵活多样的教学方法，教师可以更好地满足学生的多样化需求，提高他们的学习效果和满意度。

4. 教学反馈与个别指导的及时跟进

在全纳课堂中，教学反馈与个别指导的及时跟进是确保每位学生都能得到有效帮助和支持的关键环节。

（1）密切关注学生的学习进展

教师应时刻关注学生的学习进展和表现情况，通过课堂观察、作业批改、测试评估等多种方式收集学生的学习信息。同时，教师还应与学生建立良好的沟通机制，鼓励他们主动表达自己的想法和困惑。通过及时了解学生的学习状态和需求，教师可以更有针对性地调整教学策略和提供个别指导。

（2）提供及时的个别指导和支持

对于学习困难的学生，教师应提供及时的个别指导和支持。这包括为他们制订个性化的学习计划、提供额外的学习资源和辅导材料、安排一对一的辅导时间等。在个别指导过程中，教师应注重启发学生的思维、激发他们的学习动力，并帮助他们克服学习中的障碍和困难。同时，教师还应鼓励学生之间相互帮助和合作学习，形成良好的学习氛围和团队精神。

（3）鼓励学生进行自我反思和评价

自我反思和评价是培养学生自主学习能力和问题解决能力的重要途径。在全纳课堂中，教师应鼓励学生定期进行自我反思和评价，让他们认识到自己的优点和不足，并思考如何改进和提高。教师可以通过引导学生制定学习目标、记录学习过程和成果、撰写学习反思报告等方式，来培养他们的自我反思和评价能力。同时，教师还应为学生提供必要的指导和反馈，帮助他们更准确地认识自己和调整学习策略。

（4）建立有效的家校合作机制

家校合作是促进学生全面发展的重要保障。在全纳课堂中，教师应积极与家长建立联系和沟通机制，共同关注学生的学习和成长情况。教师可以通过家长会、家访、电话沟通等方式向家长介绍学生的学习进展和表现情况，并听取家长的意见和建议。同时，教师还可以邀请家长参与学校的教育活动和志愿服务工作，形成家校共育的良好局面。通过家校合作机制的建立和实施，教师可以更好地了解学生的家庭背景和教育需求，为他们的全面发展提供更加有力的支持和保障。

在全纳课堂中，教学策略实施方法的选择需要综合考虑学生的个性差异、学习需求和教学目标等因素。通过制订个性化教学计划、组织合作学习与小组活动、运用多元化教学方法以及及时跟进教学反馈与个别指导等措施，教师能够有效地促进全纳教育目标的实现，让每个学生都能在适合自己的环境中得到全面发展。

（三）教学策略的评价体系

在构建全纳课堂中的教学策略评价体系时，应着重考虑评价标准的多元性和指标体系的系统性。这一体系不仅应涵盖教学策略的有效性、适用性，还应对学生的全面发展起到促进作用。

评价标准应体现多元性。在全纳教育背景下，学生的需求和能力水平呈现多样化特点，因此，评价教学策略的标准也应相应地多元化。具体来说，可以从以下几个方面制定评价标准：一是教学策略是否能够满足不同学生的特殊需求，促进他们的个性化发展；二是教学策略是否能够激发学生的学习兴趣和积极性，提高他们的学习参与度；三是教学策略是否能够有效提升学生的学习成果，包括知识技能掌握、情感态度培养等方面。

指标体系应具备系统性。为了全面、客观地评价教学策略的实施效果，需要建立一套科学、合理的指标体系。这套指标体系应涵盖教学策略的各个环节和方面，包括教学目标的设定、教学内容的选择、教学方法的运用、教学资源的配置以及教学效果的评估等。同时，各项指标之间应相互关联、相互支撑，形成一个有机的整体，以确保评价结果的全面性和准确性。

在具体实施过程中，可以采用定量与定性相结合的评价方法。通过收集和分析学生的学习数据、教师的教学日志以及课堂观察记录等资料，可以对教学策略的实施效果进行量化评估。同时，结合学生的反馈意见、教师的自我反思以及专家的点评建议等定性信息，对教学策略的优缺点进行深入剖析，并提出针对性的改进意见。

构建全纳课堂中的教学策略评价体系是一项复杂而重要的任务。通过制定多元化的评价标准和系统性的指标体系，并采用科学合理的评价方法，可以全面、客观地评估教学策略的实施效果，为进一步优化全纳课堂设计提供有力支持。

四、全纳课堂的互动方式

（一）师生互动的有效性研究

在全纳教育的课堂设计中，师生互动的有效性是至关重要的一环。它不仅关系到教学质量的提升，更在很大程度上影响着学生的学习体验与成长发展。师生互动不仅仅是简单的问答交流，而是涉及情感沟通、思维碰撞、知识传递等多方面的深层次互动。

师生互动在全纳教育中的重要性不言而喻。全纳教育强调每个学生的参与和融入，而师生互动正是实现这一目标的桥梁。通过有效的师生互动，教师能够更好地了解学生的学习需求、特殊才能以及面临的困难，从而为他们提供更具针对性的指导和帮助。同时，学生在与教师的互动中也能感受到被关注、被尊重，从而更加积极地投入学习。

在实际的全纳教育课堂中，师生互动并非总是顺畅有效的。有时，学生由于自身的特殊需求或障碍，可能无法顺利地与教师进行互动。这就需要教师具备敏锐的观察力和灵活的教学策略，及时调整互动方式，以确保每个学生都能参与到课堂互动中来。

为了提升师生互动的有效性，全纳教育课堂设计可以采取以下策略。

1. 创设积极的互动氛围

在全纳教育的特殊教育实践中，创设积极的互动氛围是构建有效课堂的基石。一个积极、包容的学习环境能够显著提升学生的参与度和学习成效。为了实现这一目标，教师需要具备高度的情感智慧和沟通技巧。

运用幽默风趣的语言是教师打破课堂沉闷、拉近师生距离的有效手段。教师通过讲述一些适时的笑话、寓言故事或生活实例，能够吸引学生的注意力，使抽象的概念变得生动有趣。这种教学方式不仅能够活跃课堂气氛，还能帮助学生更好地理解知识点，增强记忆效果。

教师的态度对于课堂氛围的营造至关重要。亲切和蔼、耐心细致的态度能让学生感受到被尊重和关爱，从而激发他们的学习动力和自信心。当学生在学习中遇到困难时，教师的鼓励和支持将成为他们克服障碍的重要力量。通过正面激励和积极反馈，教师能够帮助学生建立正确的自我认知，树立积极的学习态度。

此外，鼓励性的评价也是营造积极互动氛围的重要组成部分。教师应该关注每个学生的成长和进步，及时给予肯定和表扬。通过具体的、有针对性的评价，教师能够让学生感受到自己的努力和成果被看见和认可，从而激发他们的学习热情和内在动机。这种正向的激励机制有助于形成一个良性循环，推动学生在全纳教育环境中不断向前发展。

2. 采用多样化的互动形式

在全纳教育的课堂设计中，采用多样化的互动形式对于满足不同学生的学习需求和兴趣偏好具有重要意义。传统的问答式互动虽然具有一定的教学效果，但往往难以充分调动学生的积极性和创造力。因此，教师需要不断探索和实践新的互动方式，以丰富课堂教学内容，提高教学效果。

小组讨论是一种有效的互动形式，它能够促进学生之间的交流与合作。在小组讨论中，学生可以围绕某个主题或问题进行深入探讨，发表自己的观点和看法。这种互动方式不仅能够帮助学生更好地理解知识点，还能培养他们的沟通能力和团队合作精神。同时，小组讨论还能激发学生的学习兴趣和创造力，促进他们主动思考和解决问题。

角色扮演是另一种有趣的互动形式，它能够让学生在模拟的情境中体验不同的角色和身份。通过角色扮演，学生可以更加深入地理解知识点背后的含义和背景，增强对知识点的理解和记忆。此外，角色扮演还能培养学生的同理心和社交技能，使他们更好地适应社会生活。

实验探究则是一种更为直观和生动的互动形式。通过亲手操作实验器材、观察实验现象和记录实验数据，学生能够更加深入地理解科学原理和规律。实验探究不仅能够激发学生的学习兴趣和好奇心，还能培养他们的动手能力和科学精神。在全纳教育的课堂设计中，教师应该充分利用实验资源，设计符合学生认知水平和兴趣爱好的实验探究活动，以提升学生的科学素养和实践能力。

3. 注重情感沟通

在全纳教育的师生互动中，情感沟通是至关重要的一环。它不仅是信息传递的桥梁，更是心灵交流的纽带。通过情感沟通，教师能够深入了解学生的内心世界和真实需求，为他们提供更加个性化和有针对性的教学服务。

教师需要真诚地倾听学生的想法和感受。在师生互动中，教师应该给予学生充分的表达机会和空间，鼓励他们表达自己的观点和看法。同时，教师还需要认真倾听学生的发言，理解他们的情感和需求。这种倾听不仅能够帮助教师更好地了解学生的学习状况和心理状态，还能为他们提供更加贴心和有效的支持和帮助。

教师需要关注学生的情感变化和发展。在全纳教育的课堂设计中，教师应该注重培养学生的情感素养和心理健康。通过关注学生的情感变化和发展趋势，教师可以及时发现并解决学生在学习和生活中遇到的问题和困难。同时，教师还需要通过自己的言行向学生传递积极向上的情感和价值观，以引导他们健康成长。例如，教师可以通过分享自己的成功经验和人生感悟来激励学生积极进取；通过关注学生的兴趣和爱好来激发他们的学习动力和创造力等。

最后需要强调的是，在师生互动中注重情感沟通并不意味着要忽视知识的传授和能力的培养。相反，情感沟通应该与知识的传授以及能力的培养相结合，形成一个有机整体，共同促进学生的全面发展。因此，教师需要在教学过程中不断探索和实践新的教学方法和手段，以实现情感沟通与知识传授、能力培养的有机结合。

（二）生生互动的促进策略

在全纳教育的课堂设计中，生生互动被视为提升学习效果、培养学生社会交往能力的重要途径。为了促进生生之间在全纳课堂中的有效互动，以下策略值得借鉴与实施。

教师可以通过创设多样化的学习活动来激发学生之间的互动。这些活动可以包括小组合作项目、角色扮演、辩论赛等，旨在鼓励学生相互合作、共享资源、解决问题。在这些活动中，每个学生都有机会发表自己的观点、展示自己的才能，从而增强自信心和归属感。

教师可以利用现代教学技术来拓展生生互动的空间和形式。例如，通过社交媒体、在线教育平台等工具，学生可以跨越时间和空间的限制，进行线上交流与协作。这种形式的互动不仅能够满足学生的个性化学习需求，还能够培养他们的信息素养和跨文化交流能力。

教师还可以通过建立积极的课堂氛围来促进生生互动。一个充满尊重、包容和支持的课堂环境能够让学生感受到安全和自由，从而更加愿意参与到互动中来。教师可以通过定期组织团队建设活动、情感分享会等，增进学生之间的了解和信任，为有效的生生互动奠定情感基础。

教师需要密切关注学生之间的互动情况，并及时给予反馈和指导。通过观察学生的互动表现，教师可以发现他们在社交技能、沟通技巧等方面存在的问题和不足，并针对性地提出改进建议。同时，教师也要对学生在互动中展现出的优点和进步给予充分的肯定和鼓励，以激发他们的积极性和创造力。

通过创设多样化的学习活动、利用现代教学技术、建立积极的课堂氛围以及提供及时的反馈和指导，教师可以有效地促进生生之间在全纳课堂中的互动。这种互动不仅能够提升学生的学习效果和社会交往能力，还能为他们的终身发展奠定坚实的基础。

（三）互动方式对学习效果的影响

在全纳教育的实践中，互动方式被视为提升学习效果的关键因素之一。课堂内的互动不仅涉及师生之间的交流，还包括学生与学生之间的合作与对话。这些互动方式对于全纳教育的学习效果具有深远的影响。

师生互动能够显著增强学生的学习动力。当教师以平等、尊重的态度与学生交流，关注他们的需求和兴趣时，学生能感受到自己被重视和认可。这种正面的情感体验能够激发学生的学习兴趣，使他们更加积极地参与到课堂活动中。同时，师生互动还能够及时提供反馈，帮助学生了解自己的学习进度和存在的问题，从而调整学习策略，提高学习效率。

生生互动在全纳教育中同样发挥着重要作用。学生之间的合作与交流能够培养他们的团队协作精神和沟通能力。在全纳教育的课堂中，学生具有多样化的背景和需求，通过生生互动，他们可以学会相互理解和尊重，共同解决问题。这种经验对于他们未来的社会生活和职业发展具有重要意义。此外，生生互动还能够促进学生的认知发展。在交流过程中，学生需要阐述自己的观点、听取他人的意见并进行整合，这一过程能够锻炼他们的逻辑思维能力。

不同的互动方式对学习效果的影响具有差异性。例如，小组讨论能够鼓励学生发表自己的观点，培养他们的口语表达能力和逻辑思维能力；而角色扮演则能够帮助学生更好地理解他人的立场和情感，提高他们的共情能力和社会适应性。因此，教师在设计课堂活动时应根据教学目标和学生的特点选择合适的互动方式，以最大化地提升学习效果。

互动方式在全纳教育中占据着举足轻重的地位。通过优化师生互动和生生互动的方式，教师可以为学生创造一个积极、包容的学习环境，从而激发他们的学习潜能，促进他们的全面发展。

第二节　协作教学与差异化教学

一、协作教学的实施策略

（一）协作教学的角色分配

在融合教育的背景下，协作教学作为一种创新的教学模式，对于特殊教育与普通教育的融合具有重要意义。它不仅打破了传统教育的界限，还促进了教师与学生、学生与学生之间的深度互动与协作，为特殊教育学生提供了更加包容和个性化的学习环境。在协作教学中，教师和学生的角色分配显得尤为重要，它直接关系到教学的效果和学习成果的质量。

1. 教师角色的多元化

在协作教学中，教师的角色发生了深刻的转变。他们不再是传统意义上的知识灌输者，而是成为学生学习的引导者和促进者。这种转变要求教师具备更高的专业素养和教育智慧，并能够根据学生的不同需求和特点，设计出符合其认知水平和兴趣爱好的协作学习任务。同时，教师还需要在协作过程中提供适时的指导和支持，帮助学生解决遇到的问题，激发他们的学习热情和创造力。

具体来说，教师在协作教学中的角色包括以下几种。

（1）设计者：精心策划，挑战与趣味并存

在融合教育的背景下，教师作为协作学习任务的设计者，扮演着至关重要的角色。他们需要深入了解特殊教育学生的多元需求，精心设计既具有挑战性又符合学生实际水平的协作学习任务。这要求教师在设计任务时，要充分考虑学生的个体差异，确保任务难度适中，并能够激发学生的求知欲和探索欲。同时，为了吸引学生的注意力、提高其参与度，教师还应注重任务的多样性和趣味性，如融入游戏化元素、创设真实情境等，让学生在轻松愉快的氛围中学习新知识、掌握新技能。

（2）引导者：启迪思维，激发潜能

在协作学习过程中，教师不仅是知识的传授者，更是学生思维的引导者和潜能的激发者。教师应通过巧妙的提问和深入的讨论，引导学生明确学习方向，激发他们的学习动力和兴趣。这种引导不仅限于知识的层面，更在于引导学生学会如何学习、如何思考。在教师的引导下，学生能够主动探索问题、积极交流想法，从而培养他们的自主学习能力和批判性思维能力。此外，教师还应关注学生的情感变化，及时给予鼓励和支持，让学生在协作学习中感受到成就感和归属感。

（3）支持者：携手共进，克服困难

当学生在协作过程中遇到困难时，教师是他们最坚实的后盾。作为支持者，教师需要提供及时、有效的帮助和支持。这包括为学生提供必要的学习资源、解答他们在学习过程中产生的疑问、协调学生之间的关系等。在教师的支持下，学生能够更加顺利地完成协作学习任务，减少挫败感，增强自信心。同时，教师还应关注学生的心理健康状况，帮助他们建立积极的心态和正确的归因方式，以应对未来可能出现的挑战。

（4）评价者：全面反馈，促进成长

协作学习结束后，教师的评价对学生的学习和发展具有深远的影响。作为评价者，教师需要以客观、全面的态度对学生的学习成果进行评价。这种评价不仅关注学生的学习成果本身，更关注学生的学习过程、学习态度以及团队协作能力等方面。通过评价，教师可以及时反馈学生的学习效果，帮助他们认识到自己的优点和不足。同时，评价还可以为学生提供有益的参考和启示，使他们在后续的学习中不断进步和成长。此外，教师还应注重评价的多元化和个性化，以更好地满足学生的需求和发展。

2. 学生角色的主动性

在协作教学中，学生的角色也发生了重要的转变。他们不再是被动的知识接受者，而是成为主动的学习者和协作者。这种转变要求学生具备更高的学习自主性和团队协作能力，并能够积极参与到协作学习任务中来，与同伴共同完成任务，分享成果。

具体来说，学生在协作教学中的角色包括以下几种。

（1）学习者：在协作学习中，学生作为主动学习者的角色深化与拓展

在融合教育的背景下，学习者，尤其是有特殊教育需求的学生，在协作学

习环境中发挥着至关重要的作用。他们不仅是知识的接受者，更是知识的探索者和创造者。为了充分发挥学生的主观能动性，首先需要营造一个包容、鼓励和支持的学习氛围，让每个学生都感受到自己是学习过程中的主体。

在协作学习中，学生需要主动阅读相关材料，这不仅仅局限于课本，还包括网络资源、专业文献乃至日常生活中的实际案例。通过阅读，学生能够拓宽视野，对学习任务有更加全面和深入的理解。同时，思考也是不可或缺的环节，学生需要运用批判性思维，对所学知识进行质疑、分析和整合，形成自己的见解。

讨论则是学生之间思想碰撞的火花，它促使学生从不同角度审视问题，激发新的灵感。在特殊教育融合教育的实践中，鼓励学生积极发言，即使他们的观点与大多数人不同，也应给予尊重和理解。这样的讨论环境能够帮助学生建立自信，勇于表达自己的看法。

此外，反思和总结是提升学生综合素质的关键步骤。学生需要在每次协作学习后，对自己的学习过程和成果进行反思，找出不足之处并寻求改进方法。同时，他们也需要学会从团队的角度出发，总结协作过程中的经验和教训，为未来的学习提供借鉴。

（2）协作者：多边互动与协作在特殊教育融合教育中的实践

协作学习不仅仅是一种学习方式，更是一种生活态度。在特殊教育融合教育的背景下，学生之间的多边互动和协作显得尤为重要。这种互动和协作不仅限于学习任务的完成，更包括情感交流、价值观共享等多个层面。

为了促进学生之间的有效交流和讨论，需要设计一系列具有挑战性和趣味性的协作任务。这些任务应充分考虑学生的不同需求和兴趣，确保每个学生都能在协作过程中找到自己的位置和价值。同时，还需要提供必要的指导和支持，帮助学生解决协作过程中遇到的困难和问题。

在协作过程中，学生需要学会倾听他人的意见和建议，尊重他人的差异和多样性。这不仅能够培养他们的团队协作能力，还能够促进他们之间的情感交流和友谊发展。当学生感受到来自同伴的关心和支持时，他们会更加积极地参与到协作学习中来，从而取得更好的学习效果。

此外，还需要鼓励学生分享自己的成果和经验。这不仅可以增强他们的自信心和成就感，还可以为其他同学提供学习和借鉴的机会。在分享过程中，学生可以相互学习、相互启发，共同推动学习任务的完成和团队的发展。

（3）贡献者：每个学生都是团队成功的关键力量

在协作学习团队中，每个学生都是不可或缺的重要成员。他们需要通过自己的努力和贡献，为团队的成功做出贡献。这种贡献不仅体现在学习任务的完成上，更体现在对团队精神的塑造和传承上。

为了让学生充分认识到自己的价值和作用，需要为他们提供展示自己才华和能力的平台，可以是课堂展示、项目汇报、小组讨论等多种形式。在这些活动中，学生可以充分展示自己的学习成果和团队协作经验，赢得同伴和老师的认可和赞赏。

同时，还需要培养学生的责任感和使命感。让他们明白自己的每一个行动都会对团队产生重要影响。因此，在协作过程中，学生需要时刻保持高度的责任心和使命感，认真完成自己的任务并积极参与团队的讨论和决策。

此外，还需要关注学生的自信心和成就感的培养。当学生在协作学习中取得成绩时，要及时给予肯定和鼓励；当他们在协作学习中遇到挫折时，要给予关心和支持。这样的关怀和支持能够让学生感受到来自团队的温暖和力量，从而更加坚定地参与到协作学习中，并为团队的成功积极地贡献自己的力量。

在特殊教育融合教育的实践中，需要关注学生的全面发展和个性差异。通过协作学习的方式，可以充分发挥学生的主观能动性和团队协作能力，培养他们的责任感和使命感以及自信心和成就感。同时，还需要为学生提供必要的指导和支持以及展示他们自身才华和能力的平台，这样才能够真正实现融合教育的目标——让每个学生都能够在适合自己的环境中茁壮成长。

3. 师生角色的互动与融合

在协作教学中，教师和学生之间的角色并不是截然分开的。相反，他们之间存在着紧密的互动和融合关系。在某些情况下，教师和学生可以共同承担某些角色，形成更加紧密的合作关系。例如，在解决复杂问题时，教师和学生可以共同探讨和解决问题，形成“学习共同体”，共同推动学习的进步和发展。

此外，教师还需要关注学生的个体差异和特殊需求，为特殊教育学生提供个性化的指导和支持。他们可以通过个别辅导、差异化教学等方式，帮助特殊教育学生克服学习困难，提高他们的学习效果和自信心。同时，教师还需要与家长和其他教育机构保持密切的沟通和合作，共同为特殊教育学生创造更加包容和支持的学习环境。

综上所述，协作教学中的角色分配是一个动态而复杂的过程。它要求教师和学生明确各自的角色和职责，形成有效的合作关系，共同推动协作教学的顺利进行。通过合理的角色分配和有效的协作学习，可以激发学生的学习兴趣和积极性，提高他们的学习能力和解决问题的能力，为培养创新型人才打下坚实的基础。同时，协作教学也为特殊教育与普通教育的融合提供了新的思路和方法，为特殊教育学生提供了更加公平和包容的教育机会。

（二）协作教学的流程设计

协作教学的流程设计是确保教学过程顺利进行的关键环节。一个合理且高效的流程不仅能够提升教学效果，还能促进学生之间的合作与交流，从而培养他们的团队协作能力。以下是一个针对协作教学的具体流程设计。

1. 前期准备阶段

在特殊教育领域中，融合教育的实践要求教师不仅要对普通教育有深入的理解，还需对特殊教育的需求有敏锐的洞察。因此，前期准备阶段的工作显得尤为关键。明确教学目标是前提，这需要教师充分考虑学生的多样性和特殊性，制定既符合一般教育标准又能满足特殊学生需求的教学目标。例如，在教授数学加减法时，对于视觉障碍的学生，可能需要通过触觉教具或音频描述来辅助理解；对于语言发展迟缓的学生，则需设计更多互动环节，以促进其语言能力的提升。

选择适当的教学内容也是前期准备的重要环节。内容应既具有挑战性又具有可操作性，既能够激发学生的学习兴趣，同时又能让他们在合作中取得实质性的进步。例如，在科学课程中，可以选择与日常生活紧密相关的主题，如“植物生长的秘密”，让学生通过小组合作观察、记录和分析植物的生长过程，在实践中学习科学知识，培养观察力和团队协作能力。

制订详细的教学计划是确保教学活动有序进行的关键。计划应包括教学目标、教学内容、教学方法、教学资源、评估方式等多个方面，并充分考虑特殊学生的需求。此外，教师还需准备必要的教学资源，如教具、多媒体材料、辅助技术等，以支持不同学生的学习方式。

了解学生的基本情况是前期准备不可或缺的一部分。这包括学生的身体状况、认知能力、学习风格、兴趣爱好以及家庭背景等。可以通过个别访谈、问卷调查或家长会议等方式收集信息，有助于教师更全面地了解学生，为后续的分组和角色分配提供科学依据。

2. 学生分组与角色分配

在融合教育的协作教学中，学生分组与角色分配是实现有效合作的关键。分组应遵循异质分组的原则，即将具有不同特点、兴趣和能力的学生组合在一起，以促进他们之间的互补和学习。同时，也要考虑特殊学生的需求，确保他们在小组中能够得到适当的支持和帮助。例如，可以将具有领导力的学生与需要指导的学生配对，让前者在小组活动中发挥引领作用，后者则可以在前者的帮助下逐步融入团队。

在分组过程中，教师还需关注学生的意愿和感受，鼓励他们积极参与分组讨论，提出自己的想法和建议。这样不仅可以增强学生的主体意识，还能促进他们之间的沟通和理解。

分组完成后，教师需要明确每个学生在小组中的角色和责任。这包括组长、记录员、汇报员等不同角色以及每个角色所需承担的具体任务。对于特殊学生，教师可以根据他们的能力和兴趣为他们量身定制角色和任务，确保他们在小组中既能发挥自己的优势，又能得到充分的锻炼和成长。

此外，教师还需定期检查小组的运行情况，及时调整分组和角色分配方案，以适应学生的学习进展和变化。

3. 教师引导与任务布置

在协作教学过程中，教师的引导和任务布置对于学生的学习效果具有重要影响。教师需要为学生提供清晰的任务说明，确保每个学生都能明确自己的学习目标和学习任务。这有助于学生在学习过程中保持专注，避免迷失方向或产生挫败感。

在任务布置时，教师应充分考虑学生的实际情况和特殊需求。对于普通学生而言，布置的任务应具有一定的挑战性和探索性，以激发他们的学习兴趣和创造力；对于特殊学生而言，则需要适当降低难度或提供额外的支持措施，以确保他们能够顺利完成并获得成就感。

在协作学习过程中，教师需要发挥引导者的作用。他们应密切关注学生的学习进展和互动情况，及时给予指导和帮助。当学生遇到难题或困惑时，教师应鼓励他们积极思考、相互讨论并尝试解决问题；当学生偏离学习轨道或产生消极情绪时，教师则需及时介入并引导他们回到正确的学习路径上。

此外，教师还应注重培养学生的自主学习能力和团队协作能力。通过引导学生制订学习计划、分配任务、协作完成任务等方式培养他们的自主学习能力；通过组织小组讨论、分享交流等活动培养他们的团队协作能力。这样不仅有助于学生在当前的协作学习中取得进步，还能为他们未来的学习和生活奠定坚实的基础。

4. 学生协作完成任务

在特殊教育领域内，学生协作完成任务是融合教育理论与实践的核心环节之一。这一环节旨在通过精心设计的任务和活动，将不同能力水平、学习风格及特殊需求的学生凝聚在一起，共同面对挑战、解决问题。教师需要深入了解每位学生的特点与需求，确保所设计的任务既具有挑战性又符合学生的实际情况，激发他们的学习兴趣和参与热情。

在协作过程中，小组讨论成为关键，学生围绕任务主题展开热烈讨论，分享各自的想法和见解。对于特殊教育中的学生而言，这种开放式的交流环境尤为重要，有助于他们克服沟通障碍，提高社交技能。教师可以通过设置讨论规则、提供引导性问题等方式，促进小组内的有效沟通。同时，鼓励学生倾听他人的意见，尊重差异，学会在团队中发挥自己的长处并接受他人的帮助。

分工合作是协作完成任务的另一个重要方面。在教师的指导下，学生根据各自的优势和兴趣进行角色分配，确保每个成员都能承担适当的责任。对于有特殊需求的学生，教师应给予特别关注和支持，确保他们能够在团队中发挥作用并感受到归属感。通过分工合作，学生不仅能够完成任务本身，还能在过程中学习到如何与他人协作、如何分配资源以及如何管理时间等重要技能。

此外，教师在协作过程中还需密切关注学生的互动情况，及时给予必要的指导和支持。这包括帮助学生解决合作中的冲突、提供必要的资源和信息、鼓励学生尝试新的方法和思路等。教师的有效引导和学生的积极参与，使得协作完成任务的过程不仅是一个学习过程，更是一个促进学生全面发展的过程。

5. 成果展示与反馈

学生协作完成任务后，另一个重要的环节则是成果展示。这一环节不仅是对学生学习成果的检验和展示，更是对学生表达能力和自信心的锻炼。在特殊教育领域内，成果展示的方式应多样化、包容性强，以满足不同学生的需求和特点。

对于成果展示的形式，教师可以根据任务的特点和学生的实际情况进行选择。例如，一个详细的报告、一个生动的演示文稿或者一个实际的作品。在展示过程中，学生需要清晰地阐述自己的思路、方法和成果，同时接受来自教师和其他学生的提问和评价。这种互动式的展示方式有助于学生更好地理解自己的成果并发现其中的不足之处。

反馈是成果展示不可或缺的一部分。在展示结束后，教师应及时组织学生进行反馈和评价。反馈的内容应具体、客观、有针对性，既要肯定学生的优点和进步之处，又要指出其存在的问题和需要改进的地方。同时，鼓励学生之间相互评价、相互学习借鉴对方的优点和经验。通过反馈和评价的过程，学生可以更加全面地认识自己的成果和学习情况，从而明确他们未来的努力方向和目标。

此外，教师还应注意反馈的方式和态度。在给予反馈时，教师应保持开放、包容的态度，尊重学生的劳动成果和个性差异。同时，鼓励学生积极接受反馈并勇于改进自己的不足之处。通过这样的反馈机制，学生可以逐渐形成良好的学习习惯和自我评价能力。

6. 总结与反思

协作教学结束后，则是总结与反思环节。这一环节不仅有助于教师评估教学效果、分析存在的问题并提出改进的建议，还有助于学生总结自己在协作学习中的收获和经验教训。

对于教师而言，总结与反思是提升教学质量的重要途径。在总结过程中，教师应全面回顾整个教学过程和学生的学习情况，分析教学效果是否达到预期目标以及存在哪些问题和不足。同时，结合特殊教育的特点和要求，思考如何进一步优化教学设计、改进教学方法以及提高教学效果等问题。在反思过程中，教师应保持开放的心态和批判性思维模式，勇于承认自己的不足之处并寻求改进的方法和途径。

对于学生而言，总结与反思也是提升自我认知和能力的重要途径。在总结过程中，学生应回顾自己在协作学习中的表现和贡献以及所取得的成绩和进步之处。同时，认真分析自己在协作过程中遇到的问题和困难以及产生的原因和根源。在反思过程中，学生应学会从多个角度审视自己的行为和思维方式并寻找改进的方法和途径。通过这样的总结与反思过程，学生可以更加清晰地认识到自己的优点和不足，并明确他们未来的努力方向和目标。

总结与反思是协作教学中不可或缺的一部分。通过这一环节的实施和推进，教师可以不断提升自己的教学水平和能力；而学生则可以在总结中看到自己的成长和进步，并在反思中不断完善自己的行为和思维方式。这样的教学相长过程将为学生的未来发展打下坚实的基础，推动特殊教育事业的不断进步和发展。

（三）协作教学实施中的挑战与对策

在特殊教育领域，协作教学的实施不仅是对教育理念的革新，更是教学实践中的一次深刻变革。它旨在通过教师之间、师生之间以及学生之间的紧密合作，共同促进学生的全面发展。然而，在协作教学的实施过程中，无论是教育者还是学习者，都可能遭遇一系列挑战。本文将从角色定位、沟通协调、技术应用以及评价与反馈四个方面，深入探讨这些挑战，并提出相应的对策。

1. 角色定位方面的挑战与对策

在协作教学中，教师和学生都需要重新定位自己的角色。教师不再是传统意义上的知识传授者，而是转变为引导者和促进者，负责提供学习资源和方向，鼓励学生自主探究和合作学习。而学生则需要从被动接受转变为积极参与，与同伴共同解决问题，实现知识的内化和能力的提升。

然而，在实际操作中，角色定位往往面临模糊或冲突的问题。一方面，教师可能难以适应新的角色定位，过度干预学生的学习过程；另一方面，学生也可能因为缺乏自主性和责任感，导致学习动力不足。

为了应对这些挑战，可以采取以下对策。

明确角色分工：通过制订详细的教学计划和任务分配表，明确教师和学生在协作教学中的具体职责和角色定位。这有助于教师和学生更好地理解自己的任务和目标，减少角色冲突。

加强师生沟通：建立定期的师生交流机制，如学习反馈会议、个别辅导等，以便及时了解学生的学习情况和需求，调整教学策略和方法。同时，鼓励学生表达自己的观点和想法，增强他们的参与感和归属感。

提供角色培训：针对教师和学生开展专门的角色培训，帮助他们更好地理解协作教学的理念和要求，掌握必要的技能和方法。这有助于提升教师和学生的专业素养和协作能力。

2. 沟通协调方面的挑战与对策

沟通协调是协作教学中的关键环节。由于协作教学涉及多方参与和互动交流，因此有效的沟通显得尤为重要。然而，在实际教学中，沟通不畅、意见分歧等问题时有发生，影响了协作教学的顺利进行。

为了改善沟通协调问题，可以采取以下对策。

设立明确的沟通规则和流程：制定详细的沟通规则和流程，明确沟通的时间、地点、方式以及内容要求等。这有助于规范沟通行为，减少误解和冲突。

提供多样化的沟通渠道：除了传统的面对面交流，还可以利用在线学习平台、社交媒体等现代技术手段，提供多样化的沟通渠道。这有助于扩大沟通范围，提高沟通效率。

鼓励积极互动和合作：通过组织小组讨论、合作学习等活动，鼓励学生之间的积极互动和合作。同时，教师应及时介入并协调学生之间的意见分歧，确保教学过程的和谐与高效。

3. 技术应用方面的挑战与对策

随着信息技术的不断发展，协作教学越来越依赖于各种技术工具的支持。然而，技术的引入也可能带来一系列挑战，如技术障碍、资源分配不均等。

为了应对这些挑战，可以采取以下对策。

提升信息素养和技术应用能力：教师应不断提升自身的信息素养和技术应用能力，以便更好地指导学生使用技术工具进行协作学习。同时，学校和教育机构也应加强对教师的培训和支持力度。

加大技术设施的投入和更新力度：学校和教育机构应加大对技术设施的投入和更新力度，确保技术的普及与公平使用。这有助于缩小学生之间的技术差距，提高协作教学的效果。

整合技术资源与教学内容：教师应根据教学内容和学生的实际需求，合理选择和整合技术资源。通过利用多媒体技术、网络资源等现代化教学手段，丰富教学内容和形式，激发学生的学习兴趣和积极性。

4. 评价与反馈方面的挑战与对策

在协作教学模式下，传统的单一评价方式可能无法全面反映学生的学习成果和进步情况。因此，需要探索更加多元化的评价方式，以便更准确地评估学生的学习效果。然而，在实际操作中，评价标准的制定、评价过程的实施以及反馈机制的建立等都可能面临挑战。

为了应对这些挑战，可以采取以下对策。

探索多元化的评价方式：除了传统的考试和测验，还可以采用过程性评价、同伴互评、自我评价等多种评价方式。这有助于全面反映学生的学习过程和成果，提高评价的准确性和公正性。

建立及时的反馈机制：教师应及时向学生提供学习反馈和指导，帮助他们了解自己的学习状况并做出相应调整。同时，鼓励学生之间的相互评价和反馈，促进他们之间的交流与合作。

完善评价标准和流程：制定详细、可操作的评价标准和流程，明确评价的内容、方法和要求等。这有助于规范评价行为，减少主观性和随意性对评价结果的影响。同时，还应加强对评价结果的分析和利用，为教学改进提供有力支持。

二、差异化教学的理论与实践

（一）差异化教学的理论基础

差异化教学作为一种教育理念和实践策略，其理论来源广泛，核心思想明确，基本原则清晰。以下将对差异化教学的理论基础进行详细阐述。

差异化教学的理论来源主要包括教育学、心理学和多元智能理论等。教育学为差异化教学提供了宏观的教育理念和目标导向，强调每个学生都是独一无二的个体，教育应尊重学生的个性差异，促进其全面发展。心理学则从微观层面揭示了学生在学习风格、认知特点和情感需求等方面的差异，为差异化教学提供了科学依据。多元智能理论则认为每个学生都拥有不同的智能优势和发展潜力，教师应根据学生的智能特点进行因材施教。

差异化教学的核心思想是“以学生为中心，以差异为基础”。这意味着在教学过程中，教师应充分关注学生的个体差异，包括在学习能力、兴趣爱好、思维方式和认知风格等方面的不同。同时，教师要以这些差异为出发点，设计灵活多样的教学策略和活动，以满足不同学生的学习需求和发展目标。通过差异化教学，教师能够更好地激发学生的学习动力，发挥其潜能，促进其个性化发展。

差异化教学的基本原则包括因材施教、尊重差异、多元评价和合作学习等。因材施教是差异化教学的根本原则，它要求教师根据学生的实际情况进行教学设计，确保每个学生都能在适合自己的学习环境中获得最佳发展。尊重差异则强调教师要正视并接纳学生的个体差异，避免“一刀切”的教学方式。多元评价要求教师采用多种评价方式和标准来全面、客观地评估学生的学习成果和发展状况。合作学习则鼓励学生之间的互帮互助和共同进步，通过小组合作等方式来培养学生的社会交往能力和团队协作精神。

差异化教学的理论基础深厚且实用，其核心思想和基本原则为教学实践提供了有力的指导。在实际教学中，教师应深入理解和运用差异化教学理念，不断创新教学方法和手段，以更好地满足学生的学习需求和发展目标。

（二）融合教育在特殊教育中的应用与挑战

融合教育，作为特殊教育领域的一项重大革新，旨在将特殊需求学生与普通学生置于同一教育环境中，通过合理的支持和调整，实现教育资源的共享与互补。这一实践不仅体现了公平与包容的教育理念，也对特殊教育的发展路径产生了深远影响。以下将从融合教育的应用实践及其面临的挑战两个方面进行阐述。

1. 融合教育的应用实践

环境创设：融合教育的首要任务是创造一个包容、无歧视的学习环境。这包括物理环境的无障碍设计，如斜坡、电梯、宽门等，以及心理环境的营造，如教师的态度、同伴的支持等。学校应努力让每位学生都感受到自己是班级不可或缺的一员。

个别化教育计划（IEP）：针对特殊需求学生的个别化教育计划是融合教育的核心。IEP 根据学生的能力、兴趣、需求及发展目标，量身定制教学目标、内容、方法及评估方式，确保每位学生都能获得适合自己的教育。

教学策略的灵活运用：在融合课堂中，教师需要运用多种教学策略以适应不同学生的学习需求。例如，采用分层教学、小组合作学习、差异化作业布置等方式，确保每位学生都能在适合自己的学习节奏中取得进步。

家校合作：融合教育的成功实施离不开家庭的支持与配合。学校应加强与家长的沟通与合作，共同关注学生的发展状况，及时调整教育策略，形成家校共育的良好氛围。

2. 融合教育面临的挑战

资源分配不均：尽管融合教育理念已得到广泛认可，但在实际操作中，仍存在资源分配不均的问题。一些地区或学校由于经费、师资等限制，难以为特殊需求学生提供足够的支持和资源。

教师专业素养不足：融合教育要求教师具备较高的专业素养和特殊教育知识。然而，目前许多普通学校的教师缺乏相关培训和实践经验，难以有效应对特殊需求学生的教学需求。

社会认知偏见：部分家长和社会公众对融合教育存在认知偏见，认为特殊需求学生会影响普通学生的学习和成长。这种偏见不仅阻碍了融合教育的推广，也增加了特殊需求学生融入社会的难度。

评估体系不完善：融合教育需要一套科学、全面的评估体系来监测学生的发展状况和教学效果。然而，目前的评估体系往往侧重于学生的学业成绩，忽视了对学生的个性化发展和社会适应能力等方面的评价。

面对这些挑战，需要从政策制定、资源配置、教师培训、社会宣传等多个方面入手，不断完善融合教育体系，为特殊需求学生提供更加公平、优质的教育环境。同时，也需要关注普通学生的成长需求，确保他们在融合教育过程中同样能够获得充分的发展机会和支持。

（三）差异化教学的实践案例

差异化教学作为一种针对性强、符合学生发展规律的教学模式，在高校及中小学教学实践中得到了广泛的应用。以下将列举并分析几个成功的差异化教学实践案例。

案例一：在高校英语选修课程中的应用。某高校在大学英语选修课程中实施了差异化教学。教师根据学生的英语水平、学习兴趣和目标，将学生分为不同的学习小组。针对每个小组的特点，教师制订了不同的教学计划和教学策略，包括教学内容的选择、教学方法的运用以及教学评价的方式等。通过差异化教学，学生的英语学习积极性得到了显著提高，教学质量也得到了大幅提升。

案例二：在初中英语教学中的实践。某初中英语教师以差异化教学理论为指导，通过教学前的诊断性评价和学生之前的学习表现，将学生分为不同层次。在教学过程中，教师针对不同层次的学生制定了不同的教学目标、教学内容和教学策略。同时，教师还采用了多样化的教学评价方式，全面、客观地评价学生的学习成果。通过差异化教学实践，学生的英语学习成绩得到了显著提高，学生的个性和特长也得到了充分的发展。

案例三：在融合教育中的应用。在某融合教育学校，教师基于多元智能理论实施了差异化教学。教师根据学生的不同智能类型和水平，制订了个性化的教学计划和教学策略。在教学过程中，教师注重学生优势智能的发展，通过多样化的教学方式和教学资源，激发学生的学习兴趣和潜能。同时，教师还注重对学生的合作学习和社会交往能力的培养，以促进学生全面发展。通过差异化教学实践，学生的优势智能得到了最大化提升，学生的综合素质也得到了显著提高。

差异化教学实践在高校及中小学教学中取得了显著的成效。通过差异化教学，教师能够更好地满足学生的个性化需求，激发学生的学习兴趣和潜能，提高教学质量和效果。同时，差异化教学还能促进学生的全面发展，培养学生的创新精神和实践能力，为学生的未来发展奠定坚实的基础。因此，广大教育工作者应积极探索和实践差异化教学模式，以推动教育教学的持续改进和创新发展。

（四）差异化教学的评估与反思

在融合教育的广阔领域中，差异化教学不仅是理论与实践的交汇点，更是推动特殊教育向更加包容与高效发展的重要力量。它强调根据每个学生的独特能力和需求，量身定制教学内容、方法和评估方式，以期激发每位学生的潜能。因此，对差异化教学的评估与反思，不仅是衡量其成效的标尺，更是持续优化、精进教学过程的必由之路。

1. 多维度评估体系的构建

在特殊教育领域，融合教育的核心理念是确保每位学生都能在包容、尊重的环境中接受适合其个人发展需求的教育。为了实现这一目标，构建一个多维度、全面而细致的评估体系显得尤为重要。这一体系不仅关注学生的学习成果，还深入探究其背后的学习过程、情感态度以及社会适应能力等多方面的变化。

（1）学习进步评估的多元化

学习进步的评估是评估体系的核心部分。它要求采用多样化的评估工具和方法，如定期测验、日常作业分析、项目式学习成果展示等，以全面反映学生在知识掌握、技能提升方面的进展。这些评估方式不仅关注学生的学习结果，更重视其在学习过程中的努力和变化。通过持续跟踪和记录，教师可以清晰地看到每位学生的成长轨迹，从而更加精准地调整教学策略，满足学生的个性化需求。

（2）教学目标实现程度的精准衡量

差异化教学的关键在于设定符合学生个体差异的教学目标。这些目标应具有明确性、可衡量性和挑战性，以激发学生的学习动力和潜能。在教学过程中，教师需要不断跟踪和评估教学目标的实现程度，通过对比分析学生的实际表现与预设目标之间的差距，找出问题所在并制定相应的改进措施。同时，教师还应关注学生在目标达成过程中所展现出的能力和素质，如批判性思维、创新能力、团队协作能力等，以全面评价学生的综合发展。

（3）教学策略与资源利用的有效性评估

教学策略的有效性和教学资源的利用情况是评估差异化教学成效的重要方面。有效的教学策略能够激发学生的学习兴趣和主动性，促进其对知识的深度学习和理解。而教学资源的合理利用则能为教学提供有力支持，提升教学效率和质量。在评估过程中，教师需要关注教学策略的适应性、创新性和可持续性等方面的问题，以确保其能够持续满足学生的学习需求。同时，教师还应关注教学资源的丰富性、针对性和便捷性等问题，以确保其能够为学生提供全面、高效的学习支持。

2. 深度反思与持续改进

差异化教学的深度反思与持续改进是提升教学质量和效果的关键环节。这一过程要求教师具备高度的自我审视能力和创新精神，勇于承认不足并寻求改进策略。

（1）教学目标设定的反思与调整

在教学目标的设定上，教师需要不断反思其合理性、明确性和针对性。通过对比分析学生的实际表现与预设目标之间的差距，找出问题所在并制定相应的调整措施。同时，教师还应关注学生的个体差异和实际需求，确保教学目标能够真正满足学生的学习需求和发展方向。

（2）教学内容与方法的持续优化

在教学内容的选择和教学方法的运用上，教师需要不断进行反思和优化。通过回顾和总结教学实践中的成功经验和不足之处，找出存在的问题并制定相应的改进措施。例如，教师可以尝试采用更加贴近学生实际、具有挑战性和趣味性的教学内容；或者采用多样化的教学手段和策略，如游戏化学习、合作学习等，以激发学生的学习兴趣和主动性。

（3）课堂氛围营造的深入探索

课堂氛围的营造对于学生的学习效果和情感体验具有重要影响。因此，教师需要不断探索如何营造积极向上、包容互助的课堂氛围。这包括建立良好的师生关系、鼓励学生之间的合作与交流、创设轻松愉悦的学习环境等。通过营造这样的课堂氛围，教师可以激发学生的学习潜能和创造力，促进其全面发展。

3. 学生反馈与家校合作

在差异化教学的评估与反思过程中，学生的反馈意见和家校合作的支持都起着至关重要的作用。

（1）重视学生反馈的收集与利用

学生的反馈意见是评估教学效果的重要依据。教师可以通过问卷调查、座谈会、个别访谈等多种方式收集学生的反馈意见，并认真倾听他们的声音和建议。在收集到反馈意见后，教师需要认真分析并制定相应的改进措施以满足学生的需求。同时，教师还应注重培养学生的自我评价能力，鼓励他们积极参与评估过程并反思自己的学习表现。

（2）加强家校合作与沟通

家校合作是促进学生全面发展的重要途径。在差异化教学的背景下，教师需要与家长保持密切联系，并共同关注学生的学习进步和成长发展。通过定期的家校沟通会议、家长访校日等活动形式，教师可以向家长介绍学生的学习情况和教学进展，并听取家长的意见和建议。同时，家长也可以向教师反馈学生在家庭中的表现和需要关注的问题，以便教师更好地了解学生的实际情况并制定相应的教学策略。这种双向的沟通和合作有助于形成教育合力，共同促进学生的全面发展。

三、协作教学与差异化教学的融合

（一）融合的策略与方法

探索协作教学与差异化教学的融合策略，关键在于如何有效地结合两者的优势，最大限度地促进学生的个性化发展和团队协作能力。以下将详细阐述几种具体的融合策略与方法。

1. 以差异化教学为基础，构建协作学习小组

在特殊教育领域，融合教育强调为所有学生，包括有特殊教育需求的学生，提供一个包容、支持和促进其全面发展的学习环境。差异化教学作为这一理念的核心组成部分，其重要性不言而喻。差异化教学不仅关注学生的认知能力差异，还充分考虑了学生的兴趣、动机、情感以及社交技能等多方面的个体差异。在协作学习的框架下，差异化教学为构建高效、和谐的协作学习小组提供了坚实的理论基础。

（1）构建小组的差异化策略

教师需要深入了解每个学生的具体情况，包括他们的学习基础、学习速度、学习风格以及兴趣爱好等。通过个别访谈、观察记录、学业评估等多种方式，教师可以收集到丰富的学生信息，为后续的分组工作奠定基础。在分组时，教师应遵循“组内异质，组间同质”的原则，即每个小组内应包含不同能力和背景的学生，以便形成互补效应；而各小组之间则应在整体水平上保持相对均衡，以保证公平竞争和有效交流。

（2）设计个性化的协作任务

在差异化教学的指导下，教师应为各小组设计具有挑战性的协作任务。这些任务不仅要符合学生的学术需求，还要能够激发他们的学习兴趣和动力。例如，对于数学基础较弱的学生，教师可以设计一些与日常生活紧密相关的数学问题，让他们通过协作探究的方式解决；而对于文学爱好者，则可以组织他们共同创作一部短篇小说或诗歌集。这样的个性化任务设计，可以让每个学生都能在协作学习中找到自己的位置和价值。

（3）促进小组内的有效沟通与合作

协作学习不仅仅是一种学习方式，更是一种社交技能的锻炼。在差异化教学的基础上构建协作学习小组时，教师需要特别关注小组内的沟通与合作情况。通过定期组织小组讨论、角色扮演、冲突解决等活动，教师可以帮助学生学会倾听、表达、协商和妥协等重要的社交技能。同时，教师还应鼓励小组内的学生相互支持、相互学习，形成积极向上的学习氛围。

2. 整合协作教学与差异化教学的目标与内容

协作教学与差异化教学在融合教育实践中相辅相成，共同促进学生的全面发展。为了充分发挥两者的优势，教师需要精心整合它们的教学目标和内容，以形成一个既具有挑战性又充满趣味性的教学体系。

（1）确定整体教学目标

教师需要明确融合教育的整体教学目标，即培养学生的核心素养、社交技能以及创新能力。这些目标应贯穿于整个教学过程中，成为师生共同努力的方向。在设定具体的教学目标时，教师应充分考虑学生的个体差异和特殊教育需求，确保每个学生都能在适合自己的学习路径上取得进步。

（2）设计分层教学目标

在差异化教学的指导下，教师可以为不同层次的学生设定具体的学习目标。这些目标应具有针对性和可操作性，能够引导学生逐步达到既定的学习要求。例如，在数学课上，教师可以为数学基础较差的学生设定掌握基本运算技能的目标；而对于数学能力较强的学生，则可以要求他们解决更复杂的数学问题或进行数学建模等高级活动。通过分层教学目标的设定，教师可以确保每个学生都能在适合自己的难度水平上得到挑战和提升。

（3）整合协作学习主题与项目

在整合协作教学与差异化教学的目标与内容时，教师可以选取一些适合协作学习的主题或项目作为载体。这些主题或项目应具有跨学科性、实践性和探究性等特点，能够激发学生的学习兴趣和创造力。同时，教师还需要根据学生的差异，设计不同层次的学习任务和活动。例如，在一个关于环境保护的协作学习项目中，教师可以要求所有学生都参与调查当地的环境污染情况；但对于不同层次的学生，教师可以设定不同的任务要求，如要求基础较差的学生整理和分析调查数据，而要求能力较强的学生进一步提出解决方案或撰写研究报告等。通过这样的设计，每个学生都能在协作过程中发挥自己的优势并得到提升。

3. 运用多元化的教学方法和手段促进融合

在特殊教育领域中，融合教育的核心理念在于创造一个包容、无障碍的学习环境，使所有学生，包括有特殊教育需求的学生，都能平等地参与到学习过程中。为了实现这一目标，教师必须摒弃传统单一的教学方法，转而采用多元化的教学策略和手段，以促进协作教学与差异化教学的深度融合。

（1）项目式学习：激发主动探索

项目式学习（Project－Based Learning，PBL）是一种以学生为中心的教学模式，它鼓励学生围绕真实世界的问题或挑战，通过设计项目、规划方案、实施行动和反思总结等过程，主动探索知识、发展技能并培养批判性思维能力。在融合教育的背景下，教师可以设计跨学科的项目，如环保主题的研究、社区服务的策划等，让不同能力水平的学生在共同的目标下分工合作，相互学习，共同进步。这种教学方式不仅能够增强学生的实践能力和团队协作精神，还能帮助他们建立自信心和责任感。

（2）问题式学习：培养解决问题能力

问题式学习（Problem－Based Learning，PBL）与项目式学习类似，但更侧重于通过解决具体的问题来驱动学习。在特殊教育环境中，教师可以根据学生的学习需求和兴趣点，设计一系列具有挑战性的问题或情境，引导学生通过查阅资料、讨论交流、实验操作等方式寻找答案。这种教学方式能够激发学生的好奇心和求知欲，培养他们的问题解决能力和创新思维。同时，在解决问题的过程中，学生之间的协作与互助也能得到加强，从而促进融合教育的深入发展。

（3）现代教育技术的运用：个性化学习支持

随着科技的进步，现代教育技术为融合教育提供了强有力的支持。教师可以利用在线学习平台、智能教学软件等工具，为学生提供丰富的学习资源和个性化的学习路径。例如，通过智能教学系统，教师可以根据学生的学习进度和能力水平，自动推送适合他们的学习材料和练习题，实现差异化教学。同时，这些技术还可以收集学生的学习数据，帮助教师更准确地了解学生的学习情况，以便及时调整教学策略和方法。此外，利用虚拟现实（VR）、增强现实

（AR）等先进技术，还可以为有特殊教育需求的学生提供更加直观、生动的学习体验，进一步激发他们的学习兴趣和动力。

综上所述，运用多元化的教学方法和手段是促进融合教育深入发展的关键。通过项目式学习、问题式学习等以学生为中心的教学模式以及现代教育技术的支持，教师可以为所有学生创造一个更加包容、互动和个性化的学习环境，让他们在协作与差异中共同成长。

协作教学与差异化教学的融合是一个复杂而富有挑战性的任务。通过构建协作学习小组、整合教学目标与内容、运用多元化的教学方法和手段以及建立全面的评价体系等策略与方法，可以有效地实现两者的有机融合，为学生的全面发展和个性化成长创造更加有利的学习环境。

（二）方法融合的实践案例

在探索协作教学与差异化教学融合的过程中，实践案例的呈现能够生动且具体地展示这种融合策略的实际效果。以下将通过几个具体的实践案例，详细阐述协作教学与差异化教学融合后的教学情景及其所带来的积极影响。

案例一：初中数学课堂中的融合实践

在一所初中学校的数学课堂上，教师采用了协作教学与差异化教学融合的策略。教师根据学生的数学基础和学习能力，将学生分为不同的小组，每组内部成员在数学学习上具有一定的差异性。在小组协作学习的过程中，教师为每个小组分配了不同的学习任务，这些任务既符合小组的整体水平，又能体现出组内成员的个体差异。

在协作学习的过程中，学生在小组内相互讨论、交流，共同解决数学问题。教师则在一旁观察，适时给予指导和帮助。通过这种融合策略，学生不仅在数学学习上取得了显著的进步，而且他们的协作能力、沟通能力和解决问题的能力也得到了极大的提升。

案例二：高中英语阅读教学中的融合尝试

在一所高中的英语阅读教学中，教师尝试将协作教学与差异化教学进行融合。她首先根据学生的英语水平和阅读兴趣，将学生分为不同的阅读小组。然后，为每个小组选择了难度适中、主题各异的英文阅读材料。

在协作阅读的过程中，学生在小组内分享阅读心得，讨论阅读材料中的重点和难点。教师则通过组织小组间的交流和分享活动，促进学生阅读理解和语言表达能力的提升。这种融合策略不仅激发了学生的英语阅读兴趣，而且提高了他们的阅读能力和英语综合运用能力。

案例三：小学科学课中的创新融合

在一所小学的科学课上，教师巧妙地融合了协作教学与差异化教学。她根据学生的科学素养和兴趣爱好，将学生分为不同的探究小组。每个小组都分配有一个特定的科学主题，如“植物生长的秘密”“水的循环”等。

在协作探究的过程中，学生在小组内分工合作，共同进行科学实验和观察。教师则为每个小组提供个性化的指导和支持，帮助他们解决探究过程中遇到的问题。通过这种融合策略，学生不仅深入了解了科学知识，而且培养了他们的科学探究精神和团队协作能力。

这些实践案例充分展示了协作教学与差异化教学融合后的教学效果。通过融合策略的运用，教师能够更好地满足学生的个性化需求，提升他们的学习兴趣和积极性。同时，这种融合策略也有助于培养学生的团队协作能力、沟通能力和问题解决能力，为他们的全面发展奠定坚实的基础。

（三）方法融合的效果评估

在特殊教育领域内，融合教育已成为推动教育公平与质量提升的重要路径。其中，协作教学与差异化教学的融合更是被视为实现这一目标的关键策略。为了全面理解这一融合策略的实际效果，必须对其进行科学的评估。以下将从评估标准、评估方法及融合策略的优缺点三个方面进行详细探讨。

1. 评估标准的确立

在协作教学与差异化教学融合的背景下，评估标准须具备全面性、科学性和可操作性。具体而言，可以从以下几个方面构建评估体系。

学生学习成效的提升：作为评估的核心指标，它涵盖了学生知识掌握程度的提升、学习兴趣的激发以及自主学习能力的培养等方面。通过对比实验前后学生的考试成绩、作业完成情况、课堂参与度等客观数据，可以直观地反映学生学习成效的变化。同时，通过访谈、问卷调查等方式收集学生的主观感受，如学习满意度、自信心提升等，也能为评估提供重要参考。

教师教学能力的提升：教师作为教学活动的组织者和引导者，其教学能力的提升同样重要。评估教师教学能力时，可以关注教师在教学方法上的创新、课堂管理能力的增强以及对学生个体差异的敏感度等方面。通过观察课堂实录、听取同行评价、收集学生反馈等方式，可以全面了解教师在融合策略实施过程中的成长与变化。

课堂氛围的改善：课堂氛围是影响教学效果的重要因素。一个和谐、积极、互动的课堂氛围能够激发学生的学习兴趣和积极性。因此，在评估融合策略效果时，也需要关注课堂氛围的改善情况。这包括师生关系是否更加和谐、学生间的合作与交流是否更加频繁、课堂氛围是否更加活跃等。通过观察课堂实录、收集师生访谈记录等方式，可以对课堂氛围的变化进行量化或质性分析。

2. 评估方法的选择

评估方法的选择直接关系到评估结果的准确性和可靠性。在协作教学与差异化教学融合的评估中，可以采用定量与定性相结合的方法，全面、客观地反映融合策略的效果。

定量评估：定量评估主要依赖客观数据和统计方法。在协作教学与差异化教学融合的评估中，可以通过收集学生的考试成绩、作业完成情况、课堂参与度等客观数据，并运用统计软件进行数据分析。通过对比实验前后数据的差异，可以客观地评估融合策略对学生学习成效的影响。此外，还可以运用问卷调查、量表评分等方式收集学生的主观感受数据，并进行量化分析。

定性评估：定性评估则侧重对评估对象进行深入、细致的描述和解释。在协作教学与差异化教学融合的评估中，可以通过访谈、观察、案例分析等方式收集教师、学生和家长的主观感受和建议。通过对这些信息的整理和分析，可以更加全面地评估融合策略的实际效果和影响。

3. 融合策略的优缺点分析

任何教学策略都有其优缺点，协作教学与差异化教学的融合也不例外。在评估过程中，需要密切关注融合策略可能出现的优缺点，以便在实践中不断优化和完善。

（1）优点分析

满足学生个性化需求：协作教学与差异化教学的融合能够充分考虑学生的个体差异和学习需求，为不同水平的学生提供适宜的学习支持和挑战。这有助于激发学生的学习兴趣和积极性，提高其学习成效。

促进师生交流与合作：在融合策略的实施过程中，教师需要与学生进行更加密切的交流与合作。这有助于增强师生之间的信任和理解，提升教师的教学水平和学生的自主学习能力。

营造积极的课堂氛围：协作学习与差异化教学的结合能够营造一个和谐、积极、互动的课堂氛围。在这种氛围中，学生之间的合作与交流更加频繁和深入，有助于培养学生的合作精神和社交能力。

（2）缺点分析

实施难度较大：协作教学与差异化教学的融合需要教师具备较高的专业素养和协作能力。然而，在实际教学中，由于教师水平参差不齐、教学资源有限等，这一策略的实施难度较大。

教学效果不均衡：不同学生之间的差异可能导致教学效果的不均衡。一些基础较差的学生可能无法跟上学习进度或融入协作小组；而一些优秀学生则可能因缺乏挑战性而感到乏味。因此，在实施融合策略时，教师需要密切关注学生的学习情况并及时调整教学策略。

综上所述，协作教学与差异化教学的融合在特殊教育领域内具有重要的应用价值。然而，要想充分发挥其优势并克服其缺点，则必须进行科学的评估和分析。通过确立合理的评估标准、选择合适的评估方法以及深入分析融合策略的优缺点，可以更加清晰地认识到这一融合策略的价值所在，并为今后的教育教学改革提供有益的启示和借鉴。

第三节　融合教育中的评估与反馈

一、评估方法的选择与应用

（一）评估方法的种类与特点

在融合教育的广阔天地中，评估方法犹如指南针，为教育者指明了方向，并确保每一个孩子都能在适宜的环境中茁壮成长。本小节将深入探讨评估方法的种类及其特点，以期为特殊教育领域的融合教育实践提供坚实的支撑。

1. 观察法：直观洞察的窗口

观察法，作为最直接、最自然的评估手段，为教育者打开了一扇通往学生内心世界的窗户。它摒弃了人为干预的痕迹，让学生在真实的学习环境中自由地展现自我。通过观察，教师可以捕捉到学生微妙的情绪变化、社交互动的细节以及问题解决的过程，从而全面了解学生的学习状态与个体差异。这种方法的优点在于其即时性和真实性，它能够迅速反映学生的真实需求与潜在问题。然而，观察法也要求观察者具备敏锐的洞察力和丰富的专业知识，以确保评估的准确性和深度。

2. 问卷调查法：广泛收集的信息

问卷调查法则是一种更为系统、全面的评估工具，它通过精心设计的问题和选项，广泛收集学生和家长的意见与反馈。这种方法具有标准化和量化的特点，便于数据的统计与分析。问卷调查不仅能够帮助教师了解学生对教学内容、教学方法及学习环境的满意度，还能揭示家长对于融合教育的期望与担忧。通过问卷调查，教师可以获得更加全面、客观的信息，为教学改进提供有力支持。同时，问卷调查也促进了家校之间的沟通与合作，从而为学生的成长创造更加有利的环境。

3. 访谈法：深入灵魂的对话

访谈法以其深入性和针对性著称，它通过与个别学生进行面对面的交流，来探索学生内心的想法与感受。在访谈过程中，教师可以根据学生的实际情况调整访谈内容与方式，并营造出一种温馨、开放的氛围。这种个性化的交流方式有助于教师深入了解学生的特殊需求与困难，为提供个性化的支持与帮助奠定基础。访谈法的优点在于其灵活性和深度，它能够揭示出问卷调查和观察法难以触及的内心世界。然而，访谈法也要求访谈者具备高度的同理心和沟通技巧，以确保访谈过程的顺畅与有效。

4. 测试法：量化评估的标尺

测试法作为量化评估的代表，以其客观性和准确性受到教育者的青睐。它通过标准化的试题和评分准则，衡量学生在知识掌握程度和技能水平方面的表现。测试法不仅能够帮助教师了解学生在不同学科领域的学习情况，还能为教学策略的调整和针对性辅导提供依据。此外，测试法还具有一定的预测功能，能够为学生未来的学习和发展提供参考。然而，测试法也面临着一些挑战，如过分强调分数而忽视学生个体差异、忽视非智力因素对学生学习的影响等。因此，在使用测试法时，教师应注重其与其他评估方法的结合与互补，以确保评估结果的全面性和准确性。

5. 自我评估法：自我成长的催化剂

自我评估法则是一种鼓励学生参与评估过程、培养自主学习能力的有效方式。它让学生成为评估的主体，由学生对自己的学习进行自我评价和自我调整。通过自我评估，学生可以更加深入地了解自己的学习状况与需求，为制订个性化的学习计划和目标提供支持。自我评估不仅有助于培养学生的批判性思维和自我反思能力，还能增强学生的学习动机和自信心。在融合教育的背景下，自我评估法尤其具有重要意义，因为它能够帮助学生更好地适应多样化的学习环境，实现自我成长与发展。

综上所述，评估方法在融合教育中具有举足轻重的地位。各种评估方法各具特色、相互补充，共同构成了融合教育评估的多元化体系。在实际应用中，教师应根据具体的评估需求和目标灵活选择评估方法，确保评估结果的准确性和有效性。同时，教师还应注重评估结果的反馈与应用，及时调整教学策略，提供个性化的支持，以促进学生的全面发展与成长。

（二）评估方法在融合教育中的应用实例

在融合教育的实际场景中，评估方法的应用呈现出多样化的特点。以某特殊教育学校为例，教师巧妙地运用了多种评估方法来全面、深入地了解学生的学习状态和需求。

在该学校，观察法被广泛应用于记录学生的课堂表现和互动情况。教师通过细致的观察，捕捉学生在课堂上的言行举止，从而评估他们的社会适应能力和情感交流能力。例如，在一节以小组合作形式进行的课堂活动中，教师观察到某学生积极参与讨论，主动与同伴分享观点，这反映出该学生具备良好的团队协作和沟通能力。同时，对于在观察中发现的问题，如某些学生表现出社交障碍或情感交流困难，教师则会及时调整教学策略，提供个性化的支持。

除了观察法，该学校还采用问卷调查法来收集家长对学生学习进展和适应情况的反馈。问卷调查法具有覆盖面广、信息量大的优点，能够帮助学校全面了解学生在家庭环境中的学习状况和家长的教育需求。学校定期向家长发放问卷，征求他们对孩子学习成果、教学方法以及学校支持措施的意见和建议。通过对问卷数据的统计和分析，学校能够及时发现教学中存在的问题和不足，为改进教学策略提供有力依据。

在对特定学科如数学和语言的评估中，该学校还注重运用测试法来量化评估学生的学习成果。测试法能够客观、准确地反映学生在知识掌握和技能运用方面的水平。学校定期组织各类测试，包括单元测试、期中测试和期末测试等，以全面评估学生的学习效果。测试结果不仅为学生提供了明确的学习反馈，也为教师调整教学进度和方法提供了重要参考。

在融合教育中，评估方法的应用实例丰富多样，各种方法相互补充，共同构成了全面、科学的评估体系。通过综合运用这些评估方法，教师能够更准确地了解学生的学习状态和需求，为制定个性化的教学策略提供有力支持，从而推动融合教育的不断发展。

（三）选择评估方法的策略与建议

在融合教育环境中，对评估方法的选择至关重要，它直接影响教学效果和学生个体发展。为了确保评估的准确性和有效性，教师需要精心考虑评估策略，并遵循一定的选择建议。

明确评估目的是关键。不同的评估方法服务于不同的目的，因此，教师在选择评估方法时，应首先明确是要了解学生的知识水平、技能掌握情况，还是要评估学生的情感态度、社会适应能力等。例如，如果目标是了解学生的数学运算能力，那么测试法可能是更合适的选择；而如果目标是评估学生的团队合作和社交技能，观察法和访谈法可能更为恰当。

综合考虑评估方法的优缺点。每种评估方法都有其独特的优势和局限性。例如，观察法能够直接观察学生的行为表现，但可能受到观察者主观性的影响；问卷调查法可以大规模收集信息，但数据的真实性和有效性可能受到问卷设计、样本选择等多种因素的影响。因此，教师在选择评估方法时，应充分考虑其适用性和可行性，避免使用单一方法的片面性。

灵活调整评估方法以适应学生需求也是必不可少的。融合教育中的学生具有多样化的学习需求和特点，因此，评估方法应能够灵活应对这些差异。例如，对于有特殊教育需求的学生，可能需要采用个性化的评估策略，如自我评估法或定制的测试题目，以确保评估的公平性和准确性。同时，随着学生学习进程的发展，评估方法也应相应地进行调整，以更好地反映学生的进步和变化。

在选择融合教育的评估方法时，教师还应注重多元化和综合性的原则。多元化意味着采用多种评估方法来全面了解学生的各个方面；综合性则强调将不同评估方法的结果进行综合分析，以得出更全面、更准确的评估结论。通过多元化和综合性的评估策略，教师可以更全面地了解学生的学习状况和需求，从而为他们提供更有针对性的教学支持和个性化的发展建议。

融合教育中评估方法的选择是一个复杂而关键的过程。教师需要明确评估目的、综合考虑评估方法的优缺点、灵活调整评估策略以适应学生需求，并注重多元化和综合性的评估原则。通过这些策略和建议的实施，教师可以更有效地进行融合教育的评估工作，促进学生的全面发展和个性化成长。

二、反馈机制的设计与实施

（一）反馈机制的构建原则

反馈机制的设计在融合教育中占据着举足轻重的地位，其构建应遵循及时性、针对性和有效性等基本原则。这些原则共同确保了反馈机制能够在实际教学中发挥最大效用，促进学生的学习进步和全面发展。

及时性是反馈机制设计的核心原则之一。在融合教育环境中，学生的学习进度和状况可能因个体差异而呈现出多样化的特点。因此，教师需要及时获取学生的学习反馈，以便迅速调整教学策略，满足不同学生的学习需求。例如，通过课堂小测验或在线学习平台的数据分析，教师可以实时了解学生对知识的掌握情况，从而针对薄弱环节进行重点讲解和辅导。及时性的反馈不仅有助于教师优化教学过程，还能让学生及时认识到自己在学习上的不足，激发其主动学习的动力。

针对性是反馈机制设计的另一重要原则。融合教育中的学生往往具有不同的学习背景和能力水平，因此，反馈机制需要能够针对每个学生的具体问题和需求，提供个性化的指导和建议。例如，对于学习基础较差的学生，教师可以根据其学习特点和难点，制订针对性的辅导计划，并通过定期的反馈，跟踪其学习进展。这种针对性的反馈能够确保每个学生都能在适合自己的学习轨道上稳步前进，实现个性化的学习发展。

有效性是反馈机制设计的根本目标。无论反馈多么及时和有针对性，如果无法真正促进学生的学习进步和发展，那么这样的反馈机制就是无效的。因此，在设计反馈机制时，教师应明确反馈的目的和预期效果，确保反馈内容能够切实帮助学生解决学习问题、提高学习效率。例如，教师可以通过定期的学习成果展示和评价活动，让学生看到自己的进步和不足，从而调整学习方法、增强学习信心。同时，教师还可以根据学生的反馈情况，反思自己的教学方法和策略，以实现教学相长、共同进步的目标。

融合教育中的反馈机制设计应遵循及时性、针对性和有效性等基本原则。在实际教学中，教师应根据这些原则灵活设计反馈策略，以满足不同学生的学习需求，促进融合教育的持续发展和提升。

（二）反馈机制的实施策略

为了确保反馈机制在融合教育中的有效实施，教师应制订详尽且明确的反馈策略和计划。建立定期反馈机制是首要步骤，例如，可以设定每周或每月进行一次反馈会议。这样的定期交流能够确保教师及时获取学生的学习情况，并审视自身的教学效果。通过定期的反馈，教师不仅可以及时调整教学策略，以适应学生的学习进度和需求，还可以促进师生之间的沟通与互动，从而营造更加积极的学习氛围。

除了定期反馈，采用多种反馈方式也是至关重要的。融合教育中的学生群体具有多样性，因此，单一的反馈方式可能无法满足所有学生的需求。为此，教师可以结合口头反馈、书面反馈以及电子反馈等多种方式，以确保每位学生都能获得适合自己的反馈信息。例如，对于需要即时指导的学生，口头反馈能够提供快速的解决方案；而对于需要深入思考或长期改进的学生，书面反馈则能提供更详尽的建议和指导。此外，随着科技的发展，电子反馈如在线评价系统也逐渐成为便捷高效的反馈方式。

在实施反馈机制时，应注重反馈的针对性和建设性。反馈内容应具体明确，针对学生的实际问题和需求提供解决方案。过于笼统或模糊的反馈往往无法帮助学生明确改进方向，甚至可能引发学生的困惑和挫败感。同时，反馈应以建设性的态度提出，避免使用过于批评性或负面的言辞。正面的、鼓励性的反馈能够激发学生的学习动力，促使其更加积极地面对挑战和困难。

反馈机制的实施策略在融合教育中扮演着举足轻重的角色。通过建立定期反馈机制、采用多种反馈方式以及注重反馈的针对性和建设性，教师可以更有效地促进学生的学习进步和发展，实现融合教育的目标。

（三）反馈机制的优化与改进

反馈机制在融合教育中扮演着至关重要的角色，它不仅能够帮助教师及时了解学生的学习情况，调整教学策略，还能够促进学生的自我认知和进步。随着教学实践的深入，反馈机制也需要不断地优化和改进，以适应不断变化的教育环境和学生需求。

在优化反馈机制的过程中，教师应首先反思和总结现有反馈机制的实施效果。通过观察学生的学习反应、收集学生的反馈意见以及分析学生的学习成果，教师可以发现反馈机制中存在的问题和不足。例如，反馈是否及时、是否针对性地指出了学生的具体问题、是否真正促进了学生的学习进步等。

针对这些问题，教师可以积极探索改进方法。一方面，可以引入新的反馈工具和技术，如在线反馈系统、学习分析软件等，以提高反馈的效率和准确性。这些工具和技术能够帮助教师更快速、更全面地收集和分析学生的学习数据，从而提供更个性化、更科学的反馈。

加强教师之间的交流和合作也是优化反馈机制的重要途径。通过定期的教研活动、教学研讨会等形式，教师可以共同研究和解决反馈机制中的问题，分享成功的经验和做法，从而不断提升反馈机制的有效性和适用性。

除了上述两个方面，教师还可以考虑从以下几个方面对反馈机制进行优化和改进：一是增强反馈的针对性，确保反馈能够针对学生的具体问题和需求；二是提高反馈的建设性，避免过于笼统或批评性的反馈方式，以免对学生造成负面影响；三是注重反馈的多样性，采用多种反馈方式以满足不同学生的需求和偏好。

在改进反馈机制的过程中，教师还应注重学生的参与和主体地位。鼓励学生积极参与反馈过程，表达自己的意见和需求，这不仅能够增强学生的学习动力和自我认知能力，还能够促进教师与学生之间的良性互动和合作关系。

反馈机制的优化与改进是融合教育中不可或缺的一环。通过不断反思和总结、引入新的工具和技术、加强教师之间的交流和合作以及注重学生的参与和主体地位，教师可以不断完善反馈机制，提高其有效性和适用性，从而更好地促进学生的学习进步和发展。

三、评估与反馈对教学的影响

（一）评估与反馈对教学计划的调整

在融合教育环境中，评估与反馈对教学计划的调整尤为关键。这一调整过程并非单向的、线性的，而是一个动态的、循环往复的过程，旨在确保教学活动能够紧密贴合学生的实际需求，最大限度地提升教学效果。

评估环节为教师提供了大量宝贵的信息，这些信息不仅反映了学生的学习进度和掌握程度，还揭示了教学方法和策略的有效性。例如，定期进行的课堂测验和作业检查可以帮助教师了解学生对各个知识点的掌握情况。如果发现学生在某个特定领域存在普遍的理解困难，这就意味着相关的教学内容可能需要进一步的澄清和补充。

同样，来自学生的反馈也是调整教学计划时不可忽视的重要参考。学生作为教学活动的主体，他们的感受和体验直接反映了教学的实际效果。通过收集和分析学生的反馈，教师可以及时了解学生对当前教学方式的接受程度，以及他们在学习过程中遇到的困难和挑战。这些反馈不仅有助于教师调整教学节奏和难度，还能激发教师探索更加符合学生需求的教学方法和手段。

在融合教育背景下，教学计划的调整还需特别关注不同学生群体的特殊需求。例如，对于学习基础薄弱的学生，教师可能需要提供更多的辅导和支持，以确保他们能够跟上教学进度；而对于学习能力较强的学生，教师则可以考虑为他们提供更高层次的挑战和拓展机会，以满足他们的求知欲和发展需求。

评估与反馈在融合教育中对教学计划的调整起着至关重要的作用。它们不仅为教师提供了改进教学的方向和目标，还为教师提供了优化教学策略的灵感和动力。通过充分利用评估与反馈的信息，教师可以更加精准地把握教学的脉搏，为每一位学生提供更加贴合其需求的教学服务。

（二）评估与反馈对教学方法的改进

在融合教育的实践中，评估与反馈对教学方法的改进起到了至关重要的作用。通过有效的评估和反馈机制，教师能够深入了解学生对当前教学方法的感受和学习效果，进而做出有针对性的调整，以更好地满足学生的需求。

在融合教育的广阔舞台上，评估与反馈如同双轮驱动，推动着教学方法的持续革新与优化。这一过程不仅关乎学生个体学习成效的提升，更是对整个教育体系适应性、包容性的深刻考量。以下将从多维度深入探讨评估与反馈如何精准引导教学方法的改进，确保每位特殊需求学生都能在融合教育的环境中茁壮成长。

1. 评估：精准诊断，明确方向

在融合教育的背景下，评估不仅仅是一个衡量学生学习成果的工具，更是促进学生个性化学习、优化教学策略的基石。它要求教育者具备高度的敏锐性和包容性，以多元化、全方位的视角去审视每一个学生的学习过程。

（1）多元化的评估手段

传统的纸笔测试往往侧重于知识记忆与理解能力的考察，而在融合教育中，更加注重学生综合素质的培养。因此，评估手段需要更加多样化，包括但不限于以下几种。

观察记录：教师通过细致入微的观察，记录学生在课堂内外的行为表现，如学习态度、社交技能、情绪管理等，这些非认知因素同样影响着学生的学习效果。

项目作业：鼓励学生参与跨学科的项目式学习，通过完成具体任务来展现他们的知识应用能力、创新思维和团队合作能力。项目作业的评估不仅关注成果，更重视过程，体现了对学生全面发展的重视。

同伴评价：在小组合作中引入同伴评价机制，让学生相互评价对方的贡献与表现。这种评价方式有助于培养学生的批判性思维和人际交往能力，同时也为教师提供了更多了解学生的视角。

自我评价：鼓励学生进行自我反思，撰写学习日志或进行口头汇报，分享自己的学习体验、成就与不足。自我评价有助于增强学生的主体意识和自我管理能力，促进他们成为更加自主的学习者。

（2）精准诊断与方向明确

通过上述多元化的评估手段收集到的数据和信息，教师需要运用专业的知识和技能对其进行精准的诊断分析。这包括对学生学习风格的识别、学习困难的定位以及学习潜力的挖掘。基于这些诊断结果，教师可以为每个学生量身定制教学计划和学习路径，确保教学方法的针对性和有效性。同时，教师还需要关注评估结果的动态变化，及时调整教学策略和方法，以适应学生不断发展的学习需求。

2. 反馈：及时响应，动态调整

反馈是教学过程中不可或缺的一环，它连接着评估与改进两个关键环节。在融合教育中，反馈的及时性和针对性对于提升教学质量、促进学生发展具有至关重要的作用。

（1）及时响应学生反馈

学生作为学习的主体，他们的反馈是最直接、最真实的。因此，教师需要建立畅通的反馈渠道，鼓励学生随时表达自己的想法和感受。对于学生提出的意见和建议，教师应给予充分的重视和及时的回应。例如，当学生表示对某种教学方法不感兴趣时，教师可以尝试调整教学方式或引入新的教学资源以激发学生的学习兴趣；当学生学习遇到困难时，教师应及时提供个别辅导或推荐适合的学习资源，以帮助学生克服困难。

（2）动态调整教学策略

基于学生、家长和同事的反馈意见以及教学评估的结果，教师需要不断反思和调整自己的教学策略。这包括教学内容的更新、教学方法的创新以及教学评价的完善等方面。例如，教师可以通过引入更多的互动环节和实践活动来增强课堂的趣味性和参与性；通过引入信息技术手段来丰富教学资源、提高教学效率；通过完善评价体系来更加全面、客观地评价学生的学习成果和综合素质。

（3）建立家校合作机制

在融合教育中，家校合作对于促进学生的全面发展具有不可替代的作用。教师需要与家长保持密切的沟通和联系，共同关注学生的学习和成长。教师可以通过家长会、家访、电话沟通等方式向家长介绍学生的学习情况、教学计划和期望目标；同时也可以通过家长的反馈了解学生在家庭中的表现和需求，以便更好地为学生提供个性化的指导和支持。通过家校合作机制的建立和完善，可以形成教育合力，共同促进学生的健康成长和全面发展。

3. 创新与实效并重：持续改进，追求卓越

在评估与反馈的驱动下，教学方法的改进并非一蹴而就的过程，而是需要教师在实践中不断探索、尝试与调整。在这一过程中，创新与实效性的平衡显得尤为重要。这一小节将深入探讨如何在融合教育的实践中，既保持教学方法

的创新活力，又确保其实际效果，从而推动特殊教育事业的持续进步与卓越发展。

（1）勇于探索，创新引领

在融合教育的背景下，面对多样化的学生需求，教师须具备勇于探索、敢于创新的精神。数字化时代的到来为教学创新提供了无限可能。教师可以积极利用数字化工具，如智能教学平台、虚拟现实（VR）技术、增强现实（AR）等，为学生打造沉浸式、互动式的学习环境。这些新兴技术不仅能够丰富教学资源，使抽象概念具体化、生动化，还能激发学生的学习兴趣，提高他们的参与度和学习效果。

此外，翻转课堂、项目式学习、合作学习等新型教学模式也为融合教育注入了新的活力。这些模式强调学生的主体性和主动性，鼓励学生通过自主探究、合作交流等方式解决问题，从而培养他们的批判性思维、创新能力和团队协作能力。教师在实践中应大胆尝试这些新型教学模式，并根据实际情况进行灵活调整，以找到最适合自己学生的教学方法。

（2）实效为本，精准施策

然而，创新并非盲目追求新颖和潮流，而应以实效为本。在融合教育的实践中，教师应始终关注学生的学习变化和反馈，通过科学的方法评估教学效果。这包括定期收集学生的学习数据、进行课堂观察、开展学生访谈和问卷调查等多种方式。通过这些手段，教师可以全面了解学生的学习状况、兴趣点、困难点以及对教学方法的接受程度等信息。

基于这些反馈信息，教师应进行精准施策。对于教学效果显著的教学方法，应继续坚持并不断优化；对于效果不佳的教学方法，则应及时调整或放弃。同时，教师还应关注个体差异，针对不同学生的特点和需求制定个性化的教学方案。这种以学生为中心的教学理念，确保了教学方法的改进始终贴近学生的实际需求，提高了教学的针对性和实效性。

（3）持续改进，追求卓越

融合教育的实践是一个不断试错、不断优化的过程。在这个过程中，教师应保持开放的心态和持续学习的精神，不断吸收新的教育理念和技术手段，丰富自己的“教学工具箱”。同时，教师还应积极参与教学研究和交流活动，与同行分享经验、探讨问题、共同提高。

在持续改进的过程中，教师应树立追求卓越的目标。这不仅仅是对教学效果的追求，更是对自我成长和专业发展的追求。教师应努力提升自己的专业素养和教学能力，成为学生心中的良师益友和引路人。同时，教师还应关注教育公平和社会责任，努力为有特殊需求的学生提供更加优质、公平的教育服务，为构建和谐社会贡献自己的力量。

综上所述，创新与实效并重是融合教育教学方法改进的重要原则。在评估与反馈的驱动下，教师应勇于探索、敢于创新，同时保持清醒的头脑和务实的态度，确保教学方法的改进既具有创新性又具备实效性。只有这样，才能不断推动融合教育事业的进步与发展，为特殊需求学生创造更加美好的未来。

（三）评估与反馈对教学氛围的营造

在融合教育的广阔天地里，评估与反馈环节不仅是衡量学生学习成果的标尺，更是塑造教学氛围、引领学习方向的灯塔。这一环节以其独特的方式，悄然影响着每一位学生的心灵，为他们的成长之路铺设了坚实的基石。

1. 反馈的即时性：点燃学习热情的火种

在融合教育的广阔舞台上，学生带着各自独特的背景、能力和需求汇聚一堂，形成了一个多彩而复杂的学习环境。这个环境中，每一位学生都是独一无二的，他们以自己的节奏探索世界，吸收知识。在这样的背景下，反馈的即时性显得尤为重要，它不仅是知识传递的桥梁，更是情感交流的纽带。

想象一下，在一个充满活力的数学课堂上，一名有学习障碍的学生在解答复杂的分数应用题时，突然找到了解题的关键步骤。那一刻，他的眼中闪烁着光芒，手中的笔快速滑动，仿佛在描绘解题的轨迹。如果此时，教师能够敏锐地捕捉到这一变化，及时给予类似“哇，你找到了一个很棒的解题思路！这显示出你对分数这一概念的深刻理解”这样的即时反馈，既肯定了学生的努力，又激发了他们内心深处的学习热情。这种热情，就像是一颗被点燃的火种，迅速在学生心中蔓延开来。它让学生感受到学习的乐趣，意识到自己的价值，从而更加积极地投入学习。同时，其他学生也会受到这种正面的情绪的感染，进而营造出一种积极向上的学习氛围。在融合教育的课堂上，即时的反馈成为一种催化剂，它促进了学生之间的互助合作，也推动了整个班级的共同进步。

当然，即时反馈并不仅仅局限于口头的表扬和鼓励。它还可以通过肢体语言、面部表情，甚至是一个简单的点头动作来传达。当教师用眼神肯定学生的回答、用微笑鼓励他们继续探索时，这些非言语的反馈同样能够让学生感受到被关注和尊重。这种全方位、多层次的即时反馈机制，为融合教育的课堂注入了无限的活力和生机。

2. 建设性反馈：指引迷航的灯塔

在融合教育的旅途中，学生难免会遇到各种挑战和困难。他们可能会因为知识掌握不牢固而感到迷茫，也可能会因为自信心不足而失去前进的动力。在这个时候，建设性的反馈就像是一座灯塔，为他们照亮前行的道路，指引他们走出迷雾。

教师在给予建设性反馈时，首先要做到的是客观公正地指出学生的错误或不足之处。但更重要的是，要通过分析原因、提供具体的改进方法和鼓励性的语言来帮助学生树立信心、明确方向。例如，当学生在阅读理解上遇到困难时，教师可以这样反馈："我注意到你在对这篇文章的理解上有些困惑，这可能是因为文章中的某些词汇对你来说比较陌生。不过没关系，你可以查阅词典或者通过上下文来推测词义。相信通过你的努力，一定能够克服这个难题。"这样的反馈方式，既让学生认识到了自己的不足，又为他们指明了改进的方向。同时，教师的鼓励和支持也让学生感受到了温暖和力量，让他们更加坚定地走向成功的彼岸。

建设性反馈的价值不仅仅在于帮助学生解决具体问题，更在于培养他们的自主学习能力和自我反思能力。当学生学会了如何正视自己的错误、如何分析问题、如何寻找解决方案时，他们就拥有了独立思考和持续进步的能力。这种能力将会对他们的未来学习和生活产生深远的影响。

因此，在融合教育的实践中，教师应该注重建设性反馈的运用，通过耐心的指导、积极的鼓励和有效的策略来帮助学生克服困难、实现自我超越。同时，教师也应该不断地学习和反思自己的反馈方式和方法，以适应不同学生的需求和变化。只有这样，才能让建设性反馈真正成为指引学生迷航的灯塔，照亮他们前行的道路。

3. 互动性的反馈：构建和谐的师生关系

在融合教育的广阔舞台上，评估与反馈的互动性如同一座桥梁，连接着教师与学生的心灵。这种互动不仅仅是知识传递的媒介，更是情感交流的纽带，它深刻地影响着教学氛围的营造，为融合教育的成功实施奠定了坚实的基础。

互动性的反馈要求教师具备高度的敏感性和灵活性。在课堂上，教师需要敏锐地捕捉学生的每一个细微反应，无论是眼神的交流、肢体的语言，还是言语的表达，都是学生内心世界的外露。教师通过提问、讨论、小组合作等多种方式，引导学生积极参与课堂活动，让他们的思维在碰撞中激发出新的火花。同时，教师还要善于倾听，给予学生充分的表达空间，让他们敢于说出自己的想法和困惑。这种倾听与表达的过程，不仅加深了学生对知识的理解，更促进了师生之间的情感交流，使师生关系更加和谐融洽。

互动性的反馈有助于培养学生的批判性思维和创新能力。在融合教育的课堂上，教师不仅仅是知识的传授者，更是学生思维的引导者和启发者。他们通过巧妙的提问和适时的引导，激发学生的思考兴趣，鼓励他们从不同角度、不同层面去审视问题、分析问题。在这个过程中，学生学会了质疑、学会了探究、学会了创新，他们的思维能力和解决问题的能力得到了显著提升。同时，教师应对学生的回答给予及时的反馈，既要肯定他们的正确之处，又要指出他们的不足之处，帮助他们不断完善自己的知识体系和能力结构。

互动性的反馈还促进了班级文化的建设。在融合教育的班级中，每个学生都来自不同的背景、拥有不同的特点和需求。然而，正是这种差异性和多样性构成了班级文化的独特魅力。通过互动性的反馈机制，学生学会了尊重他人、理解他人、包容他人，他们之间的友谊和信任得到了加深。同时，教师也能通过反馈引导学生树立正确的价值观和人生观，培养他们的社会责任感和公民意识。这种积极向上的班级文化，为融合教育的成功实施提供了有力保障。

4. 评估的多元化：促进全面发展的催化剂

融合教育作为一种全新的教育理念和实践模式，其核心在于促进学生的全面发展。而要实现这一目标，评估方式的多元化就显得尤为重要。多元化的评估方式不仅关注了学生的学业成绩，更重视了他们的情感态度、价值观等非智力因素的发展，为促进学生的全面发展提供了有力支持。

多元化的评估方式有助于全面了解学生的学习情况。传统的纸笔测试虽然能够客观地反映学生的知识掌握情况，但却难以全面评估学生的综合素质和能力。而多元化的评估方式则通过观察记录、项目评价、同伴评价等多种手段，对学生的学习态度、学习习惯、创新思维、团队协作能力等方面进行全面考察。这种全方位的评估方式，使得教师能够更加准确地把握学生的需求与特点，为他们提供更加个性化的教学服务。

多元化的评估方式有助于激发学生的学习兴趣和动力。在传统的评估体系中，学生的学业成绩往往被视为衡量他们成功与否的唯一标准。这种单一的评估方式容易导致学生产生厌学情绪和挫败感。而多元化的评估方式则更加注重学生的个体差异和多元发展，鼓励学生根据自己的兴趣和特长进行探索和尝试。当学生在某个领域取得成就时，他们会感受到成功的喜悦和自信心的提升；当他们在某个方面遇到困难时，也会得到教师的及时指导和帮助。这种正向的激励机制，使得学生更加愿意投入学习、享受学习。

多元化的评估方式还有助于培养学生的自我认知和自我管理能力。在融合教育的课堂上，学生不再是被动的接受者，而是主动的学习者。他们需要通过自我反思和同伴评价来认识自己的优点和不足，进而制订合理的学习计划和目标。在这个过程中，学生逐渐学会了如何管理自己的时间、如何调整自己的学习状态、如何与他人合作与交流等重要技能。这些技能不仅对学生的学业发展具有重要意义，更将伴随他们一生的发展和成长。

5．反馈的持续性：铺就成长之路的基石

在融合教育的道路上，反馈的持续性如同一盏明灯，照亮了学生前行的方向。它不仅是对学生学习成果的简单评价或指导建议的传递，更是一种持续不断、循环往复的过程，一种促使学生不断反思、调整、进步的强大动力。

持续性的反馈确保了教学过程的连贯性和有效性。在融合教育的课堂上，教师需要时刻关注学生的学习状态与进展，通过课堂观察、作业批改、测试分析等多种方式收集学生的学习信息。然后，教师会根据这些信息给予学生及时、具体、有针对性的反馈。这种反馈不仅能帮助学生及时纠正错误、弥补不足，还能引导他们深入思考、拓展思维，激发他们的学习热情和探索欲望。同时，教师也会根据学生的反馈调整自己的教学策略和方法，使教学更加贴近学生的实际需求和水平，从而确保教学过程的连贯性和有效性。

持续性的反馈促进了学生的自我反思和自主学习能力的提升。在融合教育的课堂上，学生不再是被动的知识接受者，而是主动的学习者。他们需要不断反思自己的学习过程与成果，分析自己的优点与不足，明确自己的发展目标与方向。而持续性的反馈则为他们提供了宝贵的自我反思的机会和资源。通过教师的反馈和自己的反思，学生可以更加清晰地认识到自己的问题所在，并主动寻求解决方案和改进措施。这种自我反思和自主学习的过程不仅提升了学生的学习效果和质量，更培养了他们的终身学习能力和自我发展能力。

四、评估与反馈对学习成效的促进作用

（一）评估与反馈对学生学习动力的影响

在融合教育环境中，评估与反馈对学生学习动力的影响尤为显著。学生的学习动力往往源于对知识的渴望、对成就的追求以及对自我价值的肯定。而评估与反馈机制，正是通过为学生提供一个清晰的学习进展视图和成果反馈渠道，从而对他们的学习动力产生深远影响。

当学生通过评估了解到自己在某个领域的学习取得了显著进步或优异成绩时，他们会感受到成功的喜悦和满足感。这种积极的情感体验不仅增强了学生的自信心，还进一步激发了他们深入探索该领域知识的欲望。例如，在融合教育的数学课堂上，当学生通过测试发现自己成功掌握了某个复杂概念时，他们可能会受到鼓舞，进而对数学产生更浓厚的兴趣。

当学生接收到反馈，意识到自己在某些方面存在不足或需要改进时，这种认识也会转化为他们努力学习的动力。学生可能会将反馈视为一种挑战，激励自己去克服困难，弥补不足。这种由反馈引发的自我改进动力，有助于培养学生的抗挫能力和持续学习的毅力。例如，在融合教育的语言课堂上，如果学生从教师那里得知自己的口语表达能力有待提高，他们可能会更加努力地练习口语，以期在下一次评估中取得更好成绩。

评估与反馈还能够促进学生的自主学习和自我管理能力。通过定期的自我评估和接收教师的反馈，学生可以更加清晰地认识到自己的学习目标和方向，从而制订出更加合理的学习计划。这种目标导向的学习方式，有助于提高学生的学习效率，同时也能让他们在学习过程中保持高度的专注力和投入度。

评估与反馈在融合教育中对学生学习动力的影响是多方面的。它们不仅能够激发学生的学习兴趣和热情，还能够培养学生的自我改进意识和自主学习能力。因此，在融合教育实践中，教师应充分利用评估与反馈机制，最大限度地激发学生的学习动力，促进他们的全面发展。

（二）评估与反馈对学生学习策略的引导

在融合教育的广阔舞台上，每一位学生都是独一无二的个体，他们带着各自的学习背景、兴趣偏好和能力水平，共同编织着教育的多元图景。在这一背景下，评估与反馈机制如同一座桥梁，连接着教师的教与学生的学，更为关键的是，它深刻影响着学生学习策略的形成与调整，成为推动学生个性化学习的重要力量。

1. 评估：学习旅程的镜子

评估，作为教育过程中的关键环节，其重要性不言而喻。它不仅仅是对学生学习成果的简单测量，更是对学生学习过程、学习状态及学习需求的全面审视。在融合教育环境中，评估的多元化特点尤为突出，它既包括了对学术知识的考察，也涵盖了对社交技能、情感发展等非认知因素的关注。这种多维度的评估方式，为每位学生提供了一面清晰的镜子，让他们能够全面、客观地认识自己的学习状况。

评估的过程，实际上是学生学习策略自我反思的契机。当学生面对评估结果时，他们会被引导去思考：我在哪些方面表现优异？哪些领域还需要加强？这种自我审视的过程，促使学生开始关注自己的学习方式、学习策略的有效性，从而激发他们的学习动力，促进他们对学习策略的自我调整和优化。

2. 反馈：学习策略的指南针

如果说评估是学习的镜子，那么反馈则是学生学习策略调整的指南针。教师的反馈，如同灯塔之光，照亮了学生前行的道路，为他们指明了改进的方向。有效的反馈应当是具体、明确且具有建设性的，它能够针对学生的具体表现，提供针对性的建议和指导。这种个性化的反馈，不仅能够帮助学生认识到自己的不足，更能激发他们的学习潜能，鼓励他们尝试新的学习策略。

在融合教育中，教师的反馈尤为重要。因为融合教育强调包容性、个别化和适应性，每位学生都可能有其独特的学习需求和挑战。因此，教师的反馈需要更加细致入微，既要关注学生的学习成果，也要关注他们的学习过程和学习感受。通过积极的反馈，教师可以帮助学生树立信心，激发他们的学习兴趣；通过建设性的反馈，教师可以指导学生调整学习策略，克服学习困难。

3. 评估与反馈的循环：学习策略的持续优化

评估与反馈并非孤立的教育环节，它们之间存在着紧密的联系和相互作用。评估为反馈提供了依据，而反馈则是评估结果的具体体现和应用。这种循环往复的过程，构成了学生学习策略持续优化和完善的动力源泉。

在融合教育环境中，评估与反馈的循环过程尤为关键。它要求教师和学生之间建立起一种积极的互动关系，通过不断的沟通、交流和反馈，共同探索适合学生的个性化学习路径。在这个过程中，学生可以根据评估结果和教师的反馈，不断调整和优化自己的学习策略；而教师则可以根据学生的反馈和学习表现，适时调整教学内容和方法，以更好地满足学生的学习需求。

评估与反馈在融合教育中对学生学习策略的引导作用是不可忽视的。它们共同构成了一个动态的学习支持系统，通过不断的评估、反馈和调整，帮助学生找到适合自己的学习节奏和方式，让他们在学习的道路上不断前行、不断成长。

（三）评估与反馈对学生学习成果的巩固

评估与反馈在学生学习成果的巩固方面发挥着至关重要的作用。定期的评估不仅为学生提供了一个检视自身学习进度的机会，更重要的是，它帮助学生认清自己在知识掌握和技能运用上的薄弱环节。通过这种自我审查，学生能够更加明确未来的学习重点和方向，从而在学习过程中做到有的放矢。

在融合教育的广阔领域中，评估与反馈不仅是教学流程中的关键环节，更是学生学习成果巩固的坚实基石。这一环节的实施，不仅关乎学生个体的发展轨迹，更是衡量融合教育成效的重要标尺。

1. 评估：精准定位学习现状的航标

在融合教育的广阔天地中，评估如同一盏明灯，照亮了学生的学习之路，帮助他们精准定位自身的学习现状。这一过程不仅仅是简单的分数评定，更是对学生个体差异的深刻理解和尊重。多元化的评估方式，如课堂观察、项目作业、口头报告、同伴互评等，能够全方位地捕捉学生的学习动态，包括他们的知识掌握情况、技能运用能力、学习态度以及情感发展等多个维度。

课堂观察作为一种即时性的评估手段，能够捕捉到学生在真实学习环境中的表现。教师通过观察学生的参与度、互动情况、解决问题的方式等，可以初步判断学生的学习状态和兴趣点。这种即时反馈为后续的个性化教学提供了宝贵的信息支持。

项目作业和口头报告则侧重于评估学生的综合运用能力和创新思维。在特殊教育领域，学生可能面临着不同的学习障碍和挑战，但他们同样拥有独特的潜力和创造力。通过项目作业和口头报告，学生有机会展示自己的学习成果和思考过程，从而得到更加全面和深入的评价。

此外，同伴互评和自我反思也是评估过程中不可或缺的部分。同伴之间的互评不仅能够促进学生之间的交流与合作，还能帮助他们从不同的角度审视自己的学习表现。而自我反思则是一种深度的内省过程，学生通过回顾自己的学习历程和成果，能够更加清晰地认识到自己的优点和不足，进而制定更为合理的学习目标。

综上所述，评估在融合教育中扮演着至关重要的角色。它不仅为学生提供了一个自我审视和反思的平台，更为教师提供了宝贵的教学信息支持。教师通过精准定位学生的学习现状，能够更好地满足他们的个性化需求，促进他们的全面发展。

2. 反馈：驱动学习进步的引擎

在融合教育的背景下，反馈作为驱动学生学习进步的引擎，其重要性不言而喻。有效的反馈不仅能够帮助学生及时纠正错误、巩固知识，还能激发他们的学习动力和潜能。为了实现这一目标，教师的反馈应当具备针对性、建设性、时效性和互动性等特点。

教师的反馈应当具有针对性。这意味着教师需要根据学生的具体表现给予具体的、可操作的建议和指导。例如，当学生在解决数学问题出现错误时，教师可以指出他们的错误所在，并提供正确的解题思路和方法。这种针对性的反馈能够帮助学生快速找到问题所在并加以改正。

教师的反馈还应充满鼓励和肯定。在融合教育中，学生可能面临着更多的挑战和困难。因此，他们更需要得到教师的鼓励和肯定，以增强自信心和动力。当学生在某个方面取得进步或表现出色时，教师应及时给予表扬和奖励，以激发他们的学习热情。

此外，反馈的时效性和互动性也是至关重要的。及时的反馈能够让学生在第一时间了解自己的学习状况并做出调整；而互动性的反馈则能够激发学生的学习兴趣和参与度，让他们在交流和讨论中不断深化对知识的理解和运用。为了实现这一目标，教师可以采用小组讨论、角色扮演、案例分析等多种教学方式，来增强课堂的互动性和趣味性。

综上所述，反馈在融合教育中扮演着驱动学生学习进步的重要角色。教师通过针对性、建设性、时效性和互动性的反馈方式，能够帮助学生及时纠正错误、巩固知识并激发他们的学习动力和潜能。同时，这种积极的反馈还能够促进师生之间的良好沟通和信任关系的建立，为学生的学习成果巩固提供坚实的保障。

3. 评估与反馈的协同作用：构建学习成果的坚固堡垒

在融合教育的实践中，评估与反馈并非孤立存在的两个环节，而是相互依存、相互促进的有机整体。它们之间的协同作用不仅有助于精准定位学生的学习现状并驱动其学习进步，还能够为学生构建起一座坚固的学习成果堡垒。

评估为反馈提供了依据和方向。通过全面的评估方式收集到的信息，能够帮助教师准确地了解学生的学习状况和存在的问题。这些信息为后续的反馈提供了有力的支持，使得教师的反馈更加具有针对性和建设性。同时评估还能够帮助学生清晰地认识到自己在哪些方面还存在不足和欠缺，从而为他们后续的学习方向调整提供依据。

反馈则是对评估结果的积极响应和有效调整。当教师根据评估结果给予学生具体的反馈时，学生能够及时了解到自己的学习状况和存在的问题，进而采取相应的措施进行调整和改进。这种及时的反馈和调整有助于学生巩固学习成果，并避免类似问题的再次发生。

此外，评估与反馈的协同作用还促进了师生之间的良好沟通和信任关系的建立。在评估与反馈的过程中，教师和学生共同参与其中，相互交流和讨论。这种互动不仅加深了师生之间的了解和信任，还促进了教学相长。同时，学生之间的互评和讨论也增强了他们的合作意识和团队精神，为他们的全面发展奠定了坚实的基础。

综上所述，评估与反馈在融合教育中具有协同作用，它们共同构建了一个完整的学习支持系统，为学生提供了精准的定位和有效的指导。通过这种协同作用，学生能够更加清晰地认识到自己的学习现状和存在的问题，进而采取积极的措施进行调整和改进。同时，师生之间的良好沟通和信任关系的建立也为学生的学习成果巩固提供了坚实的保障。

第四章　融合教育的课程设置

第一节　课程内容的适配性

一、课程内容与教育目标的契合度

（一）明确融合教育目标

在探讨课程内容适配性的过程中，首要任务是明确教育目标。教育目标不仅是教育活动的出发点，也是其归宿，为课程内容的设计和实施提供了根本的遵循。因此，对各级各类教育的总体目标、学科目标以及具体教学目标的深入分析和明确，显得至关重要。

1．教育目标的层次性

教育目标具有鲜明的层次性，这一特性体现在从宏观到微观的多个层面。在宏观层面，总体目标为教育活动描绘出宏大的蓝图，它关注的是教育的整体方向和长远规划，旨在培养符合社会需要的高素质人才。在中观层面，学科目标则针对特定学科领域，进一步细化总体目标的要求，明确该学科应培养学生的哪些核心素养和关键能力。而在微观层面，具体教学目标则聚焦于每一次教学活动，是教师在实施教学过程中应达到的具体要求，它直接关系到学生的学习效果和课程质量。

在明确这些不同层次的教育目标时，必须充分考虑它们之间的内在联系和一致性。这意味着，总体目标应为学科目标和具体教学目标提供根本的指导，而学科目标和具体教学目标则应紧密围绕总体目标展开，确保其得到有效落实。通过这样的方式，可以确保课程内容在设计和实施过程中能够全面、准确地反映教育目标的要求，从而实现教育活动的整体优化。

2. 教育目标的时代性

教育目标并非一成不变，而是随着时代的发展和社会的进步不断更新和完善。这种时代性特征要求在明确教育目标时，必须密切关注社会发展的最新动态和趋势，确保课程内容能够与时俱进地反映社会发展的需求和趋势。

在信息化、全球化日益加速的今天，培养学生的信息素养和跨文化交流能力已成为教育的重要目标之一。因此，在课程内容的设计和实施过程中，应注重融入信息技术教育，提升学生的信息素养，同时加强跨文化教育，培养学生的全球视野和跨文化交流能力。这样，不仅能够更好地适应时代发展的需求，还能够为学生的未来发展奠定坚实的基础。

还应关注到，教育目标的时代性并不意味着对传统的完全摒弃。相反，在追求时代性的过程中，应注重对传统教育目标的批判性继承和创新性发展。通过深入挖掘传统教育目标中的合理成分，结合时代发展的新要求，构建出既具有时代特色又符合教育规律的新型教育目标体系，从而推动教育事业的持续健康发展。

（二）分析课程内容与教育目标的关联性

课程内容与教育目标的关联性是实现课程内容适配性的基石。这种关联性不仅要求课程内容紧密围绕教育目标展开，还需确保两者在知识点、技能点和态度点等各个方面的高度契合，从而有效地促进教育目标的实现并提升教育质量。

1. 课程内容对教育目标的支撑度

课程内容对教育目标的支撑度，是衡量其关联性的重要指标。这要求深入考察课程内容是否全面覆盖了教育目标所要求的核心要素。课程内容应涵盖必要的知识点，以确保学生在学术层面上的充实，同时，还需包含关键的技能点，以助力学生实践能力的提升。此外，态度点的融入也至关重要，它关乎学生价值观的塑造和人格的完善。只有当课程内容在知识、技能和态度三个维度上均能有效支撑教育目标时，才能认定两者之间具备了高度的关联性。

在评估课程内容对教育目标的支撑度时，还应关注课程内容的深度和广度。在深度方面，课程内容应能够深入探讨教育目标所要求的核心概念和原理，引导学生形成深刻的理解和独到的见解。在广度方面，课程内容则需广泛涉猎与教育目标相关的各个领域和话题，以拓宽学生的视野并增强其综合素质。通过这样全面而深入的课程内容设计，能够更有效地实现教育目标并提升整体教育质量。

2．存在的问题与挑战

尽管课程内容与教育目标的关联性至关重要，但在实际操作中，往往面临着一系列问题和挑战。其中，课程内容的陈旧性和脱离实际是两大突出问题。随着时代的快速发展和知识的不断更新，部分课程内容可能已无法跟上时代的步伐，导致其与现实社会脱节。这种情况下，课程内容不仅难以有效支撑教育目标，还可能阻碍学生的全面发展。为了解决这一问题，需要定期更新课程内容，确保其与时俱进并紧密联系实际。

课程内容的庞杂性和缺乏重点也是不容忽视的问题。在追求全面性的过程中，有时可能不自觉地引入了过多非核心的知识点或技能点，导致课程内容过于繁杂且缺乏明确的重点。在这种情况下，学生可能难以抓住学习的主线并深入理解课程的核心要旨。因此，在设计课程内容时，需要明确重点并突出核心要素，以确保学生能够集中精力学习并掌握关键知识和技能。

针对上述问题与挑战，需要深入分析其产生的原因并积极寻求解决方案。例如，通过加强与行业、企业的联系与合作，可以及时了解最新的行业动态和技术发展趋势，从而确保课程内容的时效性和实用性。同时，通过优化课程结构和教学方法等手段，可以进一步提高课程内容的针对性和实效性，从而更好地实现课程内容与教育目标的关联性，并提升整体教育质量。

（三）调整课程内容以满足教育需求

在课程内容与教育目标的适配性研究中，调整课程内容以满足教育需求是至关重要的一环。这一调整过程旨在确保课程内容与时俱进，紧密贴合教育目标，从而有效提升教育质量。

1．更新课程内容与结构

随着时代的快速发展和社会的不断进步，课程内容必须及时更新以适应新的教育需求。这意味着需要密切关注行业动态和最新研究成果，将新兴的知识点、技能点以及具有代表性的案例引入课程中。例如，在信息技术领域，人工智能和大数据已成为热门话题，相关课程应包含这些前沿技术的基础知识和应用实例。

课程内容的精简和优化也是不可忽视的方面。为了避免课程过于冗长和复杂，应剔除过时的、与教育目标关联度低的内容，突出核心知识点和技能点。此外，通过模块化设计，可以使课程内容更加灵活和可定制，满足不同学生的学习需求和兴趣点。

2. 加强实践与应用环节

实践是检验真理的唯一标准，也是提升学生综合素质和创新能力的重要途径。因此，在调整课程内容时，必须加强实践与应用环节的设计和实施。这包括增加实验、实训、项目式学习等实践活动的比重，让学生在亲身参与中深化对理论知识的理解，并培养解决实际问题的能力。

为了确保实践与应用环节的有效性，还应注重与企业和行业的合作。通过校企合作、产学研一体化等模式，可以引入真实的项目案例和实战经验，为学生提供更加贴近职场需求的实践机会。这种合作不仅能够提升学生的就业竞争力，还有助于推动教育与社会经济的深度融合和发展。

此外，还应关注课程内容中的跨学科融合。在当今这个知识爆炸的时代，单一学科的知识已难以满足解决复杂问题的需求。因此，需要打破学科壁垒，促进不同学科之间的交叉融合，培养学生的综合素养和创新能力。例如，在工程教育领域，可以尝试将计算机科学、数学、物理等多个学科的知识点和技能点进行有机融合，设计出更具挑战性和实用性的综合课程项目。

调整课程内容以满足教育需求是一个持续且动态的过程。需要不断更新课程内容与结构，加强实践与应用环节，以确保课程内容始终与教育目标保持高度契合。通过这些努力，可以为学生提供更加优质、高效的教育服务，为社会的持续发展和进步贡献力量。

二、课程内容与学生特点的适应性

（一）了解学生个体差异

学生个体差异是课程内容适配性研究中不可忽视的一环。这些差异体现在认知能力、兴趣爱好、学习习惯等多个方面，深刻影响着学生对课程内容的接受程度和掌握程度。为了确保课程内容与学生特点的适应性，教师需要深入探究这些差异并采取相应的教学措施。

1. 认知能力差异与课程内容适配

认知能力差异是指学生在智力水平、思维方式、记忆能力等方面存在的不同。这些差异导致学生在处理和理解课程内容的速度和深度上的不同。例如，一些学生可能更擅长逻辑思维，而另一些学生则可能更擅长形象思维。因此，教师在设计课程内容时，需要充分考虑学生的认知能力差异，确保课程内容的难度和深度适中，能够适应不同学生的认知特点。

为了应对认知能力差异，教师可以采取差异化教学策略。例如，对于智力水平较高的学生，教师可以提供更具挑战性的课程内容，以激发他们的求知欲和探索精神；对于智力水平较低的学生，教师则可以提供更多的辅助材料和指导，帮助他们更好地理解和掌握课程内容。同时，教师还可以运用多样化的教学方法和手段，如案例教学、实验教学等，以满足不同学生的认知需求。

2. 兴趣爱好差异与课程内容选择

兴趣爱好差异是指学生对不同领域的知识和技能具有不同的兴趣和偏好。这种差异会影响学生对课程内容的关注度和投入度。当课程内容与学生的兴趣爱好相契合时，他们更可能表现出积极的学习态度和较高的学习效果。因此，教师在选择课程内容时，需要关注学生的兴趣爱好，尽量让课程内容与学生的兴趣点相结合。

为了激发学生的学习兴趣和积极性，教师可以采取以下措施：通过问卷调查、访谈等方式了解学生的兴趣爱好和需求，以便更好地调整课程内容；引入与学生兴趣相关的实际案例或应用场景，使课程内容更加生动有趣；鼓励学生参与课程内容的讨论和制定，让他们感受到自己的意见和想法受到重视。

了解学生个体差异并采取相应的措施，对于提高课程内容的适配性至关重要。教师需要关注学生的认知能力差异和兴趣爱好差异，灵活调整课程内容和教学方法，以确保每个学生都能够在适合自己的学习环境中得到充分的发展。同时，教师还需要不断反思和改进自己的教学实践，以适应学生不断变化的学习需求和社会发展的要求。

（二）针对不同学生群体调整课程内容

针对不同学生群体的特点和需求来调整课程内容，是实现教育公平和有效教学的关键环节。由于学生群体在认知能力、兴趣爱好和学习需求等方面存在显著差异，因此，应制定差异化的教学方案，以确保每位学生都能在匹配自身特点的教学环境中得到最优化的发展。

1. 基础薄弱学生群体的支持

对于基础相对薄弱的学生群体，教育的重点应放在加强基础知识的补习与巩固上。这部分学生可能由于先前的学习经历或教育资源的不均衡，在某些学科领域存在知识缺漏或理解困难。因此，教师需要有针对性地设计补习计划，帮助学生逐步填补知识空白，夯实学科基础。同时，提升学生的学习兴趣和自信心也是不可或缺的一环。教师可以通过创设生动有趣的教学情境、采用多样化的教学方法，来激发学生的学习兴趣；通过及时的正面反馈和个性化的辅导，来增强学生的自信心。此外，培养学生良好的学习习惯和方法同样重要。教师应指导学生制订合理的学习计划，掌握高效的学习策略，从而帮助他们逐步提高学习成绩和综合素质。

2. 优秀学生群体的拓展

对于优秀的学生群体，教育的目标应是促进他们的全面发展，进一步拓展他们的视野和能力。为此，教师需要为他们提供更多的拓展性课程和实践机会。拓展性课程可以帮助学生深入探索某一领域的专业知识，而实践活动则能让学生将所学知识应用于实际，提升他们的实践能力。同时，培养优秀学生的创新意识和团队合作精神也是教育的重要任务。教师可以通过组织创新性的项目学习、开展研究性学习等活动，来激发学生的创新思维；通过小组合作学习、角色扮演等方式，来培养学生的团队协作精神。这些措施将有助于激发学生的潜能，促进他们的全面发展。

对于基础薄弱的学生，需要加强基础知识的补习和巩固，提升他们的学习兴趣和自信心，培养良好的学习习惯和方法；对于优秀的学生，需要提供更多的拓展性课程和实践机会，培养他们的创新意识和团队合作精神。这样，才能确保每个学生都能够在适合自己的教学环境中得到最优化的发展。

（三）关注学生兴趣与需求，优化课程设置

在优化课程设置的过程中，必须将学生的兴趣与需求置于核心地位。这种做法不仅有助于提升学生的学习积极性和参与度，还能更有效地实现教育目

标，培养出更具创造力和适应社会能力的学生。

1. 增设选修课程以满足个性化需求

了解学生的兴趣爱好和学习需求，是优化课程设置的重要前提。在此基础上，可以通过增设选修课程，来满足学生的多样化需求。这些选修课程应根据学生的兴趣和特长进行细致分类，如艺术、科技、体育等，以便学生能根据自己的喜好做出选择。选修课程的设计还需与必修课程形成良好的衔接与互补，确保学生在全面发展的同时，也能在特定领域得到深入探究的机会。

对于对艺术有浓厚兴趣的学生，学校可以开设绘画、音乐、舞蹈等艺术类选修课程。这些课程不仅能提升学生的审美情趣，还有助于培养他们的创新思维和表达能力。同样，对于热爱科技的学生，学校可以提供编程、机器人制作等科技类选修课程，以激发他们的探索欲望和创造力。

2. 引入主题式学习以增强学习深度

除了增设选修课程，引入主题式学习也是优化课程设置的有效途径。主题式学习围绕某个特定主题或问题展开，鼓励学生进行深入研究和学习。通过这种方式，学生不仅能更深入地理解课程内容，还能在探究过程中培养解决问题的能力、批判性思维以及团队合作精神。

在实施主题式学习时，教师应根据学生的年龄和认知水平选择合适的主题，并设计具有挑战性的学习任务。同时，教师还应提供必要的学习资源和指导，以确保学生能在探究过程中得到充分的支持。例如，在初中历史课程中，教师可以围绕“二战”这一主题设计学习任务，让学生通过查阅资料、小组讨论等方式，深入了解二战的背景、过程和影响。这样的学习方式不仅能增强学生的学习体验，还能帮助他们形成对历史的全面认识。

关注学生兴趣与需求并据此优化课程设置，是实现课程内容适配性的关键步骤。通过增设选修课程和引入主题式学习等方式，能更有效地激发学生的学习兴趣和潜能，为他们的全面发展奠定坚实基础。这些做法不仅符合现代教育理念的要求，也是培养学生创新精神和实践能力的重要途径。

三、课程内容适配性的策略与建议

（一）制定科学合理的课程内容规划

在制定科学合理的课程内容规划时，需要遵循一系列原则以确保规划的有效性和实施的可行性。这些原则包括目标导向原则、学生中心原则、系统性原则、灵活性原则以及可评价性原则。

目标导向原则要求在规划课程内容时，必须明确并紧紧围绕教育目标展开。这意味着要深入分析并理解教育目标的内涵和要求，确保课程内容能够为实现这些目标提供有效的支撑。通过设定明确的课程目标，能够有针对性地选择和组织课程内容，从而提高教学的效果和效率。

学生中心原则强调在规划课程内容时，要充分关注学生的特点和需求。学生是学习的主体，他们的认知能力、兴趣爱好、学习习惯等都会影响到其对课程内容的接受和掌握程度。因此，需要深入了解学生的个体差异，并根据这些差异来调整和优化课程内容，以确保教学能够贴近学生的实际，激发他们的学习兴趣和积极性。

系统性原则要求在规划课程内容时，要注重课程内容的连贯性和整体性。这意味着需要对课程内容进行全面的梳理和整合，确保各个部分之间能够相互衔接、协调一致。通过构建系统化的课程内容体系，能够帮助学生更好地理解和掌握所学知识，提高他们的综合素质和能力。

灵活性原则也是在规划课程内容时需要考虑的重要因素。教育是一个动态发展的过程，随着时代的变化和社会的进步，教育目标和学生需求也会发生相应的变化。因此，需要保持课程内容的灵活性和开放性，根据实际情况及时调整和更新课程内容，以确保其能够与时俱进地满足教育发展的需求。

可评价性原则要求在规划课程内容时，要明确评价标准和方法。这有助于在实施教学过程中对课程内容进行有效的监控和评估，及时发现问题并进行改进。通过建立科学的评价体系，能够确保课程内容的质量和实施效果，从而提升整个教育教学的质量和水平。

制定科学合理的课程内容规划需要遵循目标导向、学生中心、系统性、灵活性以及可评价性等原则。这些原则为课程内容规划提供了明确的指导方向和实践依据，有助于更好地设计和实施课程内容，实现课程内容的适配性和有效性。

（二）加强教师培训与专业能力提升

在追求课程内容适配性的过程中，教师的角色不可忽视。教师的专业素养和教学能力直接关系到课程内容传授的效果和学生学习的质量。因此，加强教师培训，提升其专业能力，对于实现课程内容适配性至关重要。

教师培训应着重于更新教师的教育理念和教学方法。随着教育改革的不断深入，新的教育理念和教学方法层出不穷。通过培训，教师可以接触到最新的教育理论和实践成果，从而更新自己的教学观念，掌握新的教学方法。这将有助于教师更好地理解和把握课程内容，提高教学效果。

教师培训还应注重提升教师的学科素养和专业知识。教师是学科知识的传播者，其学科素养和专业知识的水平直接影响到学生对课程内容的理解和掌握。通过深化学科知识培训，教师可以更准确地把握学科的核心概念和基本原理，更深入地理解学科知识的内在联系和发展规律。这将使得教师在传授课程内容时能够做到深入浅出，从而帮助学生建立扎实的学科基础。

此外，提升教师的专业能力还包括培养其课程开发和教学设计能力。教师是课程实施的主体，其课程开发和教学设计能力对于实现课程内容适配性具有关键作用。通过培训，教师可以学会如何根据学生的实际需求和认知特点来设计和开发课程、如何合理地安排教学内容和教学进度以及如何有效地组织教学活动和评价学生的学习成果。这将使得教师能够更好地适应不同学生的学习需求，提高课程内容的针对性和实效性。

加强教师培训与专业能力提升是实现课程内容适配性的重要途径。通过更新教师的教育理念和教学方法、提升教师的学科素养和专业知识以及培养其课程开发和教学设计能力，可以打造一支高素质的教师队伍，为实现课程内容适配性提供有力的人才保障。

（三）建立健全的评价与反馈机制

在课程内容适配性的追求中，建立健全的评价与反馈机制显得至关重要。这一机制能够提供持续的、动态的视角，以便及时调整和优化课程内容，确保其始终与教育目标和学生需求高度契合。

1. 多元化评价方式的应用

在融合教育的实践中，评价方式的多元化是实现学生全面发展和个性化教育的重要手段。为了确保评价的全面性和准确性，必须超越单一的考核模式，采用多样化的评价方法。这些方法不仅包括传统的笔试和口试，还应涵盖实践操作、作品展示、团队协作等多个维度，以全方位地评估学生的综合素质。

传统的笔试和口试虽然能够检验学生对知识点的记忆和理解能力，但它们往往无法全面反映学生的实际水平。因此，引入多元化的评价方式显得尤为重要。

实践操作评价可以让学生在真实或模拟的环境中展示他们的动手能力和问题解决能力。例如，在科学实验、工程技术或艺术创作等领域，学生通过实际操作来完成任务，这不仅考验了他们的技能，也锻炼了他们的实践智慧。

作品展示则是一种更为直观的评价方式，它允许学生通过创作、设计或表演等形式来表达自己的思想和创意。这种评价方式特别适用于艺术、设计、文学等学科，它能够激发学生的创造力和想象力，同时也能够让评价者更深入地了解学生的内在潜能。

团队协作评价则侧重于考查学生在集体中的沟通、协作和领导能力。在现代社会，团队合作能力被视为一项非常重要的技能。通过团队项目、集体讨论或共同解决问题等活动，学生不仅能够学习到合作的重要性，还能够学会如何在团队中发挥自己的作用，这对于他们的社会性发展至关重要。

多元化的评价方式还包括自我评价和同伴评价。自我评价鼓励学生反思自己的学习过程和成果，培养自我监控和自我提升的能力。同伴评价则让学生在相互评价中学会欣赏他人、提出建设性意见，并在这个过程中提升自己的批判性思维能力。

通过这些多元化的评价方式，教育者能够更全面地了解学生的知识掌握情况、技能运用能力以及情感态度变化。例如，一个学生在笔试中可能表现平平，但在实践操作中却展现出惊人的创造力；另一个学生可能在口试中紧张不安，但在团队项目中却能发挥领导作用。这些信息对于教育者来说是无价的，它们帮助教育者认识到每个学生的独特性，从而为个性化教学提供依据。

此外，多元化的评价方式还能够减少评价的主观性和偶然性，提高评价的公正性和有效性。它鼓励学生从不同角度展示自己的能力，避免了单一评价标准可能带来的局限性。最终，这种评价方式有助于形成一种积极、包容和鼓励创新的教育环境，让学生在宽松的氛围中不断成长和进步。

2. 实时反馈机制的构建

在融合教育的实践中，实时反馈机制的构建对于提升教学质量和学习效果具有至关重要的作用。随着现代信息技术的迅猛发展，教育者可以通过更多高效便捷的工具来收集和分析教学过程中的数据，从而实现实时反馈，优化教学活动。

借助在线学习平台、教学管理系统等信息技术手段，可以实时监控学生的学习进度、参与度、作业完成情况以及考试成绩，这些数据为教师提供了关于学生学习状态的第一手资料。同时，这些系统还能收集学生对课程内容、教学方法和学习环境的反馈意见，以及教师对教学过程、学生学习表现的教学感受。

实时反馈机制的构建首先依赖于一个稳定且功能齐全的技术平台。这个平台应当能够支持数据的即时上传、处理和分析，确保信息的流通无阻。例如，在线学习平台可以记录学生的登录时间、观看视频的时长、参与讨论的次数等，这些数据能够反映出学生的学习习惯和参与度。

此外，实时反馈机制还包括了以下几个关键组成部分。

即时互动工具：如聊天室、讨论区、即时消息服务等，它们允许学生和教师在课程进行过程中实时交流，及时解答疑惑，提高学习的连贯性和效率。

作业与评价系统：学生提交的作业和测试可以即时批改，系统自动给出评分和建议，教师则可以根据学生的表现提供个性化的反馈。

数据分析报告：通过对学习数据的分析，生成关于学生的学习情况、成绩分布、常见错误等报告，帮助教师全面了解教学效果。

实时反馈机制的优势在于其快速性和针对性。它能够帮助教师及时发现学生在学习过程中遇到的问题，如知识点掌握不牢固、学习策略不当或情绪波动等，从而及时调整教学策略，提供必要的辅导和支持。同时，学生也能够根据实时反馈调整自己的学习计划和方法，提高学习效率。

例如，当学生在某个知识点上的测试成绩普遍偏低时，教师可以立即组织针对性的复习和讲解，而不是等到期末才发现问题。又如，当学生通过在线平台表达了对某个教学活动的喜爱时，教师可以据此增加类似活动的频率，以激发学生的学习动机。

此外，实时反馈机制还能够促进教师的专业成长。通过分析学生的学习数据和反馈，教师可以反思自己的教学方法和内容，不断探索更有效的教学模式，提升教学质量。

在实施实时反馈机制时，还应注意保护学生的隐私，确保所有数据的收集和使用都符合相关法律法规和伦理标准。同时，教师应当引导学生正确对待实时反馈，使学生将其视为学习过程中的助力，而不是压力。

3. 评价与反馈的循环迭代

在融合教育的框架下，评价与反馈不应被视为一次性的、孤立的事件，而是一个持续循环、不断迭代的过程。这个过程的核心在于通过不断的评价、分析和调整，使课程内容更加贴合学生的实际需求和教育目标，从而实现教学质量的持续提升。

评价结束后，教师和课程设计者需要对评价结果进行深入的分析。这不仅仅是对学生分数的简单统计，而是要挖掘背后的深层次信息，比如学生的学习难点、兴趣所在、认知偏差等。通过对这些数据的分析，可以发现课程内容与学生需求、教育目标之间的差距。

根据分析结果，对课程内容进行必要的调整和优化。这可能包括修改教学大纲、更新教材内容、改进教学方法、增加或减少某些教学活动等。调整的目的是使课程更加符合学生的学习特点和教育目标的要求，提高教学的有效性。

调整后的课程内容需要重新投入教学实践，接受新一轮的评价与反馈。这个过程是检验调整效果的关键步骤。教师可以通过观察学生的课堂表现、作业完成情况、测试成绩以及学生的反馈，来评估这次调整是否达到了预期的效果。

评价与反馈的循环迭代过程具有以下特点。

评价与反馈的循环迭代过程体现了教育的连续性、反思性、适应性和动态性。

连续性体现在这一过程不是孤立的事件，而是一个贯穿整个教学周期的持续活动。从课程开始到结束，评价与反馈始终伴随着教师的教和学生的学，形成了一个不断循环的教学改进链。

反思性是这一过程的核心。每次评价结束后，教师都需进行深刻的反思，分析教学过程中的亮点和不足，思考哪些策略有效、哪些需要调整。这种反思不仅是对过去的回顾，更是对未来的规划，它推动教师不断寻求最佳的教学实践。

适应性表明了课程内容调整的灵活性。随着学生的发展和教育环境的变化，课程内容通过循环迭代能够不断适应这些变化，确保教学内容与学生的学习需求同步，从而提高教学的针对性和有效性。

动态性揭示了评价与反馈过程的灵活性。随着教学活动的深入，评价与反馈的内容和重点会根据实际情况进行相应的调整。这种动态性确保了教学活动能够及时响应新的挑战和机遇，使得教学更加鲜活、更加符合实际需求。通过这样的循环迭代，教学活动得以持续优化，学生的学习体验和教学效果得到显著提升。

例如，在一门数学课程中，教师可能发现学生在某个概念上的理解存在普遍困难。在第一次评价后，教师会对教学方法和材料进行审查和调整，比如，引入更多的实际例子或改变讲解方式。在接下来的课程中，教师会观察这些调整是否帮助学生更好地理解了概念，并在新一轮的评价中收集数据。如果发现学生仍然存在困难，教师将继续调整教学策略，直到找到最适合学生的教学方法。

通过这样的循环迭代，课程内容将逐渐趋于完善，更加符合学生的个性化学习需求，同时也能够更好地实现教育目标。此外，这个过程还能够促进教师的专业成长，提高他们的教学能力和课程设计能力。

4. 注重学生的主体地位

在构建和完善评价与反馈机制的过程中，重视学生的主体地位是不可或缺的一环。学生作为教学活动的核心参与者，他们的体验、感受和反馈是衡量教学成效的重要指标，对于课程内容的优化和教学方法的改进具有至关重要的意义。

学生是课程内容的直接接受者，他们对于教学内容、教学方式和教学环境的感知最为直接和真切。因此，学生的反馈能够为教师提供第一手的教学效果信息，帮助教师从学生的视角审视教学过程，发现可能被忽视的问题。

学生作为学习的主体，他们的主动参与和积极反馈是提高学习动力和效果的关键。当学生感受到自己的意见和建议被重视并得到采纳时，他们会更加积极地参与到学习活动中，从而形成一种良性的教学互动。

为了充分体现学生的主体地位，需要在以下几个方面做出努力。

创建一个开放和包容的反馈环境，对于培养学生的批判性思维和自我表达能力至关重要。在这样的环境中，应鼓励学生毫无保留地分享自己的看法，无论是给予教师的正面赞誉，还是提出有助于改进的建设性批评。这种文化的建立，能让学生感受到他们的声音被尊重、他们的参与被重视。

为了更全面地收集学生的意见和建议，需要设计多样化的反馈渠道。在线问卷调查可以匿名收集大量学生的快速反馈，小组讨论则提供了一个深入交流的平台，而一对一交谈则能够更私密、更具体地了解学生的个别需求。这些不同的反馈方式确保了每个学生都有适合自己的表达途径。

在课程设计和教学活动中，应预留一定的空间，让学生参与到决策中来。这不仅限于制定课程规则或选择学习主题，还包括对教学方法的探讨和评价标准的设定。这样的参与感能让学生感受到自己是学习的主体，增强他们的责任感和主动性。

对于学生的反馈，应进行认真的分析和讨论，将其视为调整课程内容和教学方法的重要参考。教师会定期向学生展示反馈的结果和基于这些反馈所采取的改进措施，让学生清晰地看到他们的意见是如何被采纳并转化为具体行动的。

此外，还应致力于培养学生的自我评价能力，通过引导他们进行自我反思，帮助学生更好地理解自己的学习过程和状态。这种自我评价能力的提升，能够让学生更加主动地参与评价与反馈过程，从而形成一个自我驱动、自我优化的学习循环。通过这些措施，不仅提升了教学的质量，也促进了学生综合素质的全面发展。

建立健全的评价与反馈机制是实现课程内容适配性的重要保障。通过多元化评价方式的应用、实时反馈机制的构建以及评价与反馈的循环迭代，能够不断优化课程内容，确保其始终与时俱进、贴合学生需求。

第二节　课程资源的开发与利用

一、课程资源的整合

（一）校内课程资源的挖掘与利用

1. 图书馆资源的有效利用

图书馆作为校内知识的宝库，承载着丰富的课程资源，有效利用图书馆资源对于学生综合素质的提升具有重要意义。通过优化图书馆馆藏结构，学校可以确保馆内藏书既满足学生的学科需求，又涵盖多元化的知识领域，从而拓宽学生的阅读视野。此外，提升图书借阅效率也是关键一环。例如，通过引入现代化的图书管理系统、简化借阅流程、延长借阅时间，能够极大地提高学生的借阅积极性和图书流通率。

为了进一步激发学生的阅读热情，图书馆还应积极开展各种阅读推广活动。例如，定期组织读书分享会、书评比赛、阅读挑战等，这些活动不仅能够为学生提供一个展示自我、交流思想的平台，还能引导他们形成良好的阅读习惯，培养其终身学习的能力。

2. 实验室资源的开放共享

实验室是学校进行实践教学和科学研究的重要基地，实验室资源的开放共享对于培养学生的实践能力和创新精神至关重要。学校应制定开放的实验室政策，允许学生在课余时间自由进入实验室进行学习和探索。同时，完善实验设备，确保实验器材的先进性和完备性，以满足学生不同层次的实践需求。

加强实验指导也是提高实验室资源利用效率的关键。学校应配备专业的实验指导教师，为学生提供及时的指导和帮助。此外，还可以引入实验助教制度，让高年级学生或研究生在实验室中担任助教角色，协助指导低年级学生进行实验操作，这样既能减轻教师的负担，又能提高学生的自主学习能力和团队协作能力。

通过实施这些措施，学校可以充分挖掘和利用校内课程资源，为学生提供更加优质的学习环境和实践机会。这不仅有助于提升学生的学习效果，还能培养他们的综合素质和创新精神，为他们未来的社会发展奠定坚实的基础。

（二）校外课程资源的拓展与合作

1. 校外实训基地的建设

校外实训基地的建设是提升学生实践能力和职业素养的关键环节。通过与企业、社区等机构的紧密合作，学校能够为学生提供更加真实的职业环境和实践机会，帮助他们更好地适应未来的工作挑战。这种合作模式不仅有助于学生的个人成长，还能促进学校与社会的紧密联系，实现教育资源的优化配置。

在校企合作方面，学校可以与企业共同制订实训计划，安排学生进入企业实习，参与实际的项目。这样，能让学生在实践中深入了解行业现状，提升专业技能，并培养团队协作和解决问题的能力。同时，企业也能从中选拔优秀人才，为企业自身的发展注入新鲜血液，实现双赢的局面。

产教融合则是校外实训基地建设的另一重要途径。通过整合产业和教育资源，学校可以与企业共同开发课程，将最新的行业知识和技术融入教学中。这种教学模式能够帮助学生及时掌握行业动态，增强就业竞争力。同时，产教融合还能促进学校与企业的深度合作，推动科研成果的转化和应用，为社会的发展做出贡献。

2. 跨学科资源的整合

在全球化日益加剧的今天，跨学科资源的整合显得尤为重要。学校应加强与其他学校、研究机构的交流与合作，打破学科壁垒，实现课程资源的共享和优势互补。这种整合模式能够拓宽学生的知识视野，提升他们的学术素养和创新能力，为培养复合型人才奠定坚实基础。

共同开发课程是跨学科资源整合的有效途径之一。通过联合不同学科背景的教师和专家，共同设计具有创新性和前瞻性的课程，能够为学生提供更加全面和深入的学习体验。这种课程模式能够帮助学生建立跨学科的知识体系，提升他们的综合素质和解决问题的能力。

联合举办学术活动也是促进跨学科资源整合的重要方式。通过定期举办学术会议、研讨会等活动，能够为不同领域的学者和学生提供一个交流和合作的平台。在这个平台上，大家可以分享最新的研究成果、探讨前沿问题，激发创新思维和灵感。这种学术氛围能够帮助学生培养批判性思维和创新精神，为他们的学术发展和职业生涯奠定良好基础。同时，这些活动还能增强学校之间的友谊与合作，推动教育事业的共同进步。

（三）网络课程资源的筛选与整合

在网络时代，课程资源的开发与利用不再局限于传统的校内资源，网络课程资源因其丰富性、便捷性和共享性而受到广泛关注。面对海量的网络资源，如何筛选出适合学生学习的优质资源，并进行有效的整合与应用，成为当前教育领域面临的重要课题。

1. 优质网络资源的筛选

筛选优质网络资源是网络课程资源开发与利用的首要环节。在这一过程中，需要通过多元化的评价主体和科学的评价方法，确保所筛选资源的可靠性、适用性和教育性。可以通过以下几个步骤进行实施。

明确筛选标准：在制定筛选标准时，应充分考虑学生的学习需求、课程目标以及网络资源的特点。筛选标准包括资源的内容质量、教学价值、技术兼容性以及使用便捷性等。

引入专家评审：借助教育领域专家的专业知识和丰富经验，对网络资源进行深入的评估。专家评审可以从资源的学术性、准确性、时效性等角度进行把关，确保所选资源的权威性和可靠性。

收集学生反馈：学生是网络课程资源的最终使用者，他们的反馈对于资源的筛选具有重要参考价值。可以通过调查问卷、在线讨论等方式，收集学生对网络资源的评价和建议，以便更好地满足他们的学习需求。

在筛选出优质网络资源后，需要进一步对这些资源进行整合加工，以形成具有特色的网络课程资源库。在这一过程中，不仅要关注资源的分类存储和检索便捷性，还要考虑如何通过技术手段提升资源的教育价值和利用效率。

2. 网络课程资源的整合与应用

网络课程资源的整合是一个系统性工程，它涉及资源的收集、分类、加工、存储和发布等多个环节。为了确保资源整合的有效性，可以采取以下措施。

建立统一的资源管理平台：通过构建专门的网络课程资源管理平台，实现资源的集中存储和统一管理。平台应具备强大的分类检索功能，方便用户快速找到所需资源。

进行资源的二次开发：针对筛选出的优质网络资源，可以结合具体的教学需求，进行必要的加工和改造。例如，可以添加教学注释、制作学习导航、设计互动环节等，以提升资源的教学针对性和实用性。

实现资源的跨平台应用：为了适应不同学习场景和设备的需求，应确保网络课程资源具备良好的跨平台兼容性。通过采用标准化的技术规范和接口设计，实现资源在不同学习平台之间的无缝对接和共享应用。

加强资源整合的持续更新与维护：网络资源具有时效性强、更新迅速的特点。因此，在资源整合过程中，应建立长效的更新与维护机制，及时剔除过时或无效的资源，补充新的优质资源，确保资源库始终保持活力和价值。

网络课程资源的筛选与整合是一个复杂而细致的过程。通过明确筛选标准、引入多元评价主体、加强资源整合与应用等措施，可以构建起一个内容丰富、质量可靠、使用便捷的网络课程资源体系，为学生的学习提供有力支持。

二、课程资源的创新

（一）开发特色课程资源

在课程资源的开发与利用过程中，特色课程资源的开发显得尤为重要。特色课程资源不仅能丰富学校的教学内容，提升教学质量，还能促进学生的个性化发展和综合素质的提升。下面将从地域文化资源的挖掘和学校特色资源的整合两个方面进行阐述。

1. 地域文化资源的挖掘

地域文化资源是特定地域范围内形成的独特文化资源，包括历史遗迹、民俗风情、地方特产等。这些资源蕴含着丰富的教育价值，是开发特色课程资源的重要来源。通过挖掘和利用地域文化资源，可以开发出具有地域特色的课程资源，从而增强学生对本土文化的认同感和归属感。

在挖掘地域文化资源时，应注重资源的筛选和整合。要选择具有代表性的资源，确保其能够体现地域文化的精髓和特点。同时，还要对资源进行适当的加工和处理，使其符合教育教学的需求，便于学生的学习和理解。例如，可以组织学生对当地的历史遗迹进行实地考察，或者邀请民俗专家进校园开展讲座等活动，让学生亲身感受地域文化的魅力。

此外，地域文化资源的挖掘还可以与学科教学相结合。教师可以根据学科教学的需要，将地域文化资源融入课堂教学中，从而丰富教学内容，激发学生的学习兴趣。例如，在历史教学中，可以引入当地的历史事件和人物传记，让学生在了解历史知识的同时，也能感受到地域文化的独特魅力。

2．学校特色资源的整合

学校特色资源是指学校在长期办学过程中形成的具有独特优势和特色的教学资源。这些资源包括学校的办学理念、师资队伍、教学设施以及优势学科等。通过整合这些资源，可以开发出具有学校特色的课程资源，从而展现学校的办学特色和优势。

在整合学校特色资源时，应注重资源的优化配置和创新利用。要根据学校的办学理念和教学目标，对特色资源进行合理的配置和利用，确保其能够最大限度地发挥教育价值。同时，还要注重创新利用方式，通过多样化的教学手段和活动形式，将特色资源转化为生动有趣的教学内容，从而激发学生的学习兴趣和创造力。

在体育特色学校中，可以利用学校的体育设施和师资队伍优势，开发具有体育特色的课程资源。通过组织丰富多样的体育活动和比赛，培养学生的体育精神和团队协作能力。在艺术特色学校中，则可以利用学校的艺术教育资源，开发具有艺术特色的课程资源。通过开展艺术欣赏、创作等活动，培养学生的审美情趣和艺术素养。

开发特色课程资源是提升教育教学质量的重要途径。通过挖掘地域文化资源和整合学校特色资源，可以开发出具有独特性和创新性的课程资源，为学生的全面发展提供有力的支持。

（二）跨学科课程资源的融合

在当今教育领域，跨学科课程资源的融合已成为一种创新趋势，旨在培养学生的综合素养和创新能力。这种融合打破了传统学科之间的壁垒，使得不同学科的知识和方法能够相互渗透和补充，从而为学生提供更加全面和丰富的学习体验。

1．跨学科课程的开发

跨学科课程的开发是实现课程资源融合的重要途径。这类课程通过整合不同学科的知识体系，帮助学生建立起更加宽广的视野和更加综合的思维方式。例如，在科学教育中，通过融合物理、化学、生物等多个学科的知识，可以开发出综合性的科学探究课程，让学生在探究过程中理解科学知识的相互联系，提高解决问题的能力。

在开发跨学科课程时，需要注重课程目标的明确性、内容的整合性以及教学方法的创新性。课程目标应聚焦于培养学生的综合素养，包括批判性思维、创新能力、沟通协作等能力。课程内容则应以主题或问题为中心，将不同学科的知识和方法有机地结合起来。在教学方法上，应采用项目式学习、探究式学习等能够激发学生主动性和创造性的方式。

2．教学方法的创新

教学方法的创新是跨学科课程资源融合的关键环节。传统的教学方法往往侧重于单一学科的知识传授，而忽视了不同学科之间的内在联系和实际应用。因此，在跨学科课程的教学中，需要采用更加灵活和多样的教学方法，以适应不同学科知识的融合和学生综合能力的培养。

项目式学习是一种有效的跨学科教学方法。它以学生为中心，以项目为载体，学生可以通过解决实际问题来掌握知识和技能。在项目式学习中，学生需要综合运用多个学科的知识和方法来完成项目任务，从而培养起跨学科的思维方式和解决问题的能力。此外，探究式学习也是一种重要的跨学科教学方法。它通过引导学生自主探究和发现知识，激发学生的学习兴趣和好奇心，培养学生的创新思维和实践能力。

除了项目式学习和探究式学习，还可以尝试其他跨学科的教学方法，如案例教学、情境教学等。这些方法强调学生的主体性和参与性，注重学生在实际情境中运用知识解决问题能力的培养。通过不断创新教学方法，可以更好地实现跨学科课程资源的融合，提升学生的学习效果和创新能力。

跨学科课程资源的融合对于培养学生的综合素养和创新能力具有重要意义。通过开发跨学科课程和创新教学方法，可以打破学科壁垒，促进不同学科之间的交流与合作，为学生提供更加全面和丰富的学习体验。这将有助于培养出具有创新精神和实践能力的高素质人才，满足当今社会对人才的需求。

（三）课程资源与教育技术的结合

随着现代教育技术的迅猛发展，课程资源的开发与利用迎来了前所未有的机遇。现代教育技术为课程资源提供了创新的表现形式和传播方式，极大地丰富了学生的学习体验和资源支持。

1. 现代教育技术的应用

多媒体技术作为现代教育技术的代表，通过生动的图像、音频和视频等元素，将抽象的知识具象化，提高了学生的学习兴趣和理解能力。例如，在数学课程中，利用多媒体技术展示几何图形的动态变化过程，可以帮助学生更直观地理解空间关系，提升学习效果。

互联网技术则打破了时间和空间的限制，为学生提供了便捷高效的在线学习平台。通过在线课程、网络讲座等形式，学生可以随时随地获取优质的学习资源，实现自主学习和个性化学习。同时，互联网技术还促进了师生之间的实时互动，便于教师及时了解学生的学习情况，提供针对性的指导。

人工智能技术在教育领域的应用也日益广泛。智能教学系统能够根据学生的学习进度和反馈，智能调整教学内容和难度，实现因材施教。此外，人工智能还可以辅助教师进行学生评估，提高评价的客观性和准确性，为教学改进提供有力支持。

2. 智慧校园的建设

智慧校园是信息技术与教育教学深度融合的产物，它通过建设智慧教室、智能教学系统等设施，实现了教学资源的智能化管理和应用。在智慧教室中，学生可以利用智能设备进行互动学习，教师则可以利用智能化教学工具进行高效授课。这种智能化的教学环境不仅提高了教学效率，还促进了对学生的创新思维和协作能力的培养。

智慧校园的建设还推动了学校管理的现代化。通过大数据和云计算等技术，学校可以实时收集和分析教学、管理等方面的数据，为决策提供科学依据。同时，智慧校园还为师生提供了丰富的数字化服务和资源，如数字图书馆、在线选课系统等，进一步提升了学校的整体办学水平和服务质量。

课程资源与教育技术的结合为教育教学带来了革命性的变化。通过充分利用现代教育技术手段、创新智慧校园建设，可以为学生提供更加丰富多样的学习体验和资源支持，推动教育教学的持续发展和进步。

三、课程资源开发策略

（一）需求导向的开发策略

1. 对学生学习需求的调研

在课程资源的开发过程中，深入了解学生的学习需求和兴趣点至关重要。通过问卷调查、访谈、课堂观察等多种方式，可以系统地收集学生对课程内容的期望、学习方式的偏好以及他们在学习过程中遇到的困难。这些数据不仅揭示了学生的学习需求，还反映了他们的学习风格和个性特征，为课程资源的开发提供了宝贵的参考和依据。

例如，对于某一门具体的课程，可以通过问卷调查了解学生对不同知识点的掌握程度和兴趣度，从而调整教学内容的重点和难点。同时，通过访谈和课堂观察，可以发现学生在学习过程中可能遇到的认知障碍和情感困扰，为教学方法的改进提供线索。

2. 教学内容的优化调整

在掌握了学生的学习需求和兴趣点后，下一步就是对教学内容进行优化调整。这一过程旨在使教学内容更加贴近学生的实际需求，同时注重培养学生的实践能力和创新精神。

教学内容的优化调整需要根据学生的学习需求和兴趣点，对现有的教学内容进行筛选和补充。对于学生普遍感兴趣且具有重要价值的知识点，可以进行拓展和深化，提供更多的案例分析和实践机会。对于学生掌握较差或缺乏兴趣的知识点，则需要重新设计教学方式，通过引入更生动有趣的素材或开展互动式学习活动来激发学生的学习兴趣。

教学内容的优化调整还需要注重知识的应用性和实用性。教师应关注行业发展的最新动态和社会对人才的实际需求，将最新的科研成果和实践经验融入教学内容中。同时，还可以通过与企业、社区等合作开发实践课程，为学生提供更多的实践机会和职业发展指导，帮助他们更好地将所学知识应用于实际工作中。

为了培养学生的实践能力和创新精神，还可以在教学过程中引入项目式学习、探究式学习等先进的教学方法。这些方法鼓励学生主动参与、积极探究，通过解决实际问题来巩固和拓展所学知识，从而培养他们的创新思维和实践能力。

通过对学生学习需求的调研和教学内容的优化调整，可以实现课程资源的需求导向开发，使课程资源更加符合学生的实际需求和社会发展的趋势，为学生的全面发展提供有力的支持。

（二）多元主体的开发策略

1. 多方主体的共同参与

在课程资源的开发过程中，应积极邀请教师、学生、专家以及行业从业者等多方主体共同参与。教师作为教学一线的实践者，深谙教学需求和学生特点，能够为课程资源的开发提供宝贵的实践经验。学生作为学习的主体，他们的学习需求和兴趣点是课程资源开发的重要依据。专家和行业从业者则能为课程资源的开发提供前沿的学术支持和行业动态，确保课程资源的时效性和实用性。

通过集思广益、协同合作的方式，各方主体能够共同研讨、交流，从而形成更加全面、深入的课程资源开发方案。这种多方参与的模式不仅有助于提升课程资源的质量和适应性，还能够增强各方主体对课程资源的认同感和归属感，为后续的教学实施奠定坚实基础。

2. 团队合作与分工明确

在课程资源的开发过程中，团队合作与分工明确是确保开发工作顺利进行和高效完成的关键。为了确保开发工作顺利进行，应组建一个具备多元化背景和专业技能的开发团队，团队成员之间能够相互补充、协同合作，共同应对课程资源开发过程中的各种挑战。

在团队合作的基础上，进一步明确各成员的职责和任务分工是至关重要的。通过细化工作流程、明确任务目标，可以确保每个成员都能够充分发挥自己的专业优势，为团队贡献自己的力量。同时，合理的分工还能够避免工作过程中的重复劳动和资源浪费，提高整个团队的工作效率。

为了保持团队之间的良好沟通和协作，还应建立定期的交流机制和反馈机制。通过定期的团队会议、工作汇报等方式，及时了解团队成员的工作进展和遇到的问题，共同商讨解决方案，确保课程资源开发工作能够按照既定的计划顺利推进。

（三）持续优化的开发策略

1．定期评估与反馈

在课程资源的开发与利用过程中，定期评估与反馈机制是不可或缺的一环。通过定期评估，可以全面了解课程资源的实施效果，包括学生的学习成果、教师的教学体验以及课程资源的利用效率等。而反馈机制则能够确保评估结果得到及时有效的回应，为课程资源的进一步优化提供有力支持。

在实施定期评估时，可以采用多种方法，如问卷调查、访谈、观察等，以收集全面且真实的数据。这些数据不仅能够反映课程资源的当前状态，还能够揭示潜在的问题和改进空间。通过对评估结果的深入分析，可以准确把握课程资源的优势和不足，为后续的优化工作提供明确的方向。

建立有效的反馈机制也是至关重要的。反馈机制应该具备及时性、针对性和可操作性，以确保评估结果能够迅速转化为实际的改进行动。可以通过定期召开教学研讨会、建立在线反馈平台等方式，为教师、学生和课程资源开发者提供一个畅通的交流渠道。通过这些渠道，各方可以充分表达自己的观点和建议，共同推动课程资源的持续优化。

2．持续改进与创新

持续改进与创新是课程资源开发策略的核心要义。在快速发展的教育领域中，只有不断创新和改进，才能确保课程资源的时效性和有效性，满足学生不断变化的学习需求。

为了实现持续改进与创新，需要密切关注教育改革的最新动态和趋势。通过参加教育研讨会、订阅教育类期刊、关注教育政策等方式，可以及时获取最新的教育理念和教学方法。这些新理念和新方法不仅能够为课程资源开发者提供新的视角和思考框架，还能够激发他们的创新思维，推动课程资源的不断革新。

积极引进和借鉴其他成功的课程资源开发案例。通过对这些案例的深入研究和分析，可以汲取其中的精华和经验教训，为自身的改进和创新提供有益的参考。同时，与其他学校、研究机构的交流与合作也是推动创新的重要途径。通过共同研发课程、共享资源等方式，可以实现优势互补和协同发展，共同推动课程资源的创新与发展。

通过定期评估与反馈以及持续改进与创新两大策略的实施，可以确保课程资源始终保持在最优状态，为学生的全面发展提供有力支持。

第三节　个性化学习计划的制订

一、学生需求分析

（一）学生基本情况调查

了解学生的基本信息、学习背景和成长环境是个性化学习计划制订的基础。通过对学生基本情况的深入调查，可以更好地把握学生的个体差异，从而为他们量身定制合适的学习计划。

在调查过程中，应关注学生的多个方面。首要关注的是学生的基本信息，如年龄、性别、家庭背景等，这些因素可能对学生的学习态度和习惯产生影响。例如，不同年龄段的学生可能在学习兴趣和动机上存在差异，而家庭背景则可能对学生的教育资源和支持产生影响。

学生的学习背景也是调查的重点。包括学生的学习成绩、学习习惯、学习方法等。通过了解学生的学习成绩，可以判断他们在不同学科上的优势和劣势，从而为后续的学习计划制订提供参考。同时，对学生学习习惯和学习方法的调查可以帮助他们发现自身在学习过程中的问题，如时间管理不当、注意力不集中等，从而引导他们进行改进。

学生的成长环境也不容忽视。学生的成长环境包括家庭环境、学校环境、社会环境等。这些因素可能对学生的心理健康、情感态度以及社交能力产生影响。例如，家庭环境和谐的学生可能更加自信、乐观，而学校环境中丰富的课外活动则有助于培养学生的团队协作能力和领导力。

在调查方法上，可以采用问卷调查、访谈、观察等多种方式，以确保收集到的数据真实、全面。同时，调查过程中还应注重保护学生的隐私，避免敏感信息的泄露。

通过对学生基本情况的全面调查，教师可以更加深入地了解学生，从而为他们提供更加贴合实际的学习计划。这不仅有助于提高学生的学习效率，还能激发学生的学习兴趣和动力，促进他们的全面发展。同时，也为个性化教育理念的实践提供了有力的支撑。

在具体实践中，某小学对六年级学生英语自主学习状况的调查，就充分考虑了学生的基本信息、学习背景和成长环境。该小学通过问卷调查和访谈等方式，深入了解学生的学习需求和困难，从而为他们制订了更加有效的英语学习计划。这一案例充分说明了学生基本情况调查在个性化学习计划制订中的重要性。

某理工科大学在对本科生英语课程设置的需求分析中，也强调了对学生基本情况的关注。该校通过对学生的英语水平和兴趣爱好进行调查，结合学校的培养目标和教学资源，制定了更加符合学生实际需求的英语课程设置方案。这不仅提高了学生的学习兴趣和满意度，也提升了学校的教学质量和社会声誉。

学生基本情况调查是个性化学习计划制订的关键环节。只有深入了解学生的个体差异和需求，才能为他们提供更加精准、有效的学习支持，促进他们的全面发展。

（二）学生能力与兴趣测评

在个性化学习计划制订的过程中，对学生能力与兴趣的测评至关重要。它不仅有助于教师深入了解学生的个体差异，还能为制订针对性的学习计划提供科学的依据。

在能力测评方面，可以通过标准化的测试、作业分析以及课堂表现等多种方式来进行。例如，在语文学科中，可以通过阅读理解、写作表达等测试来评估学生的语言应用能力；在数学学科中，则可以通过解题思路、运算速度等方面来考查学生的逻辑思维和数学素养。此外，还可以借鉴《医学统计学》微课程教学系统的构建经验，利用现代技术手段对学生的学习过程进行实时跟踪和分析，从而更准确地把握学生的学习能力和存在问题。

兴趣测评则相对更为复杂，因为学生的兴趣往往具有多样性和隐蔽性。为了更全面地了解学生的兴趣爱好，教师可以采用问卷调查、面对面交流以及观察学生课外活动参与情况等多种方法。在问卷调查中，可以设计涵盖多个领域的问题，让学生根据自己的喜好进行选择；在面对面交流中，则可以通过轻松的谈话氛围引导学生表达自己的兴趣所在；同时，观察学生在课外活动中的表现也是发现其潜在兴趣的重要途径。

根据综合能力和兴趣的测评结果，教师可以为学生制订出更加符合其个性特点的学习计划。例如，对于能力较强且对某一学科有浓厚兴趣的学生，可以安排更具挑战性的学习任务，以激发其探索欲望和创新精神；而对于能力相对较弱或兴趣不明显的学生，则应注重基础知识的巩固和学习兴趣的培养，通过循序渐进的教学方式引导其逐步建立自信心和学习兴趣。

在实施个性化学习计划的过程中，教师还应密切关注学生的学习动态和反馈意见，根据实际情况对计划进行及时调整和优化。同时，也应鼓励学生积极参与学习计划的制订和执行过程，培养其自主学习能力和自我管理能力，从而真正实现个性化教育的目标。

随着教育技术的不断发展，越来越多的在线学习平台和学习工具为个性化学习提供了有力支持。例如，蓝鸽学习平台等高职英语自主学习模式的研究表明，利用在线资源和学习工具可以帮助学生更好地进行自主学习和个性化学习。因此，在制订个性化学习计划时，教师也应充分考虑这些现代技术手段的应用，以提升教学效果和学习体验。

对学生能力与兴趣的测评是制订个性化学习计划的关键环节。通过科学、全面的测评方法，教师可以更准确地了解学生的个体差异和需求，从而为其量身定制最适合他们的学习计划。这不仅有助于提高学生的学习效果和满意度，还能促进他们的全面发展和个性成长。

（三）学生成长需求的挖掘

在个性化学习计划制订的过程中，深入挖掘学生的成长需求至关重要。这不仅有助于更全面地了解学生的个体差异，还能为制订更具针对性的学习计划提供有力依据。学生的成长需求包括多个层面，学习目标和职业规划是其中两个核心方面。

对于学习目标的挖掘，重点在于明确学生希望通过学习达到的具体目标。这些目标可能涉及知识掌握、技能提升、情感态度培养等各个方面。通过与学生进行深入交流，教师可以帮助学生梳理出清晰、具体的学习目标，并将其转化为可量化的指标，便于后续学习计划的制订和实施。例如，对于希望提高英语口语能力的学生，可以将其学习目标明确为“在三个月内，能够流利地进行日常英语对话，并通过相关测试达到预期水平”。

在职业规划方面，教师需要了解学生的职业兴趣、职业能力和职业期望，以帮助学生规划出符合其自身特点的职业发展路径。通过职业兴趣测评，可以发现学生对不同职业领域的偏好和感兴趣程度；通过职业能力评估，可以明确学生在不同职业领域中的优势和劣势；而职业期望则反映了学生对未来职业发展的期望和追求。基于这些信息，教师可以为学生提供个性化的职业规划建议，并在学习计划中融入相应的职业准备内容。例如，对于有志于从事计算机编程工作的学生，可以在学习计划中加入编程课程、参与编程项目等实践活动，以提升学生的编程能力和职业素养。

除了学习目标和职业规划，学生的成长需求还可能涉及其他方面，如个人兴趣爱好的培养、社交能力的提升等。这些需求虽然可能不是学生学习的直接目标，但对学生的全面发展和个性成长具有重要意义。因此，在挖掘学生成长需求的过程中，教师应保持开放的心态，关注学生的多元需求，并尽可能地在个性化学习计划中予以体现和支持。

挖掘学生的成长需求是制订个性化学习计划的关键环节。通过深入了解学生的学习目标和职业规划，教师可以为学生量身定制更符合其实际需求的学习计划，从而帮助学生实现更高效的学习成果和更全面的个性发展。同时，这一过程也有助于建立更紧密的师生关系，提升教育教学的针对性和实效性。

二、个性化学习目标设定

（一）短期学习目标

在个性化学习计划的制订过程中，短期学习目标的设定是至关重要的一环。这些目标不仅具体、可衡量，而且能够在短期内实现，从而为学生提供明确的学习方向和动力。短期学习目标的设定应当紧密结合学生的实际情况，包括其能力水平、兴趣爱好以及当前的学习需求。

对于一位在数学学科上表现欠佳的学生，一个合理的短期学习目标可能是在下一次数学考试中提高 10 分。这样的目标既具体又可实现，能够帮助学生集中精力解决数学学习中的具体问题。同时，短期目标的达成还能够为学生带来成就感，进而激发其更加深入学习的热情。

在设定短期学习目标时，还需注意目标的层次性和递进性。即先设定较易达成的目标，随着学生能力的提升，再逐步设定更具挑战性的目标。这种做法有助于保持学生的学习动力，并引导其在不断实现目标的过程中逐步提升自己的学习能力。

短期学习目标的设定还应与学生的长期发展规划相结合。虽然短期目标关注的是近期的学习成果，但它们也是实现长期目标的重要基石。因此，在设定短期学习目标时，应充分考虑其与长期目标之间的关联性和一致性，确保学生的学习活动始终沿着正确的方向前进。

短期学习目标的设定是制订个性化学习计划的关键环节。通过设定具体、可衡量的短期目标，并结合学生的实际情况和长期发展规划进行综合考虑，能够为学生制订出更加科学、有效的个性化学习计划，从而助力其在学业上取得更好的成绩和发展。

在实际操作过程中，教师可以与学生共同讨论并设定短期学习目标，确保目标的合理性和可行性。同时，教师还应定期对学生的学习进展进行评估和调整，以确保其短期目标能够顺利实现，并为他们的后续学习打下坚实的基础。

（二）中长期学习目标

设定中长期的学习目标对于学生的个性化学习计划至关重要。这类目标不仅为学生提供了清晰的学习方向，还有助于他们规划未来的学术和职业发展路径。在设定中长期学习目标时，学生应充分考虑自身的兴趣、能力和成长需求，以确保目标的合理性和可实现性。

中长期学习目标的设定通常与学生的长远规划紧密相连。例如，对于高中生而言，考入理想的大学或专业往往是一个重要的中长期目标。为实现这一目标，学生需要分析自己的学科优势与劣势，明确自己在学术上的兴趣点，并据此制订相应的学习计划。同时，他们还应关注目标大学或专业的录取标准，以便更有针对性地提升自己的综合素质。

在设定中长期学习目标的过程中，学生还可以借鉴马斯洛需求层次理论等心理学原理，以确保目标既符合自身需求，又能激发内在的学习动力。根据这一理论，学生在设定目标时应注重满足自我实现的需求，即追求个人成长和潜能发挥。这样的目标不仅有助于学生保持持久的学习热情，还能促进他们在学术上的不断创新和突破。

中长期学习目标的设定还需要具备一定的灵活性。随着学生自身情况的变化以及外部环境的发展，原先设定的目标可能需要进行相应的调整。因此，学生在制订个性化学习计划时，应充分考虑目标的可调整性，以便在必要时能够做出及时的调整，确保学习计划的时效性和实用性。

设定中长期学习目标是制订个性化学习计划的关键环节。通过明确目标、分析自身条件并借鉴相关理论，学生可以制订出既符合自身需求又具有实现可能性的个性化学习计划，从而为他们未来的学术和职业发展奠定坚实的基础。

（三）学习目标的动态调整

在制订个性化学习计划的过程中，学习目标的动态调整是一个至关重要的环节。它要求教育者和学习者根据学习进度和反馈，不断地对学习目标进行合理且有效的调整，以确保学习活动的针对性和实效性。

动态调整学习目标，首先需要建立一个清晰、系统的目标设定机制。这一机制不仅应涵盖短期和中长期的学习目标，还应允许这些目标在必要时进行灵活的调整。短期学习目标的设定通常关注于具体的知识点掌握或技能提升，如提高某一科目的成绩或完成特定的学习任务。而中长期学习目标则更多地着眼于学习者的整体发展，如考入理想的大学或专业，实现个人的职业规划等。当学习者在短期目标的达成过程中遇到困难或挑战时，教育者应及时提供指导和支持，并根据实际情况对学习目标进行调整，以确保学习者的学习积极性和自信心不受影响。

学习目标的动态调整还需要充分利用学习者的反馈信息。这包括学习者对自身学习进度、难点问题以及学习体验等方面的主观感受和评价。通过定期收集和分析这些信息，教育者可以更准确地了解学习者的实际需求和学习状态，从而对学习目标进行更为精准的调整。此外，随着学习活动的深入进行，学习者可能会对自身的兴趣和能力有更深入的认识，这也要求教育者要能够根据这些变化对学习目标进行相应的调整，以满足学习者的个性化发展需求。

在信息技术迅猛发展的今天，教育者还可以借助先进的教育技术工具来实现学习目标的动态调整。例如，利用在线学习平台和学习管理系统，教育者可以实时跟踪学习者的学习进度和成绩变化，并通过数据分析来发现学习者的学习规律和潜在问题。这些数据不仅可以为教育者的决策提供有力支持，还可以帮助学习者更清晰地认识自己的学习状态和需求，从而更主动地参与到学习目标的调整和实现过程中来。

学习目标的动态调整是个性化学习计划制订中不可或缺的一环。它要求教育者和学习者共同努力，建立灵活且系统的目标设定机制，并充分利用反馈信息和技术工具的支持，以实现学习活动的最大效益和学习者的全面发展。在这一过程中，教育者应始终保持敏锐的洞察力和开放的心态，不断调整和完善学习目标体系；而学习者则应积极参与到目标的设定和调整过程中来，以自身的实际行动推动个性化学习计划的深入实施和持续发展。

三、个性化学习路径规划

（一）课程选择与组合

在个性化学习计划的制订过程中，课程选择与组合是至关重要的一环。这一环节直接关联学生的学习需求和目标，因此必须谨慎而周详地进行。

在选择课程时，首先要深入分析学生的需求和目标。这包括了解学生的学习背景、能力水平、兴趣爱好以及他们未来的学习目标和职业规划。例如，对于一位对科学充满热情的学生，教育者可能会推荐更多的科学实验和探究课程，以满足他对知识探索和实验操作的渴望；而对于一位热爱艺术的学生，则可能会推荐其选择更多的艺术设计或创作课程，以激发她的创造力和艺术潜能。

教材的选择同样重要。优秀的教材不仅能提供系统、全面的知识，还能激发学生的学习兴趣，引导他们在学习过程中积极思考和实践。教师应根据学生的实际情况和目标，从众多教材中挑选出最适合他们的那一本。例如，对于基础较弱的学生，选择讲解详细、例题丰富的教材，以帮助他们夯实基础；而对于基础较好的学生，则选择更具挑战性、内容更深入的教材，以促进他们的进一步发展。

除了考虑学生的个人需求和目标，还应关注课程的多样性和灵活性。多样性意味着要为学生提供多种类型的课程，包括理论课、实践课、研讨课等，以满足他们不同方面的学习需求。灵活性则体现在课程的调整上，应根据学生的学习进度和反馈，适时地调整课程内容和进度，以确保学习效果的最大化。

注重课程之间的关联性和整体性。在选择和组合课程时，应充分考虑课程之间的内在联系，确保学生在学习过程中能够形成完整、系统的知识结构。同时，关注课程与学生个人发展目标的契合度，以确保学习路径的有效性和针对性。

总的来说，课程选择与组合是制订个性化学习计划的关键环节。通过深入分析学生的需求和目标、精心挑选教材和课程、注重课程的多样性和灵活性以及关注课程之间的关联性和整体性，能够为学生制定出一条高效、个性化的学习路径。这将有助于激发学生的学习兴趣和潜能，引导他们在学习过程中不断成长和进步。

（二）学习时间安排

在个性化学习路径规划中，学习时间安排是至关重要的一环。为确保学习效率和质量，必须充分考虑学生的实际情况，制定切实可行的学习时间表。

学习时间安排应与学生的生物钟相契合。每个人的生物钟都有所不同，有的人在早晨精力充沛，有的人则晚上思维更为活跃。因此，在制定学习时间表时，应尊重学生的个体差异，将学习时间安排在他们精力最为充沛的时段，以提高学习效率。

学习时间安排需注重劳逸结合。长时间连续学习容易导致疲劳和厌倦，进而影响学习效果。因此，合理的学习时间表应包含适当的休息和放松时间，如课间休息、午休等。这些休息时间不仅有助于学生恢复精力，还能为大脑提供必要的缓冲，促进知识的消化和吸收。

学习时间安排还应考虑学生的学习风格和习惯。有的学生喜欢集中式学习，即在一段时间内专注于某一任务；而有的学生则更倾向于分散式学习，即将学习任务分散在多个时间段进行。针对这些不同的学习风格和习惯，学习时间表应作出相应的调整，以满足学生的个性化需求。

在具体制定学习时间表时，可采用以下方法：根据学生的课程安排和作业量，确定每天的学习总时长；然后，根据学生的生物钟和劳逸结合原则，将学习时间划分为若干个时间段，并为每个时间段分配具体的学习任务；根据学生的学习风格和习惯，对时间表进行微调，以确保其既具有可行性又能达到最佳学习效果。

除了以上提到的几点，学习时间安排还需注意灵活性和可持续性。学习计划往往不是一成不变的，随着学习进度的推进和外界环境的变化，学习时间表也需要进行相应的调整。因此，在制定学习时间表时，应预留一定的弹性空间，以便根据实际情况做出灵活调整。同时，学习时间表的可持续性也至关重要。一个过于紧凑或过于松散的学习时间表都难以长期维持下去。因此，在制定学习时间表时，应充分考虑学生的承受能力和兴趣点，确保其在长期学习过程中能够保持积极性和动力。

学习时间安排是个性化学习路径规划中的重要环节。根据学生的实际情况和需求制定合理的学习时间表，不仅能有效提高学习效率和质量，还能帮助学生培养良好的学习习惯和时间管理能力，为他们的全面发展奠定坚实基础。

（三）学习进度监控与调整

在个性化学习路径规划中，学习进度监控与调整是一个至关重要的环节。它不仅能够确保学习计划的有效实施，还能够根据学生的实际情况进行灵活调整，从而最大限度地提高学习效果。

学习进度监控的核心在于对学生学习过程的持续跟踪和评估。这包括定期收集学生的学习数据，如作业完成情况、测试成绩、在线学习时长等，以便全面了解学生的学习状态。通过数据分析，可以发现学生的学习难点、易错点以及学习进度是否滞后或超前等问题。

一旦发现学生的学习进度存在问题，就需要及时调整学习计划。调整的依据可以来源于多个方面，如学生的学习反馈、教师的建议以及数据分析的结果。调整的内容可以包括学习目标的重新设定、学习内容的增减、学习时间的重新分配等。例如，如果发现学生在某个科目的学习上存在困难，可以适当增加该科目的辅导时间，或者调整学习顺序，先学习更基础的内容。

学习进度监控与调整还需要注重个性化原则。每个学生都是独一无二的，他们的学习方式、学习速度和学习兴趣都存在差异。因此，在监控和调整学习进度时，需要充分考虑学生的个性化需求，避免一刀切的做法。例如，对于学习速度快的学生，可以适当增加学习难度和挑战性；对于学习速度慢的学生，则需要给予更多的耐心和辅导，确保他们能够跟上学习进度。

学习进度监控与调整也需要与家长和学生保持良好的沟通。家长是学生学习的重要伙伴，他们对学生的学习情况有着深入的了解和关注。学校应定期与家长沟通学生的学习进度和问题，共同协作，为学生提供更有针对性的指导和帮助。而学生本身是学习进度的直接感受者，他们的反馈和建议对于调整学习计划具有重要的参考价值。

学习进度监控与调整是个性化学习路径规划中的重要环节。通过持续跟踪评估学生的学习过程，及时发现并解决问题，可以确保学习计划的有效性和灵活性，从而帮助学生更好地实现他们的学习目标。在这个过程中，注重个性化原则、与家长和学生保持良好沟通是确保监控与调整工作顺利进行的关键。

四、个性化学习评价与反馈

（一）学习过程评价

对学习过程的评价是个性化学习计划制订中不可或缺的一环。这种评价不仅关注学生的学习成果，还深入地考查学生的学习态度和方法。通过细致的观察和分析，教师可以更准确地了解学生的学习状况，进而为他们提供更具针对性的指导。

在评价学习态度方面，着重考查学生的主动性、持续性和专注度。主动性体现在学生是否能积极寻找学习资源，主动解决问题；持续性则表现在学生是否能保持稳定的学习节奏，不轻易放弃；专注度则反映学生在学习过程中的投入程度。这些态度的观察有助于理解学生的学习动力和学习习惯，从而为其后续的个性化学习路径规划提供依据。

对于学习方法的评价，则主要关注学生的学习策略和技巧。例如，学生是否善于利用图表、思维导图等工具来辅助学习，是否能有效地进行知识归纳和总结，以及在解决问题时是否能灵活运用所学知识。这些学习策略和技巧的运用不仅影响学生的学习效率，也直接关系到他们的学习效果。

在进行学习过程评价时，应采用多元化的评价方式。除了传统的笔试和口试，还可以引入作品集评价、同学互评以及自我评价等方式。这种多元化的评价体系有助于更全面地了解学生的学习情况，避免单一评价方式的片面性。

强调评价结果的及时反馈。教师会根据评价结果与学生进行面对面的交流，明确指出他们在学习过程中的优点和不足，并给出具体的改进建议。这种反馈机制有助于学生及时了解自己的学习状况，调整学习策略，提高学习效率。

鼓励学生进行自我反思和总结。在每个学习阶段结束后，学生会提交一份学习报告，详细记录他们的学习过程、遇到的问题以及解决方案。这种自我反思的过程不仅有助于学生更深入地了解自己的学习状况，也培养了他们的自主学习能力和问题解决能力。

学习过程评价是个性化学习计划制订中的关键环节。通过全面、深入地评价学生的学习态度和方法，可以更准确地把握他们的学习需求，从而为他们提供更加精准、有效的学习指导。这不仅有助于提高学生的学习效率，也有助于培养他们的自主学习能力和终身学习的习惯。

（二）学习成果评价

在个性化学习计划的制订过程中，学习成果评价是不可或缺的一环。这一环节旨在全面、客观地评估学生的学习效果，为后续学习计划的调整和优化提供有力依据。学习成果评价不仅关注学生的考试成绩，还涉及学生的作品、项目完成度以及其他能够体现学生学习成果的方面。

在进行学习成果评价时，首先要明确评价标准。考试成绩是评价学生学习成果的传统指标，它能够直观地反映学生对知识的掌握程度。然而，仅仅依靠考试成绩来评价学生的学习成果是片面的。因此，还需要结合学生的作品质量、项目完成度以及学生在学习过程中所展现出的创新思维和解决问题的能力来综合评价。

为了确保学习成果评价的客观性和准确性，可以采取多种评价方式相结合的方法。例如，可以采用定量评价和定性评价相结合的方式。定量评价主要通过数据来反映学生的学习成果，如考试成绩的分数、作品的得分等。而定性评价则更侧重于对学生学习过程中的表现、态度和创新精神进行描述性评价，如教师评语、同学互评等。这种评价方式能够更全面地揭示学生的学习状况，为个性化学习计划的调整提供更为翔实的依据。

在实施学习成果评价的过程中，还需要注意评价的及时性和反馈的有效性。及时性意味着评价应该在学习活动完成后尽快进行，以便及时发现学生的学习问题并采取相应的补救措施。而反馈的有效性则要求评价结果能够以恰当的方式反馈给学生和教师，从而引导学生进行自我反思和改进，同时也为教师调整教学计划提供有益的参考。

学习成果评价还应关注学生的个体差异。每个学生都有其独特的学习方式和节奏，因此，在评价学生的学习成果时，应充分考虑学生的个性化特点。例如，对于在某些领域具有特殊才能的学生，可以采取更为灵活的评价标准，以充分激发其学习潜力和创新精神。

学习成果评价是个性化学习计划制订过程中的重要环节。通过全面、客观地评价学生的学习成果，可以及时发现学生的学习问题，为后续学习计划的调整和优化提供有力支持。同时，这也有助于学生明确自己的学习方向和目标，激发其学习动力和创新精神。

(三) 评价结果的反馈与应用

在个性化学习计划的制订过程中，评价结果的反馈与应用环节扮演着至关重要的角色。这一环节不仅关乎学生学习进度的有效监控，更是优化学习计划、调整教学策略的关键所在。

学习过程和学习成果的评价一旦完成，便应将评价结果迅速且准确地反馈给学生本人及教师团队。对于学生而言，这些反馈能够帮助他们清晰地认识到自身在学习过程中的优点与不足，从而更有针对性地进行自我调整和提升。例如，若学生在某一科目的学习中表现出色，这一反馈将增强他们的学习自信心，并鼓励他们继续保持良好的学习状态；若学生在某一方面存在明显的短板，这一反馈将促使他们意识到问题的紧迫性，进而激发其改进的动力。

对于教师而言，评价结果的反馈则提供了宝贵的教学参考。教师可以根据学生的实际学习情况，及时调整教学策略，以确保教学内容更加贴近学生的实际需求。例如，若发现多数学生在某一知识点上掌握不够牢固，教师便可针对这一难点进行重点讲解和辅导，帮助学生攻克难关。同时，教师还可以通过对比不同学生的学习成果，反思自身教学方法的有效性，以便在未来的教学中不断改进和创新。

评价结果的反馈与应用并非一次性活动，而应贯穿于整个学习过程的始终。随着学生学习的深入和进步，评价结果也会相应发生变化，这就要求反馈机制能够灵活应对，及时调整反馈内容和方式。例如，可以定期组织学生进行自我评价和同伴评价，以便更全面地收集学生的学习信息；同时，教师还可以利用信息化手段，建立学生学习档案，实时跟踪学生的学习动态，为个性化学习计划的持续优化提供有力支持。

评价结果的反馈与应用还应注重保护学生的隐私和自尊心。在反馈过程中，教师应避免公开披露学生的具体分数或排名，而应采用更为温和、鼓励的方式与学生进行沟通。同时，教师还应关注学生的个体差异和心理需求，对于在学习上遇到困难的学生，应给予更多的关心和支持，帮助他们建立积极的学习态度，克服学习障碍。

评价结果的反馈与应用是个性化学习计划制订中不可或缺的一环。科学、有效的反馈机制，不仅能够帮助学生认清自我、提升学习效果，还能够为教师提供宝贵的教学参考，推动教学质量的持续提升。

第五章　融合教育的社会支持系统

第一节　家庭与社区的角色

一、家庭在融合教育中的角色

（一）情感支持与家庭教育环境的营造

作为孩子成长的初始场所，家庭承载着为孩子提供情感支持与营造良好教育环境的重要使命。在融合教育的背景下，家庭的作用越发凸显，尤其是对于有特殊需求的孩子而言，家庭的支持与关怀更是他们融入社会、实现自我价值的关键。

1．家庭是孩子的情感港湾

家庭是孩子情感的归宿，是他们在面对外界挑战与压力时能够寻求慰藉与力量的地方。在融合教育环境中，特殊需求孩子可能会遭遇更多的困难与挫折，这时家庭的温暖与支持就显得至关重要。家庭应当成为孩子心灵的避风港，为他们提供无条件的爱与接纳，帮助他们建立起稳固的自信心和安全感。这种情感上的支持不仅能够让孩子更加勇敢地面对生活中的种种困难，还有助于他们在融合教育中更好地融入集体，实现自我成长。

2．营造积极的家庭教育环境

除了情感支持，家庭还需要为孩子营造一个积极、健康的教育环境。家庭教育环境的优劣直接影响着孩子的成长轨迹和发展方向。一个充满爱与尊重、鼓励与引导的家庭教育环境，能够激发孩子的潜能，培养他们的兴趣和爱好，促进他们的全面发展。家庭可以通过共同参与各种活动，如阅读、游戏、户外探险等，来增进亲子间的交流与互动，让孩子在轻松愉快的氛围中感受到学习的乐趣和成长的快乐。同时，家庭还应当注重培养孩子的独立性和自主性，教会他们如何面对挫折、解决问题，为他们在融合教育中的成功打下坚实的基础。

在营造积极的家庭教育环境的过程中，家长的角色至关重要。家长不仅是孩子的情感依靠，更是他们成长道路上的引路人。家长应当以身作则，为孩子树立良好的榜样，通过自己的言行来传递积极向上的价值观和人生观。同时，家长还需要不断学习和更新自己的教育理念和方法，以适应孩子不断成长和变化的需求。通过与学校、社区等各方力量的紧密合作与沟通，家长可以更加全面地了解孩子在融合教育中的表现与需求，从而为他们提供更加精准和有效的支持与帮助。

家庭在融合教育中扮演着举足轻重的角色。通过为孩子提供坚实的情感支持和营造一个积极健康的家庭教育环境，家庭不仅能够帮助孩子更好地融入社会、实现自我价值，还能够为他们的全面发展奠定坚实的基础。因此，应当高度重视家庭在融合教育中的作用，并积极探索如何更好地发挥家庭的优势与潜能，为孩子的成长与发展创造更加有利的条件。

（二）家校合作的桥梁：家长的积极参与

1. 家长是沟通的桥梁

在融合教育的实践中，家长所扮演的沟通桥梁角色不容忽视。他们居于学校与孩子之间，不仅传递信息，更能在理解与支持中促进双方的有效合作。家长应积极与教师、学校管理人员保持密切联系，通过这种多方沟通，家长能够及时了解孩子在学校的学业进展、社交情况以及情绪状态，从而在家中提供相应的支持与引导。同时，家长也会向教师反馈孩子在家庭中的学习与生活情况，这有助于教师更全面地了解学生，进而调整教学策略，满足学生的个性化需求。

家长之间的沟通交流同样重要。通过家长会、家长微信群等渠道，家长可以分享各自的教育经验，共同探讨融合教育中的挑战与应对策略。这种互助与支持的氛围能够减轻家长的焦虑与压力，增强他们参与孩子教育的信心与动力。

有效的家校沟通不仅能够促进家校之间的理解与合作，更能为孩子的全面发展创造有利条件。家长与教师携手共进，将会使得孩子在融合教育中的成长之路更加顺畅。

2. 家长是教育资源的提供者

家庭作为孩子成长的重要环境，同时也是教育资源的重要来源。在融合教育中，家长可以根据孩子的兴趣和需求，提供丰富多样的学习材料，如图书、教具、软件等，以支持孩子的个性化学习。此外，家长还可以利用自身的专业知识和社会经验，为孩子设计富有创意的学习活动，如科学实验、艺术创作、户外探险等，这些活动不仅能够拓展孩子的视野，还能培养他们的实践能力和创新精神。

除了提供物质资源，家长还是孩子情感支持和精神激励的重要源泉。他们可以通过陪伴孩子学习、分享自己的成长经历等方式，激发孩子的学习兴趣和动力，帮助他们建立积极的学习态度和价值观。在融合教育中，家长的情感投入和教育引导，对于提升孩子的自我认同感和社交技能具有不可替代的作用。

家长还可以通过参与学校组织的志愿服务、家校合作项目等活动，将自己的社会资源引入学校，为孩子提供更多的学习机会和实践平台。这种家校间的资源共享和优势互补，有助于构建更加开放、多元的融合教育环境，促进每一个孩子的全面发展。

（三）对孩子学习的监督与促进

1. 家庭作业与学习的监督

家庭作业不仅是学校教育的重要组成部分，更是家长监督孩子学习、培养其自律能力的有效途径。在融合教育背景下，家长应积极承担起监督孩子完成家庭作业的责任，通过有效的监督和引导，帮助孩子养成良好的学习习惯，提升学习效果。

家长在监督孩子完成家庭作业时，应注重策略和方法。一方面，要设定明确的作业时间和规则，确保孩子有足够的时间和安静的环境完成作业；另一方面，要适时给予孩子指导和帮助，解决他们在作业过程中遇到的困难和问题。同时，家长还可以通过赞扬和鼓励的方式，激发孩子的学习兴趣和动力，让他们在完成作业的过程中感受到成就感和自信心。

此外，家长与孩子共同学习、讨论问题，也是提升孩子思考和理解能力的重要途径。家长可以利用家庭作业中的问题和孩子进行深入的探讨，引导他们从不同的角度思考问题，拓展他们的思维视野。这种互动式的学习方式不仅能够增进家长与孩子之间的情感交流，还能够有效提升孩子的学习效果和思维能力。

2. 学习目标的设定与调整

设定合理的学习目标对于孩子的学习进步至关重要。在融合教育中，家长应与孩子共同设定具体、可衡量的学习目标，并根据孩子的实际情况和进展进行适时调整。通过设定明确的目标，孩子能够更加清晰地了解自己的学习任务和方向，从而更加有针对性地投入学习。

在设定学习目标时，家长应充分考虑孩子的兴趣、特长和实际需求，确保学习目标既具有挑战性又符合孩子的实际能力。同时，家长还应与孩子进行充分的沟通和协商，确保他们对学习目标有清晰的认识和认同感。在执行过程中，家长应定期与孩子回顾和评估学习目标的完成情况，并根据实际情况进行必要的调整和优化，以确保孩子能够在不断的学习和挑战中实现自我提升和成长。

家长在设定与调整学习目标的过程中，还应关注孩子的心理变化和学习态度。对于孩子在学习过程中出现的焦虑、挫败感等负面情绪，家长应及时给予疏导和鼓励，帮助他们建立积极的学习心态和面对困难的勇气。家长的关爱和支持，能够让孩子更加自信、坚定地追求自己的学习目标，从而实现全面的发展。

（四）提供个性化的家庭支持方案

1. 了解孩子的特殊需求

在融合教育环境中，家庭发挥着至关重要的作用，特别是在了解和应对孩子的特殊需求方面。家庭应当成为孩子情感支持的主要来源，同时积极与教师、学校管理人员以及其他家长保持沟通，共同关注孩子的成长和发展。为了制定个性化的家庭支持方案，深入了解孩子的特殊需求是至关重要的第一步。

家庭应通过与孩子的日常互动、观察以及与教师等专业人士的交流，全面了解孩子在学习、行为以及情感方面的特殊需求。例如，对于有学习障碍的孩子，家庭需要关注他们在阅读、写作或数学等具体学科上的困难，并寻求专业的指导和帮助。对于有行为问题的孩子，家庭需要耐心观察他们的行为模式，找出问题的根源，并与学校合作制订行为干预计划。

情感支持在了解孩子特殊需求的过程中也不可忽视。家庭应给予孩子无条件的爱与接纳，帮助他们建立自信心和安全感。通过与孩子的情感交流，家庭可以更好地理解孩子的内心世界，从而更准确地把握他们的特殊需求。

2. 制定个性化的家庭支持方案

在充分了解孩子的特殊需求后，家庭需要制定个性化的支持方案，以帮助孩子克服学习困难、提升社会适应能力。个性化的支持方案应当包括具体的教育策略、活动安排和资源利用等内容。

在教育策略方面，家庭可以根据孩子的学习特点和兴趣制订个性化的学习计划。例如，对于视觉学习者，家庭可以利用图表、图片等视觉辅助工具帮助孩子理解和记忆知识。对于听觉学习者，家庭则可以通过朗读、讲解等方式传授知识。同时，家庭还可以鼓励孩子参加课外辅导或兴趣小组，以拓展他们的学习领域和社交圈子。

在活动安排方面，家庭应充分考虑孩子的特殊需求和兴趣爱好，为他们提供丰富多彩的活动选择。例如，对于身体有障碍的孩子，家庭可以安排适合他们的体育活动或康复训练，以增强他们的身体素质和自信心。对于社交能力较弱的孩子，家庭则可以组织亲子互动游戏或社交活动，帮助他们提高人际交往能力。

在资源利用方面，家庭应充分发挥自身优势，整合各种资源为孩子提供支持。例如，家长可以利用自身的专业知识和社会资源，为孩子提供实习或社会实践机会。同时，家庭还可以积极寻求政府、社区等外部资源的支持，如申请教育补助、参加社区组织的活动等。

制定个性化的家庭支持方案需要家庭全面了解孩子的特殊需求，并结合自身实际情况和外部资源进行合理规划。通过个性化的教育策略、活动安排和资源利用，家庭可以为孩子提供全方位的支持和帮助，促进他们在融合教育中的全面发展。

二、社区在融合教育中的作用

（一）包容性社区环境的创建

在融合教育的实践中，社区扮演着举足轻重的角色。为了营造一个支持特殊需求孩子的环境，社区必须致力于创建包容性的文化氛围，并提供无障碍的设施与服务。

1. 倡导包容性文化

包容性文化的倡导是社区支持融合教育的基石。通过多元的活动和宣传，社区可以塑造一个对差异持开放态度、尊重每个个体独特性的社会环境。例如，定期举办以融合教育为主题的讲座和研讨会，邀请专家、教育工作者和家长共同探讨如何更好地支持特殊需求孩子的发展。这些活动不仅能够增进社区居民对融合教育的理解，还能激发他们积极参与到这一伟大事业中的热情。

社区还可以利用自身的平台和资源，开展形式多样的公益活动，如义卖、募捐等，为特殊需求孩子筹集教育资金，或者为他们提供与同龄人互动的机会。这些举措有助于构建一个更加温暖、有爱心的社区，让每个孩子都能在这里找到属于自己的归属感。

2. 提供无障碍设施和服务

除了文化层面的倡导，社区还需要在硬件设施和服务上做出努力，以确保特殊需求孩子能够平等地享受社区资源。这包括改善公共交通设施的无障碍设计，如增设盲道、坡道等，方便行动不便的孩子出行；优化公共设施的配置，如设置无障碍卫生间、低位服务台等，满足不同孩子的需求。

在信息服务方面，社区也应建立完善的系统，及时发布与特殊需求孩子相关的政策、活动等信息，确保他们及其家庭能够第一时间获取到所需的支持。此外，社区还可以设立专门的咨询窗口或热线电话，为家长和孩子提供个性化的指导与帮助。

通过倡导包容性文化和提供无障碍设施与服务，社区在融合教育中发挥着不可替代的作用。这不仅有助于特殊需求孩子的全面发展与融入社会，也是构建和谐社会、实现教育公平的重要举措。

（二）社区资源的整合与共享

社区作为一个重要的社会单位，在融合教育中扮演着至关重要的角色。特别是在资源整合与共享方面，社区能够发挥自身优势，为特殊需求孩子及其家庭提供有力支持。

1．整合社区教育资源

社区内蕴含着丰富的教育资源，这些资源包括学校、图书馆、文化机构等各类设施与服务。为了更有效地支持融合教育，社区应积极着手整合这些分散的资源。例如，社区可以与学校建立紧密合作关系，共同规划并实施针对特殊需求孩子的教育项目。通过校社合作，不仅能够让特殊需求孩子更便捷地接触到适宜的教育资源，还能促进他们与同龄人的互动交流，提升社会适应能力。

图书馆作为社区内的重要文化资源，也应被充分利用起来。社区图书馆可以定期举办阅读指导活动，为特殊需求孩子提供适合他们的阅读材料，并配备专业的阅读辅导员。这样不仅能够培养孩子的阅读兴趣，还能在阅读过程中提升他们的认知能力和语言表达能力。

2．共享家庭教育经验

家庭教育是融合教育中不可或缺的一环，家庭之间在教育经验和方法上的共享，能够有力推动家庭教育的优化与发展。社区可以搭建平台，组织家庭教育经验分享会，邀请有成功教育经验的家长现身说法，分享他们的教育心得和实践体会。这样的分享会不仅能够为其他家长提供宝贵的参考和借鉴，还能促进家长之间的深入交流与互动，形成良好的家庭教育氛围。

除了家长之间的经验分享，社区还可以邀请教育专家为家长提供咨询和指导服务。专家可以根据每个家庭的具体情况，给出个性化的教育建议，帮助家长解决在教育过程中遇到的疑难问题。通过专家的指导，家长能够更科学地开展家庭教育，为孩子的全面发展提供有力保障。

社区在融合教育中的资源整合与共享方面发挥着举足轻重的作用。通过整合社区内的教育资源，并促进家庭教育经验的共享，社区能够为特殊需求孩子及其家庭提供更为全面、专业的支持，推动融合教育的深入发展。

（三）社区教育与宣传活动的开展

1. 举办融合教育宣传活动

社区作为社会生活的基础单元，其举办的融合教育宣传活动对于提高公众认知与理解水平具有显著意义。通过多元的活动形式，如讲座、展览和演出，社区能够向广大居民传递融合教育的核心理念和实践成果。例如，在讲座中，可以邀请融合教育领域的专家深入讲解融合教育的历史背景、发展现状以及未来趋势，从而增强公众对融合教育的认同感；在展览中，可以通过展示特殊需求孩子的艺术作品、学习成果等，让公众更加直观地了解他们的才华与努力；在演出中，则可以组织特殊需求孩子与普通孩子共同参与文艺表演，展现他们之间的互助与合作精神。

这些宣传活动不仅能够引导公众关注特殊需求孩子的成长和发展问题，更能够推动社会形成一个更加包容、理解和支持融合教育的良好氛围。当社区居民普遍认识到融合教育的重要性，并愿意为之付出实际行动时，特殊需求孩子将能够更好地融入社区生活，享受到平等的教育机会和资源。

2. 组织教育讲座和培训

为了进一步提升家长和教育工作者的专业素养和教育能力，社区可以积极组织相关的教育讲座和培训活动。这些活动应涵盖特殊教育理论、教学方法以及心理辅导等多个方面，确保参与者能够全面、深入地了解融合教育的相关知识和技能。

在讲座中，可以邀请具有丰富实践经验的特殊教育专家或教师进行主题演讲，分享他们在融合教育领域的成功案例和心得体会。同时，还可以设置互动环节，让参与者与专家进行面对面的交流和咨询，解决他们在融合教育实践中遇到的具体问题。通过在讲座中的学习和交流，家长和教育工作者更加明确了自己在融合教育中的角色和责任，从而为特殊需求孩子提供更好的教育支持。

社区还可以与当地的教师培训机构或高校合作，举办系统的融合教育培训课程。这些课程可以根据参与者的实际需求和水平进行定制化设计，包括理论教学、实践操作、案例分析等多个模块。通过系统的培训和学习，家长和教育工作者将能够更加熟练地运用融合教育的理念和方法，促进特殊需求孩子的全面发展。当家长和教育工作者具备了足够的专业素养和教育能力时，他们将能够更加自信、从容地面对融合教育中的挑战和困难，为特殊需求孩子创造了一个更加美好的教育环境。

（四）社区支持网络的构建

社区支持网络的构建是融合教育中不可或缺的一环，特别是对于特殊需求孩子及其家庭而言。这一网络的核心在于建立支持小组和互助组织，它们能够为这些家庭提供必要的情感支持、信息交流以及实际帮助。这些小组和组织通常由家长、教育工作者以及热心的社区志愿者共同组成，他们通过定期的聚会、经验分享以及合作活动，共同为特殊需求孩子营造了一个更加包容和支持的生活环境。

在支持小组和互助组织的运作过程中，情感支持的作用尤为突出。家长可以在这里找到共鸣，分享彼此在养育特殊需求孩子过程中的喜怒哀乐，从而减轻心理压力，增强面对困难的勇气。教育工作者则能够提供专业的指导和建议，帮助家长更好地理解和应对孩子在成长过程中遇到的各种挑战。而志愿者的参与，不仅为这些家庭带来了实际的帮助，还在社区中传播了融合教育的理念和价值观，促进了社区整体对特殊需求孩子的接纳和支持。

除了提供情感支持，支持小组和互助组织还是信息交流的重要平台。在这里，家长可以分享各自的教育经验和方法，学习如何更有效地与孩子沟通，如何应对孩子在学习和行为上出现的问题。同时，他们还可以了解到最新的特殊教育政策和资源，从而更好地为孩子争取权益和机会。这种信息交流不仅提升了家长的教育能力，还增强了他们作为孩子教育者的信心和责任感。

实际帮助是支持小组和互助组织提供的另一项重要服务。这些帮助可能包括为孩子提供辅导和陪伴，为家庭提供生活上的支持和援助，以及为家长提供心理咨询和疏导等。这些实际行动不仅解决了特殊需求家庭面临的具体困难，还让他们感受到了社区的温暖和关怀，从而更加坚定地走在融合教育的道路上。

社区支持网络的构建对于推动融合教育的发展具有重要意义。通过建立支持小组和互助组织，社区为特殊需求孩子及其家庭提供了一个全方位的支持体系，帮助他们更好地应对挑战、融入社会。未来，随着社区支持网络的不断完善和拓展，我们有理由相信，融合教育将在更广泛的范围内得到实现，并为每一个孩子带来公平而有质量的教育机会。

三、家庭与社区合作机制的建立

（一）合作机制的理论基础

在融合教育的背景下，家庭与社区合作机制的建立显得尤为重要。这一机制的理论基础主要源于生态系统理论和社会支持网络理论。

生态系统理论强调个体与其所处环境之间的相互作用。在家庭与社区的合作中，孩子作为个体，其成长和发展受到家庭和社区这两个重要环境的影响。家庭和社区之间的紧密合作，能够为孩子提供一个更加协调、一致的教育环境，从而促进孩子的全面发展。

社会支持网络理论则强调个体通过社会关系网络获取资源和支持。在融合教育中，特殊需求孩子及其家庭往往面临更多的挑战和压力，需要更多的资源和支持。家庭与社区的合作，可以构建一个更加广泛和强大的社会支持网络，为特殊需求孩子及其家庭提供更多的资源和支持，帮助他们更好地应对挑战和压力。

在实践意义上，家庭与社区合作机制的建立，有助于促进家庭教育和社区教育的有效衔接，提高教育质量。通过家庭和社区的共同努力，可以为孩子提供更加全面、个性化的教育服务。同时，这种合作机制还有助于增强家庭和社区之间的信任和合作关系，推动社区和社会的和谐发展。

家庭与社区合作机制的实践意义体现在以下几个方面：提高了特殊需求孩子的受教育机会和质量，使他们能够更好地融入社会；增强了家庭和社区的教育能力，提高了他们对特殊需求孩子的教育效果；促进了家庭和社区之间的良性互动，为特殊需求孩子创造了一个更加包容、支持的成长环境。

家庭与社区合作机制的理论基础主要包括生态系统理论和社会支持网络理论。这一机制的建立，对于促进融合教育的发展、提高特殊需求孩子的教育质量、增强家庭和社区的教育能力以及推动社区和社会的和谐发展都具有重要的实践意义。

（二）合作机制的建立与实施

在融合教育的背景下，家庭与社区合作机制的建立与实施显得尤为重要。这一机制的有效运转，不仅能够促进特殊需求孩子的全面发展，还能够提升家庭与社区的整体教育水平。

建立合作机制需要明确家庭与社区各自的角色与责任。家庭是孩子成长的第一课堂，承担着情感支持、教育引导等重任；而社区则是孩子社会化的重要场所，提供着资源整合、环境营造等支持。明确这些角色与责任，有助于双方更好地发挥各自优势，形成教育合力。

实施合作机制需要搭建有效的沟通平台。家庭与社区之间应当建立起定期交流、信息共享的机制，确保双方能够及时了解孩子的成长动态，共同解决在教育过程中遇到的问题。例如，可以通过家长会议、社区论坛等形式，促进家庭与社区之间的深入交流与互动。

合作机制还应当注重资源的整合与利用。家庭与社区都拥有各自独特的教育资源，包括人力、物力、财力等。通过建立合作机制，可以将这些资源进行有效整合，为特殊需求孩子提供更加全面、个性化的教育支持。例如，社区可以组织志愿者为家庭提供教育辅导服务，而家庭则可以分享自身的教育经验和资源，共同推动教育的发展。

合作机制的建立与实施需要持续的评估与改进。家庭与社区应当共同制定评估标准，定期对合作机制的运行效果进行评估，并根据评估结果及时进行改进和调整。这样可以确保合作机制始终保持在最佳状态，为特殊需求孩子提供持续、稳定的教育支持。

家庭与社区合作机制的建立与实施是一个系统工程，需要双方的共同努力和持续投入。通过明确角色与责任、搭建沟通平台、整合教育资源以及持续评估与改进等措施，可以构建一个更加完善、高效的家庭与社区合作机制，为特殊需求孩子的全面发展保驾护航。

（三）合作机制的评估与改进

在融合教育中，家庭与社区合作机制的评估与改进是至关重要的一环。为了确保合作机制的有效性和可持续性，需要对其进行定期的评估，并根据评估结果进行必要的调整和优化。

在评估家庭与社区合作机制的过程中，首先要明确评估的目标和标准。这包括合作机制的运行情况、家庭与社区的参与度、资源的整合与利用情况，以及特殊需求孩子的受益程度等方面。通过设定具体的评估指标，可以更加客观地衡量合作机制的实际效果。

在评估方法上，可以采取定量与定性相结合的方式。定量评估可以通过收集和分析相关数据，如家庭与社区的互动频率、活动参与度等，来反映合作机制的实际情况。而定性评估则可以通过访谈、问卷调查等方式，深入了解家庭、社区成员以及特殊需求孩子的感受和体验，从而更全面地评估合作机制的效果。

评估结果出来后，需要对合作机制中存在的问题和不足进行深入分析，并提出针对性的改进策略。例如，如果评估发现家庭与社区的互动不足，可以通过加强宣传推广、优化活动设计等方式来提高参与度；如果资源整合存在问题，则可以进一步完善资源共享机制，提高资源的利用效率。

持续改进是合作机制评估与改进的重要一环。家庭与社区的合作是一个动态的过程，需要随着时间和环境的变化不断调整和优化。因此，需要建立一种持续改进的文化和机制，鼓励各方积极参与、不断提出改进意见和建议，共同推动合作机制的不断完善和发展。

家庭与社区合作机制的评估与改进是一个系统性、动态性的过程。通过明确评估目标、采用科学的评估方法、深入分析评估结果以及持续改进，可以确保合作机制的有效性和可持续性，为特殊需求孩子提供更好的融合教育环境。

第二节　政府政策与社会服务

一、政府政策的支持

（一）立法保障融合教育的实施

立法在融合教育的实施过程中起到了至关重要的保障作用。通过制定明确的法律法规，政府为融合教育的推进提供了坚实的法律基础，确保了其发展的可持续性和稳定性。这些法律措施不仅规范了教育领域的各个方面，还为融合教育的具体实施提供了指导和支持。

在融合教育的发展过程中，政府通过立法手段明确了各方责任和义务，包括教育机构、教师、学生以及家长等各个参与方。这种法律层面的明确界定，有助于形成全社会共同参与、协同推进的融合教育格局。同时，立法还为融合教育提供了资金、资源等方面的保障，以确保其能够得到有效实施。

我国政府在融合教育立法方面取得了显著成效。通过分析国家层面的融合教育政策法规，可以发现这些政策在演进过程中逐渐增加了政策工具使用类型，提高了融合教育的内生力，并重视其发展的外在因素。这些政策法规的制定和实施，为我国融合教育的快速发展提供了有力保障。

立法保障融合教育实施还体现在对特殊群体的关注和支持上。例如，在幼儿教育领域，通过融合教育的开展，政府为“星星儿”（指有自闭症倾向的幼儿）提供了与普通幼儿交互成长的机会。这不仅提升了“星星儿”的社交技能和经验，还增强了普通幼儿的社会责任心和组织能力。这种立法保障下的融合教育模式，实现了特殊群体与普通群体的双赢发展。

尽管立法在保障融合教育实施方面发挥了重要作用，但仍需不断完善和优化。政府应持续关注融合教育发展过程中出现的新问题和新挑战，及时调整和更新相关法律法规，以确保其始终能够适应社会发展的需要。同时，还应加强对融合教育法律法规的宣传和普及工作，提高全社会对融合教育的认知度和参与度。

立法保障是融合教育实施过程中不可或缺的重要环节。政府应继续加强立法工作，为融合教育的深入发展提供有力支撑。

（二）政策导向与融合教育发展规划

政策导向在推动融合教育的发展中起着举足轻重的作用。通过明确政策方向和目标，政府能够引导社会各界共同努力，形成支持融合教育的强大合力。这种导向作用不仅体现在宏观层面的规划引领，也贯穿于微观层面的具体实践。

在宏观层面，政府通过制定融合教育相关的发展规划，明确了融合教育的战略地位和发展目标。这些规划通常与国家的教育改革和发展战略相衔接，确保了融合教育能够在整个教育体系中得到应有的重视和支持。例如，某些地区在教育改革中明确提出要加强融合教育，通过优化教育资源配置、完善特殊教育支持体系等措施，为残疾学生提供更加平等、包容的学习环境。

在微观层面，政策导向还体现在对融合教育实施过程中的具体指导和支持。政府通过制定详细的实施方案和操作指南，为学校和教师提供了明确的行动依据。这些方案通常包括课程设置、教学方法、评估标准等方面的内容，旨在确保融合教育能够在实践中得到有效落实。此外，政府还通过提供经费支持、加强师资培训等措施，为融合教育的顺利实施提供了有力保障。

政策导向在推动融合教育发展的过程中需要与时俱进，不断调整和完善。

随着社会的进步和教育理念的发展，融合教育的内涵和要求也在不断变化。因此，政府需要密切关注融合教育的发展动态，及时修订相关政策，确保其能够始终发挥引领和推动作用。

政策导向还需要与其他支持措施相互配合，形成协同效应。例如，政府可以通过加强与家庭、社区等各方面的合作，共同构建支持融合教育的社会网络。这种网络不仅能够提供更加多元化的教育资源和支持服务，还能够促进不同群体之间的相互理解和尊重，为融合教育的深入发展创造更加有利的社会环境。

政策导向在推动融合教育的发展中发挥着至关重要的作用。通过明确政策方向和目标、制定具体实施方案和支持措施，政府能够引导社会各界共同努力，推动融合教育不断向前发展。未来，随着政策的不断完善和支持力度的持续加强，融合教育将会迎来更加广阔的发展空间和更加美好的未来。

（三）财政投入与资源分配

财政投入对融合教育的支持力度及资源分配策略，是确保融合教育得以有效实施的关键因素。在探讨这一问题时，需关注政府是如何通过财政手段为融合教育提供必要的经费保障，并合理规划教育资源的分配，以促进教育公平和提高教育质量的。

政府在融合教育中的财政投入，主要体现在对特殊教育学校、普通学校中特殊教育资源教室，以及随班就读等融合教育形式的资金支持上。这些投入不仅用于改善硬件设施，如建设无障碍设施、购买特殊教育辅助器材等，还用于提升软件环境，如加强师资队伍建设、开展融合教育培训等。通过这些措施，政府旨在为融合教育创造一个更加包容、平等的学习环境。

在资源分配策略方面，政府需要充分考虑不同地区、不同学校以及不同学生群体的实际需求。一方面，要确保特殊教育学校和普通学校中的特殊教育资源教室能够获得足够的资源支持，以满足特殊学生的教育需求；另一方面，也要关注随班就读等融合教育形式中的资源分配问题，避免因资源不足而影响融合教育的效果。

政府在制定财政投入和资源分配策略时，还应注重发挥政策的引导作用。通过制定优惠政策、设立专项资金等措施，鼓励社会各界力量参与融合教育事业，形成政府主导、社会参与的多元化投入机制。这不仅可以有效缓解政府的财政压力，还能为融合教育的发展注入更多的活力和创新元素。

政府在融合教育中的财政投入与资源分配策略具有举足轻重的作用。政府通过加大财政投入、优化资源分配、发挥政策引导作用等措施，可以推动融合教育事业的持续健康发展，为特殊学生群体提供更好的教育机会和发展空间。

（四）政策监督与评估机制

政策监督与评估机制在融合教育中扮演着至关重要的角色，它们不仅确保了政策的有效执行，还为政策的持续改进提供了依据。通过监督和评估，政府能够及时了解融合教育的实施情况，发现存在的问题，并采取相应的措施进行改进，从而推动融合教育的不断发展。

在政策监督方面，政府采取了多种措施来确保融合教育政策的落实。例如，政府设立了专门的监督机构，负责对融合教育政策的执行情况进行定期检查。这些机构通过实地走访、听取汇报、查阅资料等方式，全面了解融合教育的实施情况，并及时向政府反馈。此外，政府还鼓励社会各界参与监督，通过公开透明的方式，接受社会监督，确保政策的公正性和有效性。

在评估机制方面，政府也建立了完善的评估体系。政府通过制定明确的评估标准，包括融合教育的教育质量、学生的参与度、家长的满意度等方面，为评估提供了依据，确保了评估的客观性和公正性。政府采用多种评估方法，包括定量评估和定性评估相结合的方式。通过收集和分析数据，政府能够更准确地了解融合教育的实施效果，为政策的改进提供有力支持。政府还注重评估结果的反馈和利用。政府不仅会将评估结果作为其改进政策的依据，还会向社会公开，接受社会的监督和评价。

政策监督与评估机制在融合教育中发挥了重要作用。通过监督和评估，政府能够及时了解融合教育的实施情况，发现问题并采取措施进行改进。这不仅有利于保障融合教育的有效实施，还有助于提高融合教育的质量和水平。未来，政府应继续加强政策监督与评估机制的建设，不断完善相关制度和措施，为融合教育的发展提供更有力的保障和支持。同时，政府还应加强与各方的沟通与协作，共同推动融合教育的持续发展，为社会的和谐与进步做出更大的贡献。

二、社会服务的提供

（一）特殊教育专业服务体系的构建

特殊教育专业服务体系的构建对于融合教育的推进具有至关重要的作用。

该体系不仅涵盖了特殊教育师资的培养、专业服务的标准化与规范化，还包括了对特殊儿童个别化教育需求的满足等方面。

在特殊教育师资培养方面，需要加强对特殊教育教师的专业培训和职业发展支持。通过系统的培训课程和实践机会，提升特殊教育教师的专业素养和教育教学能力，使他们能够更好地适应融合教育的需求。同时，建立完善的特殊教育教师职业发展路径和激励机制，鼓励更多的教师投身于特殊教育事业，为融合教育提供坚实的人才保障。

在专业服务标准化与规范化方面，需要制定和完善特殊教育相关的政策法规，明确特殊教育服务的标准和要求。通过规范特殊教育服务流程、提升服务质量，确保特殊儿童能够受到更加专业、有效的教育支持。此外，还应加强对特殊教育服务机构的监管和评估，确保其服务质量和效果符合标准要求。

在满足特殊儿童个别化教育需求方面，特殊教育专业服务体系需要充分考虑每个特殊儿童的具体情况和需求，为他们提供个性化的教育方案和支持。通过个别化教学、辅助技术运用等方式，帮助特殊儿童克服学习障碍，提升他们的学习效果和生活质量。同时，加强与家长、社区等各方面的合作与沟通，共同为特殊儿童创造更加包容、支持的学习环境。

特殊教育专业服务体系的构建是融合教育发展的重要支撑。通过加强特殊教育师资培养、完善专业服务标准化与规范化以及满足特殊儿童个别化教育需求等方面的努力，可以进一步推动融合教育的发展，为特殊儿童提供更加优质、全面的教育服务。这不仅有助于提升特殊儿童的教育水平和生活质量，也是实现教育公平和社会包容的重要举措。

（二）社会工作者在融合教育中的角色定位

在融合教育的推进与实施过程中，社会工作者扮演着举足轻重的角色。他们不仅是服务提供者，还是资源链接者、政策倡导者以及多方沟通协调者。以下将详细分析社会工作者在融合教育中的具体角色定位及其作用。

作为服务提供者，社会工作者通过专业的知识和技能，为有特殊教育需求的儿童及其家庭提供个性化的支持和服务。这包括但不限于心理咨询、康复训练、教育辅导等。社会工作者能够深入了解这些儿童及其家庭的需求和困境，制订切实可行的服务计划，帮助他们更好地融入主流教育环境，实现教育公平。

在资源链接方面，社会工作者发挥着桥梁和纽带的作用。他们了解并掌握着丰富的社会资源，包括政府政策、社会福利、专业机构等，能够根据特殊儿童及其家庭的实际需求，为他们提供精准有效的资源链接。通过社会工作者的努力，这些家庭可以更加便捷地获取到所需的资源和服务，从而减轻他们的负担，提升他们的生活质量。

社会工作者还是政策的倡导者。他们深知融合教育对于特殊儿童及其家庭的重要性，因此会积极参与相关政策的制定和修订过程，为政策的完善提供有力的专业支持和建议。同时，他们还会通过各种渠道和方式，宣传和推广融合教育的理念和政策，提高公众对融合教育的认知度和接受度。

在多方沟通协调方面，社会工作者的角色同样不可或缺。融合教育的实施涉及多个部门、机构、家庭和个人的利益与诉求，需要各方之间的密切配合和有效沟通。社会工作者能够运用专业的沟通技巧和协调能力，促进各方之间的良性互动和合作共赢，为融合教育的顺利实施创造有利的外部环境。

社会工作者在融合教育中扮演着多重角色，发挥着举足轻重的作用。他们在专业服务、资源链接、政策倡导以及多方沟通协调等方面的作用，为融合教育的推进与实施提供了有力的支持和保障。未来，随着社会工作者队伍的不断壮大和专业化水平的提升，他们将在融合教育领域发挥出更加重要的作用，为更多有特殊教育需求的儿童及其家庭带来福音。

（三）非政府组织与志愿者的参与

非政府组织与志愿者在融合教育中的参与，为这一领域注入了不可或缺的活力。他们不仅提供了丰富的资源和专业的服务，还在促进教育公平、提升教育质量方面发挥了积极作用。

非政府组织以其灵活性和创新性，在融合教育中扮演了重要角色。这些组织通常能够迅速响应社会需求，为融合教育提供定制化的解决方案。例如，一些非政府组织专注于为特殊儿童提供教育支持，通过开发特殊教育课程、培训教师等方式，帮助这些儿童更好地融入学校和社会。此外，非政府组织还致力于倡导融合教育理念，推动社会各界对融合教育的关注和支持。

志愿者则是融合教育中的另一支重要力量。他们以无私的奉献精神，为融合教育提供了人力和智力支持。志愿者们通常具有不同的专业背景和技能，能够为融合教育带来多元化的视角和解决方案。他们不仅参与到特殊儿童的日常教学中，提供个性化的辅导和关爱，还在课外活动中陪伴孩子们成长，帮助他们建立自信、拓宽视野。

非政府组织与志愿者的合作，进一步放大了双方在融合教育中的影响力。通过资源共享、优势互补，双方能够共同应对融合教育面临的挑战，推动其持续发展。例如，在某些地区，非政府组织与志愿者共同发起了融合教育项目，通过整合当地资源、吸引社会关注，为特殊儿童创造了更好的教育环境。

非政府组织与志愿者在参与融合教育的过程中也面临一些挑战。资金短缺是制约其发展的主要因素之一。非政府组织需要筹集资金以支持项目的开展，而志愿者则需要一定的经费来保障其参与活动的可持续性。专业人才的匮乏也影响了非政府组织与志愿者在融合教育中的表现。尽管越来越多的人加入这一领域，但具备特殊教育专业知识和实践经验的人才仍然不足。

为了克服这些挑战，政府、企业和社会各界需要共同努力。政府可以通过提供资金支持、制定优惠政策等方式，鼓励非政府组织和志愿者参与融合教育。企业则可以发挥其在资源和技术方面的优势，与非政府组织合作开展融合教育项目。同时，社会各界也应加强对融合教育的宣传和推广，提高公众对融合教育的认识和关注度。

非政府组织与志愿者在融合教育中的参与情况及贡献不容忽视。他们是推动融合教育发展的重要力量，为特殊儿童的教育和成长提供了有力支持。未来，随着更多非政府组织和志愿者的加入以及社会各界的共同努力，融合教育将迎来更加美好的明天。

（四）企业社会责任与融合教育的结合

企业社会责任（CSR）在当今社会已逐渐成为企业可持续发展的核心要素之一。在融合教育领域，企业社会责任的履行不仅有助于提升企业形象，还能切实推动融合教育的发展，实现企业与社会的共赢。

企业践行社会责任可以通过多种方式助力融合教育。企业可以通过资金捐赠支持融合教育项目。这些资金可以用于改善特殊学校的教学设施，提高融合教育的教学质量，以及资助贫困家庭的特殊儿童接受更好的教育。此外，企业还可以设立奖学金或助学金，激励特殊儿童努力学习，追求更好的未来。

企业可以积极参与融合教育的公益活动。例如，组织员工志愿者参与特殊学校的辅助教学、心理咨询等活动，为特殊儿童提供更多的关爱和支持。这种公益活动的参与不仅能够帮助特殊儿童更好地融入社会，还能增强企业员工的社会责任感和团队凝聚力。

企业也可以在招聘过程中积极践行社会责任，推动融合教育的发展。例如，企业可以设立专门针对特殊人群的招聘岗位，提供适合他们的工作机会，帮助他们实现自我价值。这种做法不仅有助于特殊人群的就业问题，还能提升企业的社会形象，吸引更多优秀人才加入。

除了上述方式，企业还可以通过技术创新和产品研发来支持融合教育。例如，开发适合特殊儿童使用的教育辅助设备或软件，提高他们的学习效率和生活质量。这种技术创新不仅能够帮助特殊儿童更好地融入社会，还能为企业带来新的商业机会和发展空间。

在探讨企业社会责任与融合教育的结合时，还需要关注一些挑战和问题。例如，如何确保企业捐赠资金的有效利用和透明管理，避免出现腐败和浪费现象；如何提高企业员工对融合教育的认识和参与度，确保公益活动的实际效果；如何在招聘过程中公平对待特殊人群，避免歧视和偏见等问题。针对这些挑战和问题，企业需要不断完善相关制度和措施，加强与政府、非政府组织等各方的合作与沟通，共同推动融合教育的健康发展。

企业社会责任与融合教育的结合具有深远的意义和广阔的前景。通过资金捐赠、公益活动参与、招聘支持以及技术创新等多种方式，企业可以切实推动融合教育的发展，为特殊儿童提供更多的关爱和支持。同时，这种做法也有助于提升企业自身的社会形象和可持续发展能力，实现企业与社会的共赢。

三、政府政策与社会服务的协同作用

（一）政府政策与社会服务协同机制

在融合教育的推进过程中，政府政策与社会服务的协同机制发挥着至关重要的作用。这种协同机制体现在多个层面，它们共同构成了支持融合教育发展的强大合力。

从立法保障的角度来看，政府通过制定和完善相关法律法规，为融合教育的实施提供了坚实的法律基础。这些法律措施不仅明确了融合教育的地位和目标，还对社会各方面参与融合教育提出了具体要求。与此同时，社会服务领域也积极响应政府立法，通过提供专业化的服务来配合法律的实施，确保融合教育在实践中得到有效落实。

在政策导向方面，政府通过制定融合教育发展规划，明确了未来一段时间内融合教育的发展方向和目标任务。这些规划不仅为各级政府和教育部门提供了行动指南，也为社会服务组织提供了参与融合教育的机会和平台。社会服务组织根据政府规划的需求和重点，有针对性地开展服务项目，与政府形成合力，共同推动融合教育的发展。

在财政投入与资源分配方面，政府通过加大财政投入，为融合教育提供了必要的经费保障。这些经费不仅用于改善学校设施、提高教师待遇等硬件建设，还用于购买社会服务、支持特殊学生等软件建设。社会服务组织则通过政府购买服务等方式，获得稳定的资金来源，从而持续地为融合教育提供优质服务。这种财政投入与资源分配的协同，确保了融合教育在各个方面都能得到充分的支持和保障。

在政策监督与评估机制方面，政府通过建立完善的监督与评估体系，对融合教育的实施情况进行定期检查和评估。这些监督和评估结果不仅用于指导政府政策的调整和完善，还为社会服务组织提供了改进服务的依据和方向。社会服务组织根据政府监督和评估的反馈，及时调整服务策略和方法，提高服务质量和效果。这种政策监督与评估机制的协同，确保了融合教育能够持续、健康地发展。

政府政策与社会服务在融合教育中的协同机制体现在立法保障、政策导向、财政投入与资源分配以及政策监督与评估机制等多个方面。这种协同机制确保了融合教育在实践中能够得到全面、系统、持续的支持和保障，为特殊学生提供了更加公平、优质的教育机会。同时，这种协同机制也促进了政府与社会服务组织之间的深度合作与良性互动，共同推动了融合教育事业的蓬勃发展。

（二）协同作用案例分析

在融合教育的推进过程中，政府政策与社会服务的协同作用显得尤为重要。这种协同作用不仅体现在政策制定与执行的相互配合上，更体现在实际操作过程中各方资源的有效整合与利用。以下，将通过几个具体的案例来深入分析这种协同作用在融合教育中的体现。

案例一：某市融合教育示范区的创建

某市在融合教育示范区创建过程中，政府部门通过制定一系列优惠政策和专项资金支持，鼓励学校、社区、企业等多方力量共同参与。这些政策不仅明确了各方的职责与权益，还为示范区的建设提供了坚实的物质基础。同时，社会服务组织也积极响应政府号召，提供专业的特殊教育服务、师资培训、家长支持等，形成了政府主导、社会参与的良好格局。在这种协同作用下，该示范区的融合教育水平得到了显著提升，特殊儿童的教育需求得到了更好的满足。

案例二：特殊教育学校的转型与发展

随着融合教育理念的深入人心，越来越多的特殊教育学校开始寻求转型与发展。在这一过程中，政府政策的引导与支持起到了关键作用。政府部门通过制定转型规划、提供资金支持、完善评估机制等措施，帮助这些学校逐步实现从隔离到融合的转变。同时，社会服务组织也积极参与到这一过程中，为学校提供课程设计、教学方法改革、康复训练等方面的专业支持。这种政策与服务相结合的模式，有效地推动了特殊教育学校的转型与发展，提高了融合教育的实施效果。

案例三：社区融合教育项目的实施

在社区层面，政府政策与社会服务的协同作用同样显著。以某社区的融合教育项目为例，政府部门通过制定相关政策，明确了社区在融合教育中的职责与作用，并提供了相应的资金支持。社区则依托自身优势资源，联合社会服务组织共同开展了一系列融合教育活动，如特殊儿童家庭支持、亲子活动、康复训练等。这些活动不仅增进了特殊儿童与普通儿童之间的交流与互动，还提高了社区居民对融合教育的认识与参与度。在这种协同作用下，社区的融合教育氛围日益浓厚，特殊儿童的社会融入问题也得到了有效缓解。

通过以上几个案例的分析，可以看到政府政策与社会服务在融合教育中的协同作用具有深远的意义。这种协同作用不仅能够整合各方资源，形成合力，还能够推动融合教育的深入发展，提高教育质量。因此，在未来的融合教育实践中，应该进一步加强政府政策与社会服务的协同配合，共同为特殊儿童创造更加公平、包容的教育环境。

（三）面临的挑战与解决方案

在融合教育的推进过程中，政府政策与社会服务面临着多方面的挑战。这些挑战不仅关乎教育资源的分配与利用，还涉及教育理念的更新、社会认知的改变以及实际操作层面的难题。为应对这些挑战，需要提出具有针对性和可操作性的解决方案。

1. 面临的挑战

教育资源分配不均：在融合教育实践中，往往存在着教育资源分配不均的问题。一方面，特殊教育学校与普通学校之间的资源差距较大，导致融合教育的实施难度增加；另一方面，不同地区之间的教育资源也存在明显差异，影响了融合教育的普及与推广。

教育理念更新滞后：融合教育要求教育理念的更新与转变，包括从传统的以残疾为标签的观念向以能力为本位的观念转变。然而，在实际操作中，部分教育工作者和家长仍然难以摆脱传统观念的束缚，对融合教育的理解和接受程度有限。

社会认知度不足：尽管融合教育在理论上得到了广泛认同，但在社会实践中仍面临着认知度不足的问题。公众对融合教育的了解不够深入，甚至存在误解和偏见，这在一定程度上制约了融合教育的发展。

实际操作层面难题：融合教育的实施涉及多个部门和多种专业服务的协作与配合。然而，在实际操作过程中，由于各部门之间的职责不清、沟通不畅以及专业服务人员的素质参差不齐等问题，导致融合教育的实施效果受到影响。

2. 解决方案

优化教育资源分配：针对教育资源分配不均的问题，政府应加大对融合教育的投入力度，提高特殊教育学校与普通学校的资源配备水平。同时，通过建立跨区域的教育资源共享机制，促进不同地区之间的教育资源均衡配置。

加强教育理念宣传与培训：为推动教育理念的更新与转变，政府和教育部门应加强对教育工作者和家长的宣传与培训。通过开展专题讲座、研讨会以及经验交流活动等方式，普及融合教育的理念和实践经验，提高相关人员的专业素养和认识水平。

提升社会认知度与接纳度：针对社会认知度不足的问题，政府和媒体应加大对融合教育的宣传力度，提高公众对融合教育的认知度和接纳度。同时，通过组织公益活动和志愿服务等方式，增强社会各界对融合教育的关注和支持力度。

完善协作机制与提高服务质量：为解决实际操作层面的难题，政府应建立健全各部门之间的协作机制，明确职责分工和沟通渠道。同时，加强对专业服务人员的培训和管理力度，提高他们的服务质量和专业素养。此外，通过建立定期评估和反馈机制，及时发现并解决融合教育实施过程中的问题与挑战。

第三节　教师培训与专业发展

一、教师培训的重要性与目标

（一）提升教师的专业知识与技能水平

在当今社会，教育改革与发展对教师的专业素养提出了更高的要求。教师培训作为提升教师专业知识和技能的重要途径，其重要性不言而喻。它不仅是教师个人成长的必由之路，也是推动教育质量提升的关键因素。

教师培训是教师适应教育改革和知识更新的必然选择。随着科学技术的迅猛发展和教育理念的不断创新，教师原有的知识结构和教学技能已经无法满足现代教育的需求。教师培训可以帮助教师及时了解和掌握最新的教育政策、教学理论和技术，从而在教育教学实践中更好地适应时代的发展。

提升教师的专业知识与技能是教师培训的核心目标。教师的专业知识不仅包括学科知识，还包括教育理论、心理学、教育学等多个领域的知识。通过培训，教师可以更加系统地掌握这些知识，提高自己的教学设计能力、课堂管理能力和学生评价能力。

教师培训有助于提高教师的教学实践能力。在教学过程中，教师需要根据学生的实际情况灵活运用各种教学方法和策略。培训活动通常包含实践操作环节，教师可以通过观摩、模拟教学、教学反思等方式，提升自己的教学实践技能。

教师培训还能提高教师的教育科研能力。教育科研是提升教育质量的重要手段，通过培训，教师可以学习科研方法，开展教育教学研究，将研究成果应用于教学实践，从而实现教学与科研的相互促进。

教师培训对于培养教师的教育情怀和职业认同感也具有重要意义。通过培训，教师可以加深对教育事业的热爱，明确自己的职业使命，增强教书育人的责任感和使命感。

（二）培养教师对融合教育的理解与认同

在多元化和个性化日益受到重视的教育领域，融合教育作为一种包容性教育理念，对于促进教育公平和社会和谐具有重要意义。教师培训在培养教师对融合教育的理解与认同方面扮演着不可或缺的角色，其重要性体现在以下几个方面。

融合教育强调为所有学生提供平等的教育机会，无论他们的背景、能力或特殊需求如何。教师培训通过介绍融合教育的理念和实践案例，帮助教师认识到每个学生都有其独特的价值和潜能，从而在教学中更加注重个体差异，尊重学生的多样性。

对融合教育的理解与认同，有助于教师在教学实践中采取更加包容和灵活的教学策略。通过培训，教师能够学习到如何设计和调整教学活动，以满足不同能力水平学生的需求，使所有学生都能在课堂上获得成功的学习体验。

融合教育的实施要求教师具备跨学科的知识和技能，以及良好的沟通协作能力。教师培训通过一些专业发展活动，如工作坊、研讨会和实地考察，增强教师在这些领域的专业能力，使教师能够更好地在团队中发挥作用，共同支持学生的全面发展。

融合教育的理念还要求教师具备积极的态度和正确的价值观。教师培训通过情感教育和职业道德教育，引导教师树立正确的学生观和教育观，培养教师的同理心，使教师能够在情感上接纳和支持每一个学生。

教师培训还强调培养教师对特殊教育需求的识别和应对能力。通过学习特殊教育的相关知识，教师能够更好地理解和支持有特殊需求的学生，为他们提供适宜的教育环境和资源。

教师培训通过提升教师对融合教育的理解与认同，有助于构建一个更加包容、更具支持性的学校文化。这种文化不仅有利于学生的成长，也能提升教师的职业满意度和幸福感，从而形成一个良性循环的教育生态。

（三）增强教师的教学创新与实践能力

在当今教育改革的大背景下，教师的教学创新与实践能力成为衡量教育质量的重要标准。教师培训作为提升教师专业素养的重要手段，其在增强教师教学创新与实践能力方面的作用不容小觑。教师培训旨在通过多种形式的培训和实践活动，帮助教师突破传统教学的局限，不断探索和尝试新的教学方法和技术，以适应不断变化的教育环境和学生的学习需求。

教师培训通过引入先进的教育理念和教学策略，激发教师的教学创新思维。在培训过程中，教师可以接触到国内外教育领域的最新研究成果，了解不同教学模式的优缺点，从而在他们自己的教学实践中进行创新尝试。这种思维的开拓有助于教师跳出传统的教育框架，设计出更加符合学生发展需求的教学活动。

教师培训注重提升教师的实践操作能力。通过实地观摩、模拟教学、案例分析等环节，教师能够在实际操作中掌握新的教学方法和技巧，如信息技术在课堂中的应用、项目式学习、合作学习等。这些实践能力的提升，使教师能够在课堂上更有效地实施创新教学，提高教学效果。

教师培训鼓励教师进行教学反思和自我更新。通过反思，教师能够意识到自己在教学中的不足，从而有针对性地进行改进。培训中的同行交流也为教师提供了学习他人经验和分享自己心得的平台，这种互动有助于教师教学创新能力的提升。

此外，教师培训还关注教师科研能力的培养。科研能力是教学创新能力的重要组成部分，教师通过参与科研项目，能够将研究成果转化为教学实践，实现教学与科研的相互促进。这种转化不仅提升了教学的深度和广度，也为教师的专业成长提供了动力。

教师培训还强调跨学科合作的重要性。在培训活动中，教师有机会与其他学科的教师进行交流合作，这种跨学科的碰撞往往能够激发新的教学灵感，促进教学内容的丰富和教学方法的多样化。

教师培训通过建立长效的跟踪支持和评价体系，确保教师能够在培训后持续地进行教学创新和实践。这种持续的支持不仅帮助教师巩固和深化了培训成果，也为教师提供了持续成长的空间。

（四）关注教师心理健康与职业幸福感

在当今社会，教师的角色日益重要，他们不仅承担着传授知识的重任，还肩负着培养学生综合素质、塑造学生健全人格的使命。因此，关注教师心理健康与职业幸福感，对于提高教师队伍的整体素质和教育教学质量具有重要意义。

关注教师心理健康与职业幸福感是提高教育教学质量的关键。一个心理健康、幸福感强的教师，能够以更加积极、饱满的状态投入教育教学工作。他们在课堂上充满激情，能够更好地调动学生的积极性，激发学生的学习兴趣。同时，心理健康的教师具备较强的情绪调节能力，能够在面对教学压力和困境时保持冷静，为学生创造一个和谐、宽松的学习环境。

关注教师心理健康与职业幸福感有助于构建和谐校园文化。一个充满关爱、尊重、理解的校园环境，有助于教师保持良好的心理状态，进而提升教育教学效果。反之，如果教师心理健康问题得不到关注，可能会导致校园氛围紧张，影响教育教学工作的正常开展。

关注教师心理健康与职业幸福感有助于维护教师队伍的稳定。教师心理健康问题若长期得不到解决，可能导致教师产生职业倦怠，甚至离职。这种现象不仅对教师个人发展不利，还会对学校教育教学工作产生负面影响。因此，关注教师心理健康，提升教师职业幸福感，有助于稳定教师队伍，为学校教育事业发展提供有力保障。

二、教师专业发展的途径与方法

（一）建设在职培训与终身学习体系

1. 建设内容

作为教师专业发展的关键途径，在职培训涵盖了诸多形式，如定期的专业技能培训、教学观摩以及教育研讨等。这些活动旨在通过将实践与学习相结合的方式，不断提升教师的教育教学能力。专业技能培训针对教师的学科知识和教学技能进行深化和拓展，确保教师能够跟上学科发展的步伐，为学生提供最前沿的知识。教学观摩则为教师提供了一个直观的学习平台，通过观摩其他优秀教师的教学实践，教师可以从中汲取灵感，借鉴有效的教学方法。而教育研讨则鼓励教师之间进行深入的交流和探讨，共同研究教育教学中的热点问题，促进教师群体的专业成长。

终身学习体系的构建，是教师专业发展的另一重要方面。这一体系强调教师需持续更新知识和技能，以适应教育发展的需要。在终身学习体系的框架下，课程设计、学习平台以及资源整合等成为建设的重点。课程设计应着眼于教师的实际需求，结合教育教学的最新理念和技术，开发出既符合教师专业发展需求又具有实用性的课程。学习平台则应提供便捷、高效的学习工具和服务，支持教师进行个性化的学习。资源整合则要求充分利用各种教育资源，包括线上线下的学习资源、专家学者的智力资源等，为教师提供丰富多样的学习材料和学习机会。

2. 影响分析

在职培训和终身学习体系的建设将对教师专业发展和教育教学质量产生深远的影响。这些建设措施有助于提升教师的教学水平和教育能力。通过在职培训和终身学习，教师能够不断更新自己的知识体系，掌握新的教学技能和方法，从而更好地应对教育教学中的挑战。这种持续的专业成长不仅提升了教师的个人职业素养，也为其职业生涯的发展奠定了坚实的基础。

在职培训和终身学习体系的建设有助于推动教育教学改革和创新。教师是教育教学改革的主体力量，他们的专业素养和教育理念直接影响着改革的成效。通过在职培训和终身学习，教师能够接触到最新的教育理念和教学技术，从而激发其创新意识和探索精神。这种创新意识和探索精神将推动教师在教学实践中不断尝试新的教学方法和模式，从而促进教育教学改革的深入进行。

在职培训和终身学习体系的建设有助于提高教育质量和效益。教师是教育质量的决定性因素之一，他们的教学水平和教育能力直接影响着学生的学习效果和成长发展。通过在职培训和终身学习，教师能够不断提升自己的专业素养和教育能力，为学生提供更优质的教育服务。这种优质的教育服务将促进学生的全面发展，提高教育的整体质量和效益。

（二）发展教师专业学习共同体

教师专业学习共同体作为一个以教师为核心、致力于共同学习和经验分享的学习型组织，在当今教育领域中正逐渐受到广泛的关注。这种共同体不仅为教师提供了一个相互学习和交流的平台，还极大地推动了教师的专业成长和教育教学的持续创新。

1. 共同体构建

构建教师专业学习共同体，首要的是明确共同的学习目标和价值观。这需要通过组织多样化的活动，如教学研讨、经验分享以及互助合作等，来加强教师之间的联系与沟通。在这一过程中，每位教师都是学习的主体，他们分享自己的教学实践经验，共同探讨教育教学中遇到的问题，并寻求最佳的解决方案。这种共同体的构建，不仅有助于提升教师的教学水平，还能促进教育教学的不断创新和完善。

在教学研讨活动中，教师可以围绕特定的教学主题展开深入讨论，分享各自的教学方法和心得体会。这种活动不仅能够加深教师对教育教学的理解，还能激发他们探索新的教学方法和策略的热情。同时，经验分享活动则为教师提供了一个展示自己教学实践成果的舞台，在这个舞台上，教师可以通过分享成功案例和教学反思，互相学习、共同进步。

教师专业学习共同体的构建还强调互助合作的重要性。在教育教学中，教师们经常会遇到各种问题和挑战，通过共同体这个平台，他们可以相互支持、共同进步。这种合作模式不仅能够提升教师的教学能力，还能加强教师之间的凝聚力和团队合作精神。

2. 作用分析

教师专业学习共同体的发展对于提升教师的教学能力和研究能力具有显著的影响。通过在共同体中的互动和学习，教师们可以不断更新自己的教育理念和教学方法，从而提高自己的教学水平。共同体中的研究活动能够激发教师的研究兴趣和创新精神，促进他们在教育教学领域进行深入探索和实践。这些研究活动不仅能够提升教师的专业素养，还能为教育教学改革提供有力的理论支持和实践经验。

教师专业学习共同体的发展还能促进教师之间的交流与合作。在这个平台上，教师们可以分享自己的经验和知识，共同探讨教育教学的难题。这种交流与合作不仅能够加强教师之间的联系和友谊，还能形成共同发展的良好氛围。这种氛围有利于激发教师的工作热情和创造力，推动整个教育行业的持续进步和发展。

教师专业学习共同体的发展也有助于推动教育教学改革和创新。在共同体中，教师们可以共同探讨新的教育理念和教学方法，通过实践验证其可行性和有效性。这种改革和创新不仅能够提高教育质量和效益，还能更好地满足学生的需求和期望。因此，教师专业学习共同体的发展对于整个教育行业的进步和创新都具有深远的影响。

（三）参与国际交流与海外研修项目

1. 项目分析

国际交流和海外研修项目作为教师专业成长的重要途径，已得到广泛认可。这类项目通常涵盖参与国际学术会议、海外研修班、访问交流等多种形式，为教师提供了拓宽国际视野、接触先进教育理念与方法的宝贵机会。

通过参与这些活动，教师不仅能够深入了解不同文化背景下的教育实践与挑战，还能与国际同行进行深度交流与探讨，从而丰富自身的教育经验和教学策略。此外，海外研修项目往往结合实地考察和案例分析，让教师能够在真实的教育环境中去感受和学习，进一步提升其专业素养和综合能力。

2. 促进作用

国际交流和海外研修项目对于促进教师之间的国际交流与合作具有显著意义。通过这些项目，教师能够建立起跨国的专业联系，分享彼此的教学经验和研究成果，共同推动教育教学的国际化发展。

这类项目还有助于提升教师的跨文化沟通能力。在与不同文化背景教师的交流过程中，教师需要学会尊重和理解多元文化，这不仅能够增强其自身的文化敏感性和包容性，还能为培养具有国际视野的学生奠定坚实基础。

此外，国际交流和海外研修项目能够激发教师的教育创新能力。通过接触和学习国外的先进教育理念和实践，教师能够汲取灵感，结合自身的教育实际进行创新性的教学实践和研究，从而推动教育教学的不断进步与发展。国际交流和海外研修项目在教师专业发展中扮演着举足轻重的角色，值得教育机构和教师个人的高度重视与投入。

（四）创新教师评价与激励机制

1. 创新方式

在探讨教师评价与激励机制的创新时，首先要认识到，传统的教师评价方式往往侧重于单一的考核标准，如学生的考试成绩，而忽视了教师在教育教学过程中的全面表现和创新实践。因此，创新教师评价与激励机制的首要任务是构建多元化、综合性的评价体系。

这一评价体系应涵盖教师的教学质量、教育创新能力、专业素养、团队合作精神等多个方面，以全面反映教师的综合能力和工作绩效。同时，评价过程中应引入教师自评、同行互评、学生评价等多元评价方式，确保评价的客观性和公正性。

激励机制的创新则在于将评价结果与教师的个人发展、职业晋升、薪酬待遇等紧密挂钩，形成正向的激励效应。例如，可以设立教学创新奖、科研成果奖等，对在教育教学改革和创新实践中表现突出的教师给予物质和精神上的双重奖励。

此外，还可以探索实施教师职业生涯发展规划，根据教师的个人特点和专业发展需求，量身定制个性化的成长路径和激励方案。这不仅有助于激发教师的内在动力，还能促进教师的长期职业发展。

2. 效果分析

教师评价与激励机制的创新对于提高教师的积极性和创造力具有显著效果。多元化、综合性评价体系的实施，让教师的工作绩效得到了更全面的认可，从而增强了他们的职业认同感和归属感。同时，个性化的激励机制使教师能够明确自己的职业发展目标，并为之付出努力，进而提高了教师的教学热情和职业满意度。

这些创新举措还有助于推动教育教学的持续改进和创新发展。在多元化的评价体系下，教师更加注重学生的全面发展和个性化需求，积极探索创新的教学方法和手段。而激励机制的完善则鼓励教师积极参与教育教学改革和创新实践，形成良性循环。

教师评价与激励机制的创新将提升教育质量和效益。通过激发教师的积极性和创造力，提高教师的教学水平和教育能力，将能培养出更多具有创新精神和实践能力的高素质人才，为社会的持续发展做出积极贡献。

（五）在教师培训中应用信息技术

1. 应用现状

随着科技的飞速发展，信息技术已经渗透到教师培训领域，并为其带来了前所未有的变革。目前，信息技术在教师培训中的应用主要体现在在线教育平台、虚拟现实技术、大数据分析等多个方面。这些先进技术的运用不仅丰富了教师培训的资源，还为其提供了更加便捷、高效的学习方式。

在线教育平台的兴起，使得教师们能够随时随地参与培训，不再受时间和空间的限制。通过在线教育平台，教师们可以观看专家的教学视频，参与在线讨论，与同行交流心得，从而不断提升自己的教学水平和专业素养。此外，在线教育平台还提供了个性化的学习路径，教师们可以根据自己的需求和兴趣选择适合自己的课程进行学习。

虚拟现实技术的应用则为教师培训带来了全新的体验。通过虚拟现实技术，教师们可以身临其境地模拟教学环境，进行实践操作，从而更好地理解和掌握教学技能。这种沉浸式的学习方式不仅提高了教师们的学习兴趣，还有助于培养他们的创新思维和实践能力。

大数据分析在教师培训中的应用也日益广泛。通过对教师们的学习数据进行分析，可以准确地了解他们的学习需求和学习特点，从而为他们提供更加精准、个性化的学习支持和服务。同时，大数据分析还可以帮助培训机构优化课程设置，提高培训效果和质量。

2. 变革分析

信息技术在教师培训中的应用无疑带来了深刻的变革。它打破了时间和空间的限制，使教师能够随时随地进行学习。这一变革不仅提高了教师们的学习效率，还有助于培养他们的终身学习习惯。信息技术提供了更加个性化和精准的学习支持和服务。通过大数据分析等技术手段，可以准确地了解每位教师的学习需求和特点，从而为他们量身定制合适的学习方案。这种个性化的学习方式有助于提高教师们的学习积极性和满意度。

信息技术还为教师培训提供了更加丰富多样的学习资源和学习方式。在线教育平台、虚拟现实技术等先进技术的应用，使得教师们可以通过多种途径获取知识和信息，从而更加全面地提升自己的专业素养。同时，这些技术的应用也促进了教师培训的创新和发展，为培养高素质的教师队伍奠定了坚实基础。

信息技术在教师培训中的应用已经成为不可逆转的趋势。未来，随着技术的不断进步和应用领域的不断拓展，信息技术将在教师培训中发挥更加重要的作用，为推动教师队伍的专业化和现代化建设提供有力支持。

三、教师培训与专业发展的政策支持与保障

（一）政策支持分析

1. 国家政策

国家政策在教师培训与专业发展方面起着至关重要的作用。近年来，为了加强教师队伍建设，提高教师的教育教学水平，我国政府出台了一系列具有针

对性的政策措施。这些政策不仅明确了教师培训和专业发展的重要性，还为相关工作的开展提供了有力的指导和保障。

国家政策支持体现在多个层面。首先是财政投入的增加，用于支持各级各类教师的培训和专业发展项目。这不仅包括传统的面对面培训，还涵盖了在线教育平台等新型培训方式，以满足不同教师的需求。其次是政策引导，鼓励教师积极参与培训和专业发展活动，通过设立奖励机制、提供晋升机会等方式，激发教师的内在动力。此外，国家政策还强调教师培训与专业发展的系统性、持续性和创新性，以确保教师能够不断更新教育观念、提高教学技能，适应教育发展的新时代要求。

2．重要性阐述

政策支持对于教师培训和专业发展的重要性不言而喻。它为教师提供了广阔的职业发展空间和机会。在政策的引导和扶持下，教师可以接触到更多的教育资源和学习平台，从而不断丰富自身的知识储备、提升教学能力。这不仅有助于教师的个人成长，还能为他们的职业发展铺平道路。

政策支持也是教育事业持续发展的重要保障。教师是教育工作的主体，他们的素质和能力直接影响着教育的质量和效果。通过加强教师培训和专业发展，可以培养出一支高素质、专业化的教师队伍，为教育事业的持续发展提供有力的人才支撑。此外，随着社会的不断进步和教育改革的深入推进，教师需要不断更新教育观念、掌握新的教学方法和技能。政策支持可以确保教师能够及时接触到最新的教育理念和技术成果，从而更好地适应教育发展的新时代要求。

国家政策在教师培训与专业发展方面发挥着举足轻重的作用。它不仅为教师提供了宝贵的学习和发展机会，还为教育事业的持续发展注入了强大的动力。因此，应该充分认识到政策支持的重要性，并积极利用好相关政策措施，推动教师培训和专业发展工作取得更大的成效。同时，政府和社会各界也应该继续加大对教师培训和专业发展的投入和支持力度，为构建高素质、专业化的教师队伍提供有力的保障。

（二）保障机制建设

1. 经费保障

经费作为教师培训与专业发展的核心支柱，其重要性不言而喻。为确保教师能够受到高质量的培训，政府必须持续且稳定地加大对教师培训的投入力度。这种投入不仅涵盖了培训课程的费用，还包括了学习材料的采购、实践活动的组织以及后续跟踪评估的成本。当教师参与到高质量的培训中时，他们更有可能接触到前沿的教育理念和教学策略，从而提升自身的教育教学能力，为学生的全面发展提供更有力的支持。

经费保障还意味着需要建立一种公平、透明的经费分配机制。这种机制能够确保每一笔资金都被合理、有效地利用，避免出现资源浪费或分配不均的情况。通过定期的经费使用审查和绩效评估，可以进一步保证教师培训项目的质量和效益，实现经费投入与教育质量提升之间的良性循环。

2. 资源保障

资源是教师培训与专业发展的物质基础，其丰富程度和配置方式直接影响到教师培训的效果和质量。政府应加强对教育资源的整合和优化配置，为教师提供多样化、高质量的学习资源和支持服务。这包括但不限于对教材教辅资料的更新与补充、在线学习平台的开发与维护、实践基地的建设与拓展等。

特别是在信息技术日新月异的背景下，政府应积极推动教育信息化进程，利用现代技术手段丰富教师培训的形式和内容。例如，开发在线培训课程，利用虚拟现实技术模拟教学场景，或者通过大数据分析为教师提供个性化的学习建议。这些措施不仅能够打破时间和空间的限制，让教师能够随时随地进行学习，还能够提高教师培训的针对性和实效性。

3. 制度保障

制度是教师培训与专业发展的根本保障，它能够为教师培训提供稳定、可持续的支撑。政府应建立健全教师培训与专业发展的相关制度和机制，包括培训制度、考核制度、激励机制等，以确保教师培训与专业发展的有效实施和持续推进。

在培训制度方面，应明确教师培训的目标、内容、形式和时间安排等要素，确保培训活动的有序进行。在考核制度方面，应建立科学的评价体系和考核标准，对教师的学习成果和实践能力进行客观、全面的评估。在激励机制方面，应通过设立奖学金、提供晋升机会等措施，激发教师参与培训的积极性和主动性。

制度保障还意味着需要加强对教师培训与专业发展政策的宣传和解读，让广大教师能够充分了解并享受到政策带来的红利。通过定期的政策宣讲、答疑解惑等活动，可以增强教师对政策的认同感和满意度，从而进一步提高教师培训的效果和质量。

（三）社会各界的参与与支持

1. 角色分析

社会各界在教师培训与专业发展中的参与度日益提升，已成为推动教师成长不可忽视的力量。学校作为教师工作的主要场所，不仅是教师专业发展的实践基地，也是培训和学习资源的重要提供者。企业通过校企合作、实习实训等方式，为教师提供接触行业前沿、了解市场需求的机会，有助于教师更新知识结构，提升实践教学能力。社会组织则通过举办教育论坛、研讨会等活动，搭建教师交流合作的平台，促进教育理念的更新与传播。

这些角色的共同参与，不仅丰富了教师培训的形式和内容，也为教师提供了更加多元化的发展路径。学校通过组织校内培训、教学观摩等活动，帮助教师提升教学技能和教育理念。企业则通过提供实践机会，让教师深入了解行业发展趋势和市场需求，从而调整教学方向和策略。社会组织则通过其广泛的资源和影响力，为教师搭建起更广阔的交流与合作网络。

2. 多方支持局面

政府、学校、企业、社会组织等多方共同努力，形成了教师培训与专业发展的多方支持局面。政府通过制定相关政策和投入经费，为教师培训提供政策保障和资金支持。学校作为教师工作的主阵地，积极为教师提供专业发展机会，营造良好的教学环境。企业通过校企合作等方式，参与教师培训过程，提供实践资源和行业经验。社会组织则发挥其桥梁和纽带作用，促进各方资源的整合与共享。

这种多方支持的局面为教师培训和专业发展带来了显著成效。一方面，教师的专业素养和教育教学能力得到了全面提升，为培养高质量人才奠定了坚实基础。另一方面，通过各方的共同努力和支持，教育事业得到了持续发展，为推动社会进步和经济繁荣做出了重要贡献。

在多方支持的过程中，各方应明确各自的职责和定位，形成有效的合作机制。政府应继续加大政策支持和经费投入力度，为学校、企业和社会组织提供更好的支持和保障。学校应加强与企业和社会组织的合作与交流，拓宽教师培训渠道和资源。企业应积极参与教师培训过程，分享行业经验和资源。社会组织则应继续发挥其桥梁和纽带作用，促进各方资源的有效整合与利用。

第六章　国外融合教育的成功案例

第一节　发达国家融合教育的实践经验

一、美国融合教育的多元化模式

（一）法律保障与政策支持

1. 法律基础

美国融合教育的法律基础，主要源自《残疾人教育法案》（IDEA）及其后续的多次修订。这些法律条文不仅为融合教育的实施提供了坚实的法律后盾，同时也详细规定了各州及学区在推行融合教育过程中应承担的责任和义务。IDEA 的核心原则在于，强调所有残疾学生均有权在“最少受限制的环境”中接受免费且适宜的公共教育。这一原则的确立，为美国融合教育的发展奠定了坚实的基础，并推动了其在全国范围内的广泛实施。

美国法律还对融合教育的具体实践做出了细致的规定，包括教育资源的分配、特殊教育服务的提供以及学生个别化教育计划（IEP）的制订等。这些规定确保了残疾学生能够在普通学校环境中获得平等的教育机会，同时也促进了他们与正常学生之间的交流与融合。

2. 政策支持

除了完善的法律保障，美国政府还通过一系列政策措施来支持融合教育的发展。这些政策涵盖了资金扶持、专门机构的设立与监督实施以及鼓励学校与企业之间的合作等多个方面。

在资金扶持方面，美国政府为实施融合教育的学校提供了必要的经费支持，用于改善教学设施、购买特殊教育器材以及培训教师等。这些资金的注入，有效缓解了学校在推行融合教育过程中面临的经济压力，提高了其实施融合教育的积极性与效果。

美国政府还设立了专门机构来监督融合教育的实施情况，确保其质量与效果。这些机构定期对学校进行评估与指导，帮助其发现并解决在融合教育实践中遇到的问题，从而推动了融合教育的持续改进与提升。

美国政府还积极鼓励学校与企业之间的合作，共同推动融合教育的发展。这种合作模式不仅为学校提供了更多的教育资源与实践机会，同时也促进了企业对融合教育的认知与支持。通过这种方式，政府成功地将融合教育的理念与实践推广到了更广泛的社会领域中。

美国在法律保障与政策支持两个方面均做出了积极的努力，以推动融合教育的全面发展。这些举措不仅为残疾学生提供了平等且高质量的教育机会，同时也为整个社会营造了一种更加包容与和谐的教育环境。

（二）个性化教学策略的应用

1．个性化教学计划

美国融合教育的一个显著特点是注重为每位学生量身定制个性化教学计划。这些计划的设计充分考虑了学生的个人能力、兴趣和学习风格，旨在满足他们的特殊需求，并助推其全面发展。例如，对于学习基础较差的学生，教师会设计更为基础的教学内容，帮助学生打好基础；对于学习能力较强的学生，教师则会提供更具挑战性的学习材料，以激发他们的求知欲和探索精神。

个性化教学计划的制订，通常涉及对学生的深入了解和评估。教师需要掌握每位学生的具体情况，包括他们的学习能力、兴趣爱好以及面临的挑战。在此基础上，教师会结合教学目标和课程内容，为每位学生制订独特的教学计划。这种个性化的教学方式，不仅有助于提高学生的学习积极性，还能帮助他们建立自信心，增强学习成就感。

在实施个性化教学计划的过程中，教师还会根据学生的实际情况进行灵活调整。他们会密切关注学生的学习进展，及时发现问题并对其进行针对性的指导。这种动态调整的教学方式，确保了学生能够在适合自己的学习轨道上稳步前进。

2. 协同教学模式

协同教学在美国融合教育中扮演着举足轻重的角色。这种教学模式强调特殊教育教师与普通教育教师的紧密合作，共同为残疾学生提供有针对性的支持。在协同教学的实践中，教师们会共同制定教学目标、设计课程内容，并协同进行教学活动。

协同教学的优势在于它能够促进教师之间的有效沟通与协作。特殊教育教师和普通教育教师各自具备不同的专业知识和技能，通过协同教学，他们可以相互学习、取长补短，共同提升教学质量。同时，这种教学模式也有助于确保残疾学生在普通班级中获得必要的帮助和支持，从而更好地融入学习环境。

协同教学还为学生提供了更为丰富多样的学习资源和学习方式。在协同教学的课堂上，学生们可以接触到不同教师的教学风格和思维方式，这有助于拓宽他们的学习视野，激发创新思维。

个性化教学计划和协同教学模式是美国融合教育中两个重要的教学策略。它们以学生的个性化需求为出发点，通过教师间的紧密合作，为每位学生提供量身定制的教学方案和支持。这不仅有助于提高学生的学习效果，还能促进他们的全面发展，进一步体现了美国融合教育的核心理念和价值追求。

（三）跨学科合作与资源共享

在美国融合教育的实践中，跨学科合作与资源共享被视为提升教育质量、满足学生多样化需求的关键策略。两者相辅相成，共同构成了一个支持残疾学生全面发展的教育体系。

1. 跨学科合作

跨学科合作在美国融合教育中占据着举足轻重的地位。它强调不同学科教师之间应紧密协作，共同参与到残疾学生的教学计划和课程设计之中。这种合作模式确保了学生在各个学科领域都能获得均衡的发展机会，同时也有助于提升教师的专业素养和团队协作能力。

在跨学科合作的实践中，教师们通过定期的研讨会、共同备课等活动，分享各自的教学经验和专业知识，共同探讨如何更好地满足残疾学生的特殊需求。这种合作不仅促进了教师之间的沟通与理解，还为学生提供了更为丰富、多元的学习体验。

跨学科合作还有助于培养学生的综合素质。在多个学科的交叉融合中，学生有机会接触到更广泛的知识领域，拓宽视野，提升解决问题的能力。这种全面的教育引导对于残疾学生的长远发展具有重要意义。

2. 资源共享

资源共享是美国融合教育中的另一重要策略。学校通过充分利用和整合现有资源，为残疾学生提供必要的教学设施和支持服务。这些资源包括特殊教育设备、辅助教学软件、图书馆资源等，旨在帮助学生克服学习障碍，提高学习效果。

在资源共享的实践中，学校注重资源的合理配置和优化利用。例如，通过设立专门的资源中心或学习支持中心，集中管理特殊教育所需的各类资源，确保学生能够便捷地获取其所需要的帮助。同时，学校还鼓励教师之间的资源共享，以促进教学资源的最大化利用。

资源共享不仅有助于满足残疾学生的特殊需求，还能提升整个学校的教育水平。通过充分利用现有资源，学校能够为所有学生提供更加优质、公平的教育环境，促进他们的全面发展。

跨学科合作与资源共享是美国融合教育中的两大关键策略。它们相互补充、相互促进，共同构建了一个支持残疾学生全面发展的教育体系。通过加强不同学科教师之间的合作与资源共享，美国学校为残疾学生创造了更加包容、平等的学习环境，为他们的长远发展奠定了坚实基础。

（四）社区和家庭参与的融合教育模式

1. 社区支持

在美国，社区对于融合教育的推动和支持显得尤为关键。社区组织和志愿者团体积极参与残疾学生的教育过程，为他们提供了众多的课外活动机会和社交平台。这些举措极大地促进了残疾学生与社会其他成员的交流和互动，有助于他们更好地融入社会。同时，这种社区层面的参与也加深了社区居民对残疾学生及其特殊需求的理解，进一步推动了社区的和谐与包容性发展。

社区通过组织各类文化、体育和艺术活动，为残疾学生创造了展示自我、锻炼能力的舞台。这些活动不仅丰富了残疾学生的课余生活，更让他们在参与过程中体验到了成功的喜悦和团队合作的力量。此外，社区还设立了专门的辅导和咨询机构，为残疾学生及其家庭提供心理支持和教育指导，帮助他们更好地应对生活中的挑战。

美国的社区支持体系还充分利用了现代科技手段。例如，通过建立线上交流平台和信息共享机制，社区能够更有效地整合各方资源，为残疾学生提供更加便捷、高效的服务。这种科技助力的融合教育模式不仅提高了教育资源的利用效率，也为残疾学生的全面发展开辟了新路径。

2. 家庭参与

家庭在融合教育中的角色同样不容忽视。在美国，家长被鼓励积极参与到孩子的教育过程中来，与教师和学校保持紧密的沟通与协作。这种家庭参与的模式不仅有助于家长更深入地了解孩子的学习进度和特殊需求，也为学校提供了宝贵的、来自家庭一线的反馈和建议。

美国家庭参与融合教育的方式多种多样。例如，家长可以定期参加学校组织的家长会，与教师面对面交流孩子的学习情况。同时，家长还可以通过参与学校的教学计划和课程设计，为孩子的个性化教育出谋划策。此外，许多家长还自发组织起来，成立家长互助小组，分享彼此的教育经验和资源，共同为孩子的成长提供支持。

家庭参与的融合教育模式不仅促进了家校之间的良性互动，也为残疾学生的健康成长创造了更加有利的环境。家长的积极参与和无私奉献让孩子们感受到了来自家庭的温暖和鼓励，这无疑是孩子成长道路上最宝贵的财富。同时，家庭与学校之间的紧密合作也为融合教育的深入发展提供了强大的动力支持。

二、英国融合教育的全纳教育体系

（一）全纳教育理念的发展与实践

1. 发展历程

全纳教育理念在英国的教育体系中经历了深远且持续的发展。从最初的关注特殊教育需求学生，到逐步强调所有学生的平等教育机会，体现了英国社会对于教育公平与包容性的不断追求。全纳教育不仅关乎教育体制内的改革，更涉及社会观念、政策法规以及教育资源分配等多个层面的协同进步。

在英国，全纳教育的发展得益于政府、教育界以及社会各界人士的共同努力。政府通过制定和实施一系列政策法规，为全纳教育提供了坚实的法律保障和制度支持。教育界则积极响应政府号召，不断探索和实践全纳教育理念下的教学方法和策略。同时，社会各界也广泛参与到全纳教育的推广和实施中，形成了全社会共同关注和支持全纳教育的良好氛围。

全纳教育理念的核心在于强调所有学生都有权接受高质量的教育，无论他们是否存在特殊需求。这一理念挑战了传统教育体制中特殊需求学生的边缘化倾向，提出了更加全面和包容的教育观。在全纳教育的视野下，每一个学生都是独一无二的个体，他们的需求、能力和潜力都应该得到充分的关注和尊重。

2. 实践应用

全纳教育理念在英国的学校中得到了广泛的实践和应用。学校通过调整课程设置、改进教学方法和优化评估方式等多种措施，确保所有学生都能够获得适合自己的教育机会和支持。这些实践不仅体现在课堂教学上，还贯穿于学校管理的各个环节中，形成了全方位、多层次的全纳教育实践体系。

在课程设置方面，英国学校注重提供多样化和个性化的课程选择，以满足不同学生的需求和兴趣。学校通过设置丰富的选修课程、开展课外活动等方式，为学生提供更加广阔的学习空间和发展平台。同时，学校还关注特殊需求学生的课程适应性，通过个别化教学、辅助技术支持等措施，帮助他们更好地融入课堂学习。

在教学方法上，英国学校积极探索和创新全纳教育理念下的教学策略。教师注重采用启发式、讨论式等多样化的教学方法，激发学生的学习兴趣和主动性。同时，教师还关注特殊需求学生的学习方式，通过运用多感官教学、合作学习等策略，提升他们的学习效果和自信心。此外，英国学校还注重家长和社区的参与，并与他们建立紧密的合作关系，共同促进学生的全面发展。

在评估方式上，英国学校倡导多元化和个性化的评估体系。学校注重采用形成性评估和终结性评估相结合的方式，全面、客观地评价学生的学习成果和进步。同时，学校还关注特殊需求学生的评估标准和方法，确保他们能够在公平的竞争中展示自己的能力和潜力。通过这些实践应用，英国学校在全纳教育理念的指导下，为所有学生提供了更加平等、包容和高质量的教育环境。

（二）特殊教育需求的识别与评估

在英国的融合教育体系中，特殊教育需求的识别与评估是至关重要的一环。这一过程旨在确保所有学生，无论他们是否存在特殊教育需求，都能获得与其能力相匹配的教育资源和支持。

1．识别方法

英国学校在识别学生的特殊教育需求时，采用了多种方法并用的策略。观察是其中最常用且有效的方法之一。教师通过在日常教学活动中仔细观察学生的行为表现、学习态度和互动方式，从而初步判断学生是否存在特殊教育需求。此外，访谈也是识别过程中不可或缺的一环。学校会定期与学生、家长以及其他相关人员进行面对面的交流，深入了解学生的成长背景、学习困难和特殊需求。同时，问卷调查作为一种量化的识别工具，也被广泛应用于收集和分析学生的基本信息和学习情况。

通过这些综合识别方法的运用，学校能够更全面地了解学生的个体差异和特殊教育需求，为后续的评估和支持工作提供有力的依据。

2．评估机制

在识别出学生的特殊教育需求后，英国学校会进一步启动完善的评估机制，以确保学生得到恰当的支持和干预。这一评估机制由专业的多学科团队共同负责实施，团队成员包括特殊教育教师、心理学家、社会工作者等具有丰富经验和专业知识的专家。

在评估过程中，团队会综合考虑学生的认知能力、情感状态、社交技能以及学习环境等多个方面，并运用标准化的评估工具和个性化的评估方法，对学生的特殊教育需求进行深入细致的分析。基于评估结果，团队会为学生制订个性化的支持计划，明确教学目标、教学方法和辅助措施，以确保学生在融合教育环境中能够获得最大的学习成效和发展机会。

英国的特殊教育需求评估机制不仅关注学生的学术成绩，更注重培养学生的生活技能和社交能力，以帮助他们更好地融入社会并实现自我价值。这种全面而人性化的评估理念，无疑为英国融合教育的成功实践奠定了坚实的基础。

（三）全纳教育环境的建设

1. 物质环境建设

英国学校在全纳教育实践中，对物质环境的建设给予了高度重视。为了确保残疾学生能够无障碍地融入校园，学校采取了一系列措施对校舍进行改造，如增设坡道、电梯等辅助设施，以便轮椅使用者等行动不便的学生能够自由通行。同时，教室内也配备了各种特殊教育所需的辅助设备，如助听器、视觉辅助工具等，以满足不同残疾学生的特殊需求。

除了硬件设施的完善，英国学校还注重营造温馨和谐的课堂氛围。通过努力创造一个充满关爱和支持的学习环境，让学生感受到家的温暖。通过精心设计的教室布置、柔和的灯光和色彩搭配以及舒适的座椅安排，学校为学生们打造了一个既美观又实用的学习空间。

2. 心理环境建设

在心理环境建设方面，英国学校同样不遗余力。他们深知，一个健康的心理环境对于学生的成长至关重要。因此，学校致力于培养学生的自尊心和自信心，通过开展各种丰富多彩的活动和课程，让学生在实践中体验成功、收获自信。

学校还提供专业的心理咨询和支持服务，帮助学生应对其在学习和生活中遇到的困难和挑战。心理咨询服务通常由经验丰富的心理咨询师提供，他们运用专业的知识和技能，为学生提供个性化的辅导和帮助。这些服务有效地缓解了学生的心理压力，从而帮助他们更好地适应学校生活。

英国学校还非常注重培养学生之间的相互尊重和理解。他们鼓励学生之间的交流和合作，通过组织各种团队活动和合作项目，促进学生之间的友谊和团队精神。这种积极向上的校园氛围不仅有助于学生的个人成长，还为他们的未来社会生活奠定了良好的基础。在这样的全纳教育环境下，每个学生都能够得到充分的发展和成长。

（四）教师专业发展与培训

在英国融合教育的实践中，教师的专业发展与培训占据着举足轻重的地位。为了确保所有学生，无论他们是否有特殊教育需求，都能获得高质量的教育，英国政府投入了大量资源用于提升教师的专业素养和技能水平。

1. 培训内容

英国政府为教师提供的培训内容丰富多样，旨在全面提升教师的特殊教育能力。这些培训涵盖了特殊教育理论、教学方法以及评估技巧等多个核心领域。通过深入学习特殊教育理论，教师能够更全面地理解残疾学生的学习特点和需求，从而为他们量身定制更合适的教学方案。同时，培训内容还着重介绍了各种创新的教学方法，如个性化教学、协同教学等，以帮助教师在实践中更好地应用这些理论成果，提高教学效果。

评估技巧的培训也是不可或缺的一部分。教师通过学习如何准确识别并评估学生的特殊教育需求，能够更及时地为学生提供必要的支持和帮助。这种全面的培训不仅增强了教师应对特殊教育挑战的信心和能力，也为他们在实际教学中更好地践行全纳教育理念打下了坚实的基础。

2. 发展途径

除了系统的培训，英国政府还积极地为教师们提供多种专业发展途径，以鼓励他们在职业生涯中持续学习和进步。这些途径包括参加学术会议、参与研究项目以及进行教学实践等。

参加学术会议是教师获取最新教育理念和教学方法的重要途径。通过与国际国内同行的交流与探讨，教师能够不断拓宽自己的视野，吸收新的教育思想和实践经验，从而提升自己的教学水平。同时，参与研究项目也是教师深化对特殊教育理解的有效方式。在研究过程中，教师需要深入探讨特殊教育领域的热点问题，这不仅能够锻炼他们的研究能力，还有助于他们将研究成果应用于实际教学中，提高教学质量。

教学实践则是检验教师专业素养的试金石。英国政府鼓励教师在实际教学中大胆尝试新的教学方法和策略，通过不断的实践、反思和调整，形成自己独特的教学风格。这种以实践为导向的专业发展方式，不仅有助于教师积累丰富的教学经验，还能够激发他们的创新精神和教学热情，从而培养更多优秀的学生。

三、加拿大融合教育的多元文化融合

（一）多元文化背景下的融合教育政策

在多元文化背景下，加拿大政府深知融合教育对国家和社会发展的重要性。因此，加拿大政府致力于制定全面且富有针对性的政策，以推动融合教育的深入实施。这些政策不仅关注残疾学生的教育机会平等，还强调了对不同文化背景学生的尊重与包容。

在政策制定过程中，加拿大政府充分考虑了国家多元文化的特点，确保各项政策能够符合不同族裔、宗教和社群的需求。政策明确规定了学校在融合教育中的责任，包括为残疾学生提供适宜的学习环境、制订个性化的教学计划、加强师资培训等。同时，政策还鼓励学校与家庭、社区等各方力量密切合作，共同为残疾学生创造更加包容和有利的教育环境。

加拿大政府在制定融合教育政策时，特别注重听取各方意见，尤其是来自残疾学生及其家庭、教育工作者以及社区代表的声音。这种参与式的政策制定方式，不仅增强了政策的针对性和实效性，还促进了社会各界的广泛共识和支持。

加拿大政府还通过设立专项基金、提供税收优惠等政策措施，引导和鼓励社会各界积极参与融合教育事业。这些举措有效地整合了社会资源，为融合教育的发展提供了有力的物质保障和社会支持。

在多元文化背景下，加拿大融合教育政策的制定与实施，充分体现了政府对教育公平与多元文化融合的坚定承诺。这些政策不仅为残疾学生提供了更加平等和优质的教育机会，还为构建一个更加和谐、包容的社会奠定了坚实的基础。

（二）双语教育在融合教育中的应用

在加拿大的融合教育体系中，双语教育作为一种独特且富有成效的教学策略，得到了广泛的应用。加拿大的多元文化背景为双语教育提供了肥沃的土壤，而双语教育又进一步促进了融合教育的深入发展。

双语教育在加拿大融合教育中的具体应用主要体现在以下几个方面。在课程设置上，学校为残疾学生提供了双语教学课程，旨在培养他们的双语能力和跨文化交流技巧。这些课程不仅注重语言知识的学习，还强调文化理解和尊重，有助于学生更好地融入多元化的社会环境。

在教学方法上，双语教育采用了灵活多样的教学手段，以适应不同学生的特殊需求。例如，针对听力障碍学生，教师会运用手语、图片等辅助工具进行双语教学，确保学生能够全面理解并掌握教学内容。同时，教师还会根据学生的学习进度和兴趣，调整教学策略，激发学生的学习兴趣和积极性。

双语教育在融合教育中的效果也备受关注。实践证明，双语教育不仅有助于提高学生的语言能力，还促进了他们的认知发展和社会适应能力。通过双语教育，残疾学生能够更好地理解和接纳不同文化背景的人，增强了他们的社交技能和自信心。同时，双语教育也为残疾学生提供了更多的就业机会和发展空间，提升了他们的生活质量和社会地位。

双语教育在加拿大融合教育中的应用和效果是显而易见的。它不仅丰富了融合教育的教学策略，还为残疾学生提供了更广阔的发展空间。未来，随着双语教育的不断深入和完善，相信它将在融合教育领域发挥更加重要的作用。

（三）原住民教育融入国家教育体系

加拿大作为一个多元文化并存的国家，其融合教育的实践不仅体现在对残疾学生的全面支持上，更深入到对不同文化背景学生的尊重和包容层面，尤其是原住民学生的教育。原住民教育融入国家教育体系，是加拿大促进多元文化融合的重要举措。

在加拿大的教育体系中，原住民文化占据着独特的地位。政府和教育部门认识到，将原住民文化纳入教育体系，不仅有助于保护这一独特文化遗产，更能增进不同文化背景学生之间的相互理解和尊重。因此，从课程设置到教学资源开发，再到教师培训，原住民文化都得到了充分的体现。

在课程设置方面，加拿大学校普遍开设了介绍原住民历史、文化、语言和艺术的课程。这些课程旨在让学生全面了解原住民的生活方式、价值观念和传统技艺，从而培养他们对多元文化的认识和尊重。同时，一些学校还尝试将原住民文化元素融入其他学科的教学中，如在数学、科学等课程中穿插原住民的传统知识和思维方式，以激发学生的学习兴趣和创新精神。

在教学资源开发方面，加拿大教育部门积极与原住民社区合作，共同开发符合原住民文化特色的教学材料和辅助工具。这些资源不仅丰富了学校的教学内容，还为教师提供了更加多元化的教学手段。此外，政府还鼓励学校与原住民艺术家、手工艺人等合作，邀请他们走进校园，与学生进行面对面的交流和互动，让学生更直观地感受原住民文化的魅力。

教师培训是原住民教育融入国家教育体系的另一关键环节。加拿大政府重视对教师进行多元文化教育的培训，尤其是在增强他们对原住民文化的理解和尊重方面。通过培训，教师不仅学习了如何在课堂上有效地传授原住民文化知识，还掌握了与学生建立良好关系、促进他们全面发展的技巧。这些经过培训的教师成为推动多元文化融合教育的重要力量。

除了上述措施，加拿大政府还通过设立专门机构、提供资金支持等方式，推动原住民教育与国家教育体系的深度融合。这些举措不仅促进了原住民学生的学业进步和全面发展，还为加拿大社会培养了一大批具备跨文化交流能力和全球视野的优秀人才。

加拿大通过将原住民教育融入国家教育体系，成功地促进了多元文化的融合和发展。这一实践经验对于其他国家和地区在推动融合教育、促进文化多样性方面具有重要的借鉴意义。

（四）融合教育中的文化敏感性

在加拿大的融合教育中，文化敏感性被赋予了极高的重视。这不仅是因为加拿大是一个文化多元的国家，更是因为教育的本质要求是对学生个体文化背景和差异的尊重和理解。文化敏感性在融合教育中的体现，不仅关乎教育公平，更是提高教育质量、促进学生全面发展的重要因素。

加拿大的教育者深知，每个学生都带着自己独特的文化背景来到学校，这些文化背景塑造了他们的价值观、信仰和行为方式。因此，在教育过程中，教师被要求对学生的文化背景保持敏感，避免做出可能伤害学生文化自尊的行为。例如，在课堂上讨论节日、传统或历史事件时，教师会特别注意引导学生从多元文化的角度思考问题，鼓励他们分享自己的文化经验和见解。

为了具体实施文化敏感性的教育理念，加拿大采取了一系列措施。在师资培训上，加拿大强调教师需要具备跨文化交流的能力，理解并尊重多元文化。这不仅包括了解不同文化的基本知识和习俗，还包括学习如何在课堂上创造包容性的学习环境。

在课程设置上，加拿大教育部门鼓励学校开设多元文化课程，让学生有机会深入了解不同文化的历史、艺术、科学和社会习俗。这些课程不仅增强了学生对多元文化的认识，也促进了他们之间的相互理解和尊重。

加拿大的一些学校还设立了多元文化节或文化交流活动，让学生有机会亲身体验不同文化的魅力。通过这些活动，学生不仅能够展示自己的文化背景，还能学习到如何与来自不同文化背景的人建立和谐的人际关系。

加拿大在融合教育中还特别关注原住民学生的教育需求。原住民文化是加拿大文化的重要组成部分，因此，在融合教育中融入原住民文化元素，不仅有助于传承这一独特文化遗产，还能增强学生的文化认同感和归属感。

总的来说，加拿大在融合教育中注重文化敏感性的做法值得借鉴和学习。通过提高教师的跨文化交流能力、开设多元文化课程、组织文化交流活动以及关注原住民学生的教育需求等措施，可以更好地促进学生的全面发展，培养具有国际视野和跨文化交际能力的新时代人才。

四、澳大利亚融合教育的全人教育理念

（一）全人教育理念在融合教育中的体现

在澳大利亚的融合教育实践中，全人教育理念得到了深刻的体现。这一理念强调教育应关注每个学生的全面发展，包括他们的学术能力、社交技能、情感态度以及身心健康等各个方面。澳大利亚的教育工作者认识到，融合教育不仅仅是让残疾学生进入普通学校接受教育，更是要为他们创造一个能够全面发展、充分参与并能更好地融入社会的教育环境。

在全人教育理念的指导下，澳大利亚的学校努力为所有学生提供平等且包容的教育机会。他们通过灵活多样的教学方法和个性化的学习计划，来满足残疾学生的特殊需求，同时鼓励他们在学术上追求卓越。此外，学校还注重培养学生的社交能力和团队合作精神，通过各种课外活动和社团活动，帮助学生建立广泛的人际关系网，提升他们的社会适应能力。

除了学术和社交方面的支持，澳大利亚的融合教育还关注学生的情感态度和心理健康。学校设有专业的心理咨询团队，为学生提供必要的心理辅导和支持。同时，教师也注重在日常教学中渗透情感教育，帮助学生建立积极的人生观和价值观，培养他们的自信心和抗挫能力。

澳大利亚的融合教育还非常注重与家长的沟通和合作。学校定期与家长进行会面，共同讨论孩子的学习进展和特殊需求，制订针对性的教育计划。这种家校共育的模式不仅有助于家长更好地了解和支持孩子的学习，还进一步强化了全人教育理念在融合教育中的实践效果。

总的来说，全人教育理念在澳大利亚的融合教育中得到了充分的体现和应用。通过关注每个学生的全面发展，提供平等且包容的教育机会，澳大利亚的学校为残疾学生创造了一个充满关爱和支持的学习环境，以帮助他们更好地融入社会并实现自我价值。

（二）对学生个体差异的尊重与满足

在澳大利亚的融合教育体系中，尊重和满足学生的个体差异是实现全人教育理念的关键。澳大利亚的教育工作者深知，每个学生都是独一无二的，他们有着不同的能力、兴趣、学习风格和文化背景。因此，澳大利亚的学校致力于创造一个包容性的学习环境，让每个学生都能在这里找到属于自己的成长之路。

为了更好地尊重学生的个体差异，澳大利亚的学校采取了多种措施。他们通过定期的评估和观察来了解每个学生的独特需求。这些评估不仅关注学生的学术能力，还涉及他们的社交技能、情感发展和身体健康等方面。这样，教师就能更全面地了解学生的状况，从而为他们量身定制个性化的教学计划。

在教学方面，澳大利亚的教师注重采用多样化的教学方法和策略。他们知道，单一的教学方式无法满足所有学生的需求。因此，教师会根据学生的特点和兴趣来调整教学内容和方式，以确保每个学生都能在课堂上积极参与并有所收获。此外，澳大利亚的学校还鼓励学生进行自主学习和合作学习，培养他们的独立思考能力和团队协作精神。

除了教学方面的努力，澳大利亚的学校还非常重视与家长的沟通和合作。他们认为，家长是学生学习和成长的重要伙伴。因此，学校会定期与家长进行交流，了解他们对孩子教育的期望和建议。同时，学校也会为家长提供相关的培训和支持，帮助他们更好地参与孩子的教育过程。通过与家长的紧密合作，学校能够更全面地了解学生的个体差异，并为他们提供更有针对性的支持。

在澳大利亚的融合教育中，尊重和满足学生的个体差异不仅体现在课堂教学上，还贯穿于学生的整个学习生活。学校会为学生提供丰富的课外活动和社团组织，让他们有机会展示自己的才华和兴趣。这些活动不仅有助于学生的全面发展，还能增强他们的自信心和归属感。

澳大利亚的融合教育体系通过尊重和满足学生的个体差异，为每个学生提供了独特而全面的教育支持。这种教育理念不仅有助于学生的学术发展，还能培养他们的社会责任感和终身学习的能力。

（三）融合教育中的社会情感学习

在澳大利亚的融合教育实践中，社会情感学习被视为一项至关重要的内容。社会情感学习不仅有助于提升学生的社交技能，对于培养他们的同理心、解决冲突的能力以及建立积极的人际关系也具有显著的影响。因此，在融合教育的背景下，澳大利亚的教育工作者致力于探索和实施有效的社会情感学习策略。

澳大利亚的学校通过创设包容性的学习环境，鼓励学生积极参与社会情感学习活动。这些活动往往以团队合作、角色扮演、情景模拟等形式展开，旨在让学生在亲身体验中学会如何与他人有效沟通、理解并尊重不同的观点和文化背景。此外，学校还注重培养学生的情绪管理能力，通过心理辅导、情绪教育课程等方式，帮助学生识别并表达自己的情感，从而更好地调控情绪、应对压力。

为了实现社会情感学习的目标，澳大利亚的融合教育还强调教师、家长和社区之间的紧密合作。教师通过与家长分享学生在校的社会情感学习进展，引导家长在家庭中延续相关教育；同时，学校也积极与社区组织合作，共同举办各类社会情感学习活动，让学生在更广阔的舞台上实践所学。

澳大利亚在融合教育中注重运用科技手段辅助社会情感学习。例如，利用虚拟现实技术模拟社交场景，帮助学生在安全的环境中练习社交技能；通过在线平台提供个性化的心理辅导资源，满足学生不同层次的需求。这些科技手段的运用不仅丰富了社会情感学习的形式，还提高了教育的针对性和实效性。

澳大利亚在融合教育中充分重视社会情感学习的作用，并通过多种途径和策略加以落实。这不仅有助于提升学生的综合素养，还为他们未来的社会生活奠定了坚实的基础。

（四）技术与创新在融合教育中的应用

澳大利亚在融合教育领域积极拥抱技术与创新，将其作为提升教育质量、满足学生多样化需求的关键手段。通过一系列具有前瞻性的实践，澳大利亚不仅展示了技术与创新在融合教育中的巨大潜力，还为全球范围内的融合教育发展提供了宝贵的经验。

在澳大利亚的融合教育实践中，技术被广泛应用于辅助教学、个性化学习以及家校沟通等多个方面。例如，利用智能教学系统，教师能够根据学生的实际情况调整教学策略，提供更具针对性的指导。同时，学生也可以借助各种在线资源和学习工具，进行自主学习和探索，从而培养独立思考和解决问题的能力。

澳大利亚还注重运用创新方法促进融合教育的深入发展。这包括采用项目式学习、合作学习等新型教学模式，鼓励学生在真实世界的情境中应用所学知识，提升他们的实践能力和团队协作精神。同时，澳大利亚还通过设立创新基金、搭建创新平台等措施，支持教育机构和教师开展融合教育领域的创新实践和研究。

在技术与创新的推动下，澳大利亚的融合教育取得了显著的成效。不仅学生的个性化需求得到了更好的满足，其学习积极性和自信心也得到了显著提升。同时，教师也获得了更多的教学资源和支持，能够更有效地开展融合教育工作。这些成果不仅彰显了技术与创新在融合教育中的重要价值，也为澳大利亚未来的融合教育发展奠定了坚实的基础。

澳大利亚在融合教育中运用技术与创新时，始终坚持以学生为中心的原则。无论是在技术选择还是在创新实践上，他们都充分考虑了学生的实际需求和发展特点，确保技术与创新能够真正为学生的全面发展服务。这种以人为本的教育理念，不仅体现了澳大利亚对融合教育的高度重视，也为其他国家和地区提供了有益的借鉴。

第二节　国际组织在融合教育中的作用

一、联合国教科文组织（UNESCO）对融合教育的推动

（一）融合教育的国际标准与指南

1．国际标准与指南的制定

联合国教科文组织（UNESCO）作为推动全球教育发展的重要力量，在融合教育领域的作用举足轻重。该组织通过制定一系列的国际标准与指南，为融合教育的实施和推广提供了有力的支持。其中，《萨拉曼卡宣言》和《特殊需

要教育行动纲领》便是其通过的两份具有里程碑意义的文件。

《萨拉曼卡宣言》明确提出了融合教育的核心理念，即“每个人都有受教育的权利，学校要容纳全体儿童并满足他们的教育需要”。这一宣言不仅强调了教育的平等性，也为全球融合教育的发展定下了基调。同时，《特殊需要教育行动纲领》则为融合教育的具体实施提供了详细的指导方针和行动策略，使得各国在开展融合教育工作时有了明确的参考方向。

这些国际标准与指南的制定，不仅彰显了联合国教科文组织在融合教育领域的领导地位，也为全球融合教育的发展奠定了坚实的理论基础和政策框架。它们不仅明确了融合教育的目标和愿景，还提供了在实践中的操作指南和评估标准，对于推动全球融合教育的规范化、标准化发展具有重要意义。

2. 标准的国际影响与采纳

联合国教科文组织制定的融合教育国际标准与指南在全球范围内产生了深远的影响。这些标准不仅被众多国家和地区所采纳，成为其制定本国融合教育政策的重要依据，同时也为推动全球融合教育的共同发展提供了有力的支撑。

许多国家和地区在制定本国的融合教育政策时，都积极参考并采纳了这些国际标准。例如，一些国家在制定融合教育法律法规时，明确将《萨拉曼卡宣言》和《特殊需要教育行动纲领》等文件作为重要参考，以确保其政策与国际接轨，推动融合教育的深入发展。此外，这些国际标准还在师资培训、课程设置、教学资源配置等方面提供了具体的指导，使得融合教育的实施更加科学、规范。

联合国教科文组织在融合教育领域发挥了核心作用，其制定的国际标准与指南为全球融合教育的发展提供了坚实的理论基础和政策框架。各国对这些标准的广泛采纳和应用，不仅促进了全球融合教育的规范化、标准化发展，也为更多有特殊教育需求的儿童提供了更好的教育机会和资源，推动了全球教育公平和包容性的实现。

（二）全球融合教育项目的实施

为了推动全球融合教育的发展，联合国教科文组织通过精心策划并提供资金支持，成功实施了多项具有深远影响力的项目。这些项目旨在促进教育公平，确保所有儿童，无论其背景或能力如何，都能获得平等的教育机会。

在项目策划方面，联合国教科文组织注重跨学科、跨领域的合作，以形成合力，共同推进融合教育的普及和深入。通过整合全球范围内的教育资源，该组织成功打造了一系列具有创新性和可持续性的融合教育项目。这些项目不仅涵盖了融合教育的各个方面，还包括教师培训、课程开发、政策咨询等多个领域，为全球各国开展融合教育工作提供了全面的支持。

在资金支持方面，联合国教科文组织通过设立专项资金、寻求国际合作伙伴等方式，为融合教育项目提供了稳定的资金来源。这些资金不仅用于项目的日常运营，还用于支持研究开发、推广普及等关键环节，以确保项目的顺利实施和可持续发展。同时，该组织还积极倡导各国政府加大对融合教育的投入，以形成全球范围内的资金合力，共同推动融合教育事业的蓬勃发展。

在典型项目案例分析方面，我们选取了联合国教科文组织在全球范围内实施的几个融合教育项目进行深入研究。这些项目各具特色，但都取得了显著的成效，为全球融合教育的发展树立了典范。

某项目通过创新性的教师培训模式，成功提升了教师对融合教育理念和实践的理解和应用能力。该项目不仅为教师提供了丰富的教育资源和实践机会，还建立了有效的评估机制，以确保培训效果的可持续性。通过这一项目的实施，教师的专业素养得到了显著提升，为融合教育的普及和深入奠定了坚实的基础。

另一个典型项目则关注于课程开发领域，致力于打造具有包容性和多样性的课程体系。该项目通过整合各方资源，成功开发了一系列适应不同儿童和青少年需求的融合教育课程。这些课程不仅注重培养学生的基础知识和技能，还关注其情感、态度和价值观的培养，旨在促进每一位学生的全面发展。该项目的成功实施为全球各国开展融合教育课程开发工作提供了有益的参考和借鉴。

联合国教科文组织还积极参与政策咨询工作，为各国政府制定和实施融合教育政策提供专业的建议和支持。通过与各国政府的紧密合作，该组织成功推动了多项融合教育政策的出台和实施，为全球融合教育事业的发展营造了良好的政策环境。

联合国教科文组织在全球融合教育项目的实施过程中发挥了举足轻重的作用。通过精心策划项目、提供稳定的资金支持以及实施融合教育项目等方式，该组织成功推动了全球融合教育事业的蓬勃发展，为构建更加公平、包容的教育体系做出了杰出的贡献。

（三）融合教育的国际交流与合作

联合国教科文组织在推动融合教育的过程中，高度重视国际交流与合作的重要性。该组织不仅积极搭建平台，促进各国在融合教育领域的交流与互动，还致力于建立长效的合作机制，以确保全球融合教育事业的持续发展。

1. 平台的搭建与机制的建立

为了加强国际间的交流与合作，联合国教科文组织定期举办融合教育相关的国际会议、研讨会和经验分享会。这些活动为各国政府、教育机构、专家学者以及社会各界人士提供了一个宝贵的平台，在这个平台上他们可以分享各自在融合教育领域的最新研究成果、实践经验以及面临的挑战。通过深入的讨论与交流，各方能够共同探索融合教育的最佳实践路径，并推动相关政策的制定与完善。

除了搭建交流平台，联合国教科文组织还致力于建立融合教育的国际合作机制。这些机制包括但不限于制定共同的标准与指南、推动教育资源的共享、加强师资培训与交流等。通过这些合作机制，各国能够在融合教育领域形成合力，共同应对挑战，推动全球融合教育事业的蓬勃发展。

2. 跨国合作项目与经验分享

在跨国合作方面，联合国教科文组织积极促成了各国在融合教育领域的项目合作。这些项目涵盖了教育资源开发、教学方法创新、政策支持等多个方面，旨在通过跨国合作促进融合教育的深入发展。例如，该组织曾推动多个国家共同开展融合教育师资培训项目，通过分享各自的经验和做法，提升各国在融合教育师资培养方面的能力。

联合国教科文组织还鼓励各国之间分享融合教育的成功经验。这些经验分享活动不仅有助于各国之间相互学习、取长补短，还能够为全球融合教育事业的发展提供有益的参考和借鉴。通过跨国合作项目的实施和经验分享活动的开展，各国在融合教育领域取得了显著的成果，为全球融合教育事业的发展注入了新的活力和动力。

联合国教科文组织在融合教育的国际交流与合作方面发挥了至关重要的作用。通过搭建交流平台、建立合作机制以及推动跨国合作项目与开展经验分享活动，该组织为全球各国在融合教育领域提供了宝贵的支持和帮助。未来，随着国际交流与合作的不断深入，相信全球融合教育事业将取得更加辉煌的成就。

（四）融合教育的政策研究与倡导

在政策研究与倡导方面，联合国教科文组织展现了其在全球融合教育领域的领导力和影响力。通过深入研究和分析全球融合教育政策的发展动态，该组织为各国政府提供了有力的科学依据和决策参考，推动了融合教育的普及和发展。

1. 政策研究与趋势分析

联合国教科文组织对全球融合教育政策的发展保持着持续的关注。通过组织专家团队，该机构对各国融合教育的实施情况、政策变迁及面临的挑战进行了深入探究。这些研究不仅揭示了融合教育发展的全球趋势，还为各国政府的教育政策制定提供了宝贵的参考。

更为重要的是，联合国教科文组织鼓励并支持各国政府在融合教育领域进行政策创新。通过分享成功的政策实践案例，该组织帮助各国构建了更加符合自身国情和发展需求的融合教育政策体系。这种以实践为导向的政策研究方法，有效地促进了全球融合教育政策的完善和优化。

2. 政策倡导与舆论引导

在政策倡导层面，联合国教科文组织充分利用其在全球教育治理中的权威地位，积极向各国政府和国际社会宣传融合教育的核心理念和价值。通过发布研究报告、举办国际研讨会以及开展公众教育活动等多种方式，该组织成功地提升了全球对融合教育的认识和重视程度。

联合国教科文组织也注重舆论引导工作，致力于营造利于融合教育发展的社会环境。通过与媒体机构的紧密合作，该组织及时传播融合教育的最新动态和积极成果，增强了公众对融合教育的信心和支持度。这种全方位的舆论引导策略，有效地推动了全球融合教育事业的快速发展。

联合国教科文组织在融合教育的政策研究与倡导方面发挥了举足轻重的作用。通过深入研究和分析全球融合教育政策的发展趋势，该组织为各国政府提供了科学的决策依据。同时，通过积极的政策倡导和舆论引导工作，成功地推动了全球融合教育事业的蓬勃发展。这些努力不仅体现了联合国教科文组织对全球教育发展的深远影响，也为未来融合教育的持续推进奠定了坚实的基础。

二、世界卫生组织（WHO）的健康视角

（一）健康与融合教育的关联性

1. 健康对融合教育的重要性

健康作为个体生存与发展的基础，对融合教育的实施与推进有着不可忽视的影响。在融合教育环境中，学生的身体健康和心理健康状况直接关系到他们能否顺利参与教育活动，以及能否在教育过程中取得预期的学习效果。世界卫生组织深知健康在融合教育中的核心地位，因此在其制定的相关政策和倡议中多次强调健康的重要性。

身体健康是学生参与融合教育的物理基础。一个健康的体魄能够支持学生更好地适应学校生活，参与各种教育活动，包括体育课、课间活动以及社会实践等。这些活动不仅有助于提升学生的身体素质，还能通过团队合作和竞技对抗等形式，培养学生的社会交往能力和团队协作精神。在融合教育背景下，身体健康的重要性更为凸显，因为融合教育强调的是平等与参与，而良好的身体状况是实现这一目标的必要条件。

心理健康同样是融合教育中不可忽视的一环。心理健康状况直接影响着学生的学习态度、情感表达以及人际交往等方面。在融合教育环境中，学生需要具备良好的自我调节能力，以应对可能出现的各种挑战和压力。同时，积极的心理状态也有助于学生更好地融入集体，建立和谐的人际关系，从而提升整体的教育质量。因此，世界卫生组织在推动融合教育的过程中，始终将心理健康作为关注的重点之一。

2. 融合教育对健康的促进作用

融合教育不仅对学生的学术成就有积极影响，同时也在促进学生的身心健康方面发挥着重要作用。通过参与融合教育活动，学生能够接触到更加多元化的学习环境和社会交往场景，这有助于他们拓宽视野、增强自信，并培养积极的生活态度。

在融合教育环境中，学生有机会与来自不同背景的同学共同学习和生活，

这种跨文化的交流有助于他们建立更加开放和包容的心态。同时，融合教育强调的平等与尊重也让学生更加懂得珍惜和尊重自己与他人的差异，从而形成良好的自我认同和社会认同感。这些积极的心理体验对于学生的心理健康成长具有深远的影响。

融合教育还通过提供丰富多样的教育资源和活动平台，支持学生发展兴趣爱好和特长技能。这些活动不仅能够锻炼学生的身体素质，提升他们的运动技能和艺术修养，还能在参与过程中培养学生的团队合作精神和创新能力。这些宝贵的经验积累对于学生的全面发展及其对未来社会生活的适应能力都具有重要的意义。因此可以说，融合教育在促进学生的身心健康方面发挥着不可或缺的作用。

（二）残疾儿童的健康促进

1. 健康促进政策的制定与实施

世界卫生组织在针对残疾儿童的健康问题上，积极制定并推行了一系列细致入微的健康促进政策。这些政策不仅全方位地关注了残疾儿童的医疗康复需求，还深入到了他们的日常健康监测与疾病预防层面，构成了一个完善的健康保障体系。在这一体系的指导下，各级医疗机构和社区组织得以有序地为残疾儿童提供必要的康复服务，确保他们能在最佳的身体状态下融入社会和教育环境。

具体来看，世界卫生组织的健康促进政策包括了定期的健康检查、个性化的康复计划以及针对特定残疾类型的专业指导等。这些措施的实施，极大地提升了残疾儿童的生活质量，并为他们的融合发展铺平了道路。此外，这些政策还强调了家庭与学校在残疾儿童健康促进中的重要作用，鼓励这两大主体积极参与到残疾儿童的日常健康管理中来，形成一个以残疾儿童为中心的、多方共同参与的健康促进网络。

2. 成效与影响分析

世界卫生组织针对残疾儿童实施健康促进政策以来，成效显著，影响深远。最直接的体现便是越来越多的残疾儿童得到了精准有效的医疗康复服务。他们的身体状况得到了明显改善，生活质量也随之提升。这不仅为他们的个人发展奠定了坚实的基础，也为整个社会的和谐稳定做出了积极的贡献。

进一步来看，这些政策的实施还促进了社会对残疾儿童的深入了解和广泛关注。人们开始更加关注这个特殊群体的需求和困境，愿意为他们提供更多的帮助和支持。这种社会氛围的转变，无疑为残疾儿童的融合发展创造了更加有利的外部环境。

世界卫生组织的这一系列举措也为其他国家和地区在残疾儿童健康促进方面提供了宝贵的经验和借鉴。许多国家和地区纷纷效仿，结合本国国情制定相应的政策，推动了全球残疾儿童健康事业的共同发展。

世界卫生组织在残疾儿童健康促进方面所做出的努力和取得的成效是显而易见的。这不仅体现了该组织对全球公共卫生事业的高度责任感和使命感，也为全球残疾儿童的健康和发展带来了希望和曙光。

（三）融合教育中的健康服务支持

在融合教育的推进过程中，健康服务支持扮演着至关重要的角色，它不仅是残疾儿童融入普通教育环境的基础，也是确保他们能够获得平等教育机会的重要保障。世界卫生组织在这一领域发挥着积极的作用，通过推动各国政府和社会组织加强健康服务体系建设，为残疾儿童提供全面的健康服务支持。

1. 健康服务的提供与保障

为了确保残疾儿童在融合教育过程中得到充分的健康服务支持，世界卫生组织通过一系列举措积极推动着各国政府和社会组织的合作与行动。这些举措包括但不限于提供医疗康复服务、心理健康支持服务以及特殊教育服务等，旨在构建一个全方位、多层次的健康服务体系。

在医疗康复服务方面，世界卫生组织强调早期干预和持续治疗的重要性，推动各国政府加大对残疾儿童医疗康复的投入，提高康复服务的可及性和质量。例如，通过实施康复项目，为残疾儿童提供个性化的康复计划和治疗方案，帮助他们恢复或提高身体功能，从而更好地适应融合教育环境。

在心理健康支持服务方面，世界卫生组织认识到心理健康对残疾儿童成长和发展的重要性，因此积极推动心理健康服务的普及和深化。这包括为残疾儿童提供心理咨询、心理疏导和心理治疗等服务，帮助他们建立积极的心态，增强他们的自信心和自尊心，从而更好地应对融合教育过程中的挑战和压力。

世界卫生组织还关注特殊教育服务的提供与保障。针对残疾儿童的特殊教育需求，世界卫生组织积极推动各国政府制定和完善特殊教育政策，加强特殊教育师资培养和设施建设，确保残疾儿童能够受到适合他们的教育。同时，世界卫生组织还倡导普通学校为残疾儿童提供必要的支持措施，如设置无障碍设施、配备辅助教学工具等，以营造一个包容、友好的融合教育环境。

2. 服务质量的评估与提升

为了不断提高健康服务的质量和水平，世界卫生组织积极推动各国政府和社会组织加强健康服务质量的评估和监督工作。通过建立健全的质量评估体系和机制，及时发现和解决服务过程中存在的问题和不足之处，从而推动健康服务质量的持续提升和优化。

世界卫生组织倡导采用多元化的评估方法，包括定量评估和定性评估相结合的评估方法，以全面、客观地反映健康服务的实际效果。同时，还强调评估结果的反馈和利用，鼓励各国政府和社会组织根据评估结果及时调整和改进服务策略，以确保健康服务能够更加精准地满足残疾儿童的需求。

世界卫生组织还注重加强国际合作与交流，推动各国在健康服务领域分享经验、互学互鉴。通过搭建国际交流平台、组织研讨会和培训活动等方式，促进各国在健康服务支持方面的共同进步和发展。这种跨国界的合作与交流不仅有助于提升健康服务的整体水平，还能够为残疾儿童在融合教育过程中获得更加优质、高效的健康服务支持提供有力保障。

（四）国际健康政策的制定与实施

世界卫生组织在国际健康政策的制定与实施过程中，充分考虑了融合教育的需求和特点。融合教育旨在确保所有学生，无论其身体、情感、行为或学习上是否存在差异，都能在平等、包容的环境中接受教育和发展机会。因此，世界卫生组织在制定健康政策时，不仅关注一般人群的健康问题，还特别关注那些可能影响学生融入主流教育环境的健康问题。

在推动全球健康议程的过程中，世界卫生组织认识到融合教育对于实现全民健康覆盖目标的重要性。融合教育的实施有助于减少歧视和排斥，增强社会凝聚力，为所有学生提供平等接受教育的机会。而这些因素又与学生的健康状况密切相关。因此，在制定国际健康政策时，世界卫生组织注重与教育部门的合作，共同推动融合教育的发展。

世界卫生组织在推广全民健康覆盖的过程中，强调了对包括残疾儿童在内的所有儿童的健康保障。通过制定相关政策，确保这些儿童能够获得必要的医疗服务和教育支持，从而更好地融入社会和教育体系。这种跨部门的合作不仅有助于实现健康目标，还能促进教育公平和社会发展。

世界卫生组织还通过其全球网络和研究机构，积极收集和分析融合教育与健康之间的相关数据和信息。这些研究为政策制定者提供了科学依据，有助于他们更好地了解融合教育的需求和挑战，并制定出更具针对性和实效性的健康政策。

在具体实践方面，世界卫生组织通过技术援助、资金支持和项目合作等多种方式，帮助各国政府和教育机构提高融合教育的实践能力。例如，通过提供培训和指导，帮助教师和教育工作者掌握与特殊需求学生沟通的方法；通过资金支持，推动学校改善无障碍设施和学习环境；通过项目合作，促进国际间的经验分享和资源共享。

世界卫生组织在国际健康政策的制定与实施中充分考虑了融合教育的需求和特点。通过跨部门合作、科学研究和技术支持等多种手段，世界卫生组织积极推动融合教育的发展，为实现全民健康覆盖和促进教育公平做出了重要贡献。

世界卫生组织在融合教育方面尽管取得了显著成效，但仍面临诸多挑战。例如，如何确保健康政策与教育政策的有效衔接和协同实施；如何提高教师和教育工作者对融合教育理念和实践的认识；如何保障特殊需求学生的教育质量和健康权益等。这些问题需要世界卫生组织及各国政府、教育机构和社会各界共同努力，以推动融合教育的持续发展。

三、国际特殊教育组织（ISEI）的专业引领

（一）特殊教育领域的专业发展

国际特殊教育组织在推动特殊教育领域专业发展方面发挥着举足轻重的作用。这些组织通过促进特殊教育理论与实践的创新、提升特殊教育师资队伍的素质、推动特殊教育资源的共享与合作，为全球特殊教育的高质量发展注入了源源不断的动力。

在特殊教育理论与实践的创新方面，国际特殊教育组织鼓励并支持全球范围内的研究者、教育者以及政策制定者进行深入的探索与实践。通过组织国际研讨会、发布研究报告、推广优秀教育模式等方式，这些组织为特殊教育领域

的理论与实践创新提供了广阔的舞台。这不仅有助于丰富特殊教育的理论体系，还为各国特殊教育实践提供了有益的参考与借鉴。

在提升特殊教育师资队伍的素质方面，国际特殊教育组织致力于为全球特殊教育教师提供高质量的培训与发展机会。通过组织教师研修班、在线课程、国际交流等活动，帮助特殊教育教师不断更新教育理念，提高教学技能，从而更好地适应融合教育背景下的教学需求。此外，国际特殊教育组织还积极推动特殊教育教师的资格认证制度，以确保特殊教育师资队伍的专业性和高素质。

在推动特殊教育资源的共享与合作方面，国际特殊教育组织发挥着桥梁和纽带的作用。这些组织通过建立全球特殊教育资源共享平台，促进各国之间特殊教育资源的交流与共享。同时，它们还积极推动国际特殊教育合作项目，鼓励各国在特殊教育领域开展深度合作，共同解决特殊教育面临的问题与挑战。通过这些举措，国际特殊教育组织有效地促进了全球特殊教育资源的均衡分布和高效利用，为全球特殊教育的可持续发展奠定了坚实的基础。

（二）融合教育理论与实践的创新

国际特殊教育组织在融合教育理论与实践的创新方面，发挥着举足轻重的作用。这些组织不仅深入研究融合教育的最新理论，更致力于将这些理论转化为切实可行的实践策略，为全球范围内的融合教育提供有力的专业引领。

在理论创新方面，国际特殊教育组织通过组织专家研讨会、发布研究报告等方式，不断探索融合教育的新理念、新模式。他们关注全球教育趋势，结合特殊教育领域的实际需求，提出了一系列具有前瞻性的理论观点。这些新理论不仅丰富了融合教育的内涵，还为各国政府和教育机构提供了宝贵的决策参考。

实践创新是国际特殊教育组织的另一大亮点。他们深知理论与实践相结合的重要性，因此积极推动各国在融合教育领域开展实践探索。通过设立实验项目、提供技术支持等方式，国际特殊教育组织帮助许多国家成功实施了融合教育计划，让更多的特殊需求儿童有机会接受平等、高质量的教育。同时，这些组织还及时总结实践经验，将其上升为可推广的模式，为其他国家和地区提供了有益的借鉴。

国际特殊教育组织在创新过程中始终坚持以儿童为中心的原则。他们关注每一个特殊需求儿童的成长与发展，努力为他们创造更加包容、友好的教育环境。这种人文关怀精神不仅展现了融合教育的温度，也让更多的人认识到了融合教育的价值和意义。

总的来说，国际特殊教育组织在融合教育理论与实践的创新方面做出了卓越的贡献。他们的努力不仅推动了全球融合教育事业的发展，更为无数特殊需求儿童带来了希望和改变。

（三）国际特殊教育教师的培训与认证

国际特殊教育组织在融合教育中发挥着举足轻重的角色，特别是在特殊教育教师的培训与认证方面。这些组织通过设立专业的培训项目，不仅提升了特殊教育教师的教学技能，还深化了他们对融合教育理念的理解与实践。

在培训方面，国际特殊教育组织设计了一系列系统而全面的课程。这些课程涵盖了特殊教育学的基本理论、教学方法、课堂管理以及个别化教学计划的制订等多个方面。通过参与这些培训，教师能够更加深入地了解特殊教育的需求与挑战，进而提升他们在融合教育环境中的教学能力。

这些组织还强调实践教学的重要性。在培训过程中，教师需要完成一定的实践任务，如设计融合教育课程、组织特殊教育学生的小组活动等。这种实践导向的培训方式有助于教师将理论知识转化为实际操作能力，从而更好地适应融合教育的工作环境。

在认证方面，国际特殊教育组织建立了严格的教师认证体系。这一体系不仅要求教师通过专业知识测试，还注重考察他们的教学实践能力和职业道德素养。通过认证的教师将获得国际认可的特殊教育教师资格证书，这不仅是对他们专业能力的肯定，也为他们在全球范围内从事融合教育工作提供了有力的支持。

国际特殊教育组织的教师培训与认证工作对融合教育产生了深远的影响。一方面，通过提升特殊教育教师的专业素养，这些组织为融合教育提供了高质量的人力资源保障。另一方面，严格的认证体系也有助于提高特殊教育教师的社会地位和职业认同感，从而吸引更多优秀人才投身于融合教育事业。

总的来说，国际特殊教育组织在教师培训与认证方面的努力为融合教育的发展注入了强大的动力。未来，随着这些工作的深入推进，相信融合教育将在全球范围内取得更加显著的成果。

（四）融合教育资源的国际共享

在推动融合教育资源国际共享方面，国际特殊教育组织发挥了举足轻重的作用。这些组织深知资源的共享不仅能够促进教育公平，还能提高教育质量，特别是融合教育这一需要更多关注和支持的领域。

国际特殊教育组织通过建立全球化的资源共享平台，为各国提供了便捷的资源获取渠道。这些平台汇聚了来自世界各地的优质教育资源，包括教学材料、教学方法、案例研究等，极大地丰富了融合教育的内容和形式。通过这些平台，教育工作者可以轻松地找到适合自己教学需求的资源，从而提升教学效果。

国际特殊教育组织还积极推动各国之间的资源交流与合作。他们组织定期的国际研讨会、工作坊等活动，邀请来自不同国家的专家和学者分享他们的经验和成果。这些活动不仅促进了知识的传播和交流，还加深了各国对融合教育的理解和认同，为进一步的资源共享打下了坚实的基础。

国际特殊教育组织在推动资源共享的过程中，还特别注重保护知识产权和尊重文化差异。他们通过建立严格的资源审核机制和版权保护制度，确保每一份共享的资源都是合法且高质量的。同时，他们也鼓励各国在借鉴他国经验的基础上，结合本国国情和文化特色，发展出适合自己的融合教育模式和方法。

总的来说，国际特殊教育组织在推动融合教育资源国际共享方面付出了巨大的努力，也取得了显著的成效。他们的这些举措不仅促进了全球融合教育事业的发展，还为各国之间的教育交流与合作注入了新的活力。未来，希望看到更多的国际特殊教育组织继续发挥他们的专业引领作用，为推动全球融合教育资源的共享与发展贡献更多的力量。

第三节　跨文化视角下的融合教育比较

一、融合教育理念的跨文化差异

（一）不同文化背景下的融合教育观念

深入探讨融合教育的跨文化差异时，不可避免地要触及不同文化对融合教育理念的理解和认识。这种理解和认识上的差异，根源于各文化背景的深层次价值观和教育传统。

东方文化，尤其是以中国为代表的传统文化，其核心在于集体主义精神、对权威的尊重以及对纪律性的强调。在这种文化熏陶下，融合教育被赋予了更多关于学生整体发展和社会责任感培养的内涵。换言之，教育不仅仅是个人的成长过程，更是个体与社会和谐共生的关键。因此，在东方文化背景下，融合教育注重的是如何在集体中找到个体的位置，并通过教育引导个体为社会的繁荣稳定做出贡献。

相较之下，西方文化，如美国、英国等，其价值观体系更侧重于对个人自由、独立性和创新精神的推崇。这种文化背景下的融合教育，自然而然地更加关注学生的个性发展和自我实现。在西方教育者看来，每个学生都是独一无二的个体，都拥有自己独特的潜能和兴趣。融合教育的目标，就在于提供一个多元化、包容性的教育环境，让每个学生都能在其中找到属于自己的成长道路，实现自我价值。

这种观念上的差异，不仅影响了融合教育的目标设定，更在实践层面上产生了深远的影响。例如，在东方文化的教育环境中，教师可能更倾向于采用整体性的教学策略，强调学生之间的合作与共享；而在西方文化的教育环境中，教师则可能更注重个性化的教学方法，鼓励学生独立思考和创新实践。

随着全球化的推进和跨文化交流的增多，不同文化背景下的融合教育观念也在相互借鉴和融合中发展。越来越多的教育者开始意识到，无论是东方还是西方，单一的教育模式都无法完全满足所有学生的需求。因此，他们开始寻求在保持各自文化特色的同时，借鉴对方教育理念中的优点，以期构建一种更加全面、包容的融合教育模式。这种跨文化的融合尝试，无疑为融合教育的发展注入了新的活力和可能性。

（二）文化差异对融合教育实践的影响

文化差异对融合教育实践产生了深远的影响。在多元化的全球背景下，不同文化的学生带着各自独特的学习动机、学习方式、沟通方式以及对教师角色的认知进入教育体系，这些差异对融合教育的实施提出了诸多挑战与要求。

学生的学习动机受文化背景的影响显著。在东方文化中，学生的学习动机往往与家庭期望、社会压力以及未来的职业地位紧密相关，而在西方文化中，学生则更倾向于追求个人兴趣、自我实现和学术成就。因此，在融合教育实践中，教师需要充分了解并尊重学生的文化差异，通过个性化的教学策略来激发学生的内在学习动机。

在学习方式上，不同文化背景下的学生也表现出明显的差异。东方文化强调学生的被动接受和记忆，注重知识的系统性和整体性，而西方文化则更鼓励学生的主动探索和批判性思维，重视知识的创新性和实用性。这就要求教师在融合教育中灵活运用不同的教学方法，以满足不同文化背景下学生的学习需求。

沟通方式的差异也是在融合教育中不可忽视的一个方面。在跨文化交流中，语言、非语言符号以及沟通习惯都可能成为沟通的障碍。为了确保融合教育的顺利进行，教师需要具备跨文化沟通的能力，理解和接纳不同文化背景下的学生的沟通方式，并通过有效的沟通技巧来促进学生的互动与合作。

对于教师角色的认知，不同文化背景下的学生也存在差异。在东方文化中，教师往往被视为知识的权威和道德的楷模，而在西方文化中，教师则更侧重于成为学生学习的引导者和促进者。因此，在融合教育实践中，教师需要不断调整自身的角色定位，以适应不同文化背景下学生对教师角色的期待。

文化差异对融合教育实践产生了广泛而深刻的影响。为了确保教育的公平性和有效性，教师必须充分考虑学生的文化背景，采用多元化的教学策略和评估方式，并不断提升自身的跨文化能力。只有这样，才能真正实现融合教育的目标，让每一个学生都能在适合自己的文化环境中获得全面而个性的发展。

（三）跨文化融合教育面临的挑战与机遇

跨文化融合教育，作为当今教育领域的重要议题，既面临着诸多挑战，也孕育着丰富的机遇。这种教育模式的实施，旨在打破文化壁垒，促进学生全球视野的形成以及跨文化交流能力的提升。

在挑战方面，跨文化融合教育首先需应对的是文化冲突问题。来自不同文化背景的学生，在价值观念、行为方式等方面存在显著差异，这些差异可能引发误解甚至冲突。例如，东方文化强调集体主义和纪律性，而西方文化则更注重个人自由和独立性。这种文化差异可能导致学生在学习和生活中出现摩擦和不适。此外，语言障碍也是跨文化融合教育面临的一大挑战。不同语言背后蕴含着独特的思维方式和文化内涵，语言不通会严重阻碍学生之间的有效沟通。

正是这些挑战为跨文化融合教育带来了宝贵的机遇。通过引导学生正确对待和处理文化差异，跨文化融合教育能够培养学生的跨文化意识和跨文化交流能力。这种能力不仅包括对外语和外国文化的掌握，更涉及对全球问题的敏感性和解决全球问题的能力。具备这种能力的学生，将能够更好地适应全球化时代的需求，成为具有国际竞争力的优秀人才。

跨文化融合教育还有助于促进不同文化之间的理解和尊重。通过学习和体验不同文化，学生可以更加深入地了解其他文化的精髓和价值，从而学会以开放、包容的心态看待世界。这种不同文化之间理解和尊重的氛围，对于构建和谐世界具有重要意义。

在实践跨文化融合教育的过程中，教育机构和教师扮演着关键的角色。他们需要具备跨文化教育的理念和技能，引导学生正确处理文化差异，培养他们的跨文化交流能力。同时，教育机构和教师还需要积极创造跨文化交流的机会和环境，如组织国际文化节、开展学生互访活动等，让学生在实践中感受和学习不同文化。

跨文化融合教育虽然面临着诸多挑战，但这些挑战同时也孕育着丰富的机遇。通过正确应对和处理文化差异，跨文化融合教育可以为学生提供更广阔的发展空间和更多的学习机会，从而培养他们的全球视野和跨文化交流能力，为构建和谐世界做出贡献。在未来的教育实践中，应积极探索和创新跨文化融合教育的模式和方法，以适应全球化时代的发展需求，培养更多具有国际视野和跨文化交流能力的优秀人才。

（四）文化适应性与融合教育的本土化

探讨融合教育的跨文化差异后，必须进一步关注文化适应性与融合教育的本土化问题。文化的多样性带来了教育的复杂性，而融合教育的本土化则是解决这一复杂性的关键所在。本土化的过程并非简单的文化移植，而是需要将国际先进的融合教育理念与本土文化深度融合，形成既具有国际视野又符合本土实际的教育模式。

文化适应性是融合教育本土化的前提。每一种文化都有其独特的教育观念和实践方式，这些观念和实践方式在融合教育的过程中会产生深远的影响。例如，在东方文化中，尊重权威、注重传统的观念可能会使得学生在面对新的、创新性的教育方式时产生抵触情绪。因此，在推行融合教育时，必须充分考虑到学生的文化背景，采用与之相适应的教育策略，以确保教育的有效性。

本土文化对学生学习的影响也是不可忽视的。学生的学习方式、学习动机以及对于教育的期待都与其所处的文化背景密切相关。在融合教育的过程中，需要通过调整教学内容和方法，以满足不同文化背景学生的学习需求。例如，在西方文化中，学生更倾向于通过实践和探索来学习新知识，而在东方文化中，学生则更注重通过听讲和记忆来学习。因此，教师在实施融合教育时，应根据学生的文化背景和学习特点，灵活调整教学方法，以提高教学效果。

融合教育的本土化还需要关注本土教育资源的开发和利用。每一种文化都有其独特的教育资源，这些资源在融合教育的过程中发挥着重要的作用。例如，中国的传统文化中蕴含着丰富的教育思想和教学方法，如“因材施教”“教学相长”等，这些思想和方法可以为融合教育提供有益的借鉴。通过将这些本土教育资源与国际先进的融合教育理念相结合，可以形成具有本土特色的融合教育模式，从而更好地服务于本土学生的成长和发展。

跨文化的教师队伍建设也是实现融合教育本土化的关键。教师需要具备跨文化的视野和能力，理解和尊重不同文化的教育观念和实践方式，从而在实施融合教育时做出恰当的决策和调整。这需要加强对教师的跨文化培训，提高他们的跨文化素养和教学能力。

文化适应性与融合教育的本土化是一个复杂而重要的议题。需要通过深入的研究和实践，不断探索如何将国际先进的融合教育理念与本土文化相结合，形成既具有国际视野又符合本土实际的教育模式。同时，还需要关注对本土教育资源的开发和利用，加强跨文化的教师队伍建设，以确保融合教育本土化的顺利实施和有效发展。

二、融合教育政策的跨文化比较

（一）不同国家融合教育政策的比较

各国在融合教育政策方面呈现出显著的差异，这些差异主要源于各国不同的文化背景、教育理念和社会发展状况。以美国和中国为例，两个国家在融合教育政策的制定和实施上存在着明显的不同。

在美国，融合教育已经深入人心，得到了广泛的实践和推广。美国拥有较为完善的融合教育法律体系，通过立法保障特殊需要学生与普通学生的融合教育权利。这一法律体系的建立，为特殊需要学生提供了平等接受教育的机会，同时也促进了普通学生与特殊需要学生之间的相互理解和尊重。此外，美国在教育资源的配置上也充分考虑了融合教育的需求，为特殊需要学生提供了必要的教育支持和辅助设施。

中国在融合教育政策方面则呈现出不同的特点。近年来，中国在政策层面积极推动融合教育的发展，通过制定相关政策和措施，促进特殊需要学生与普通学生的融合。中国政府高度重视特殊教育事业的发展，不断加大投入力度，提高特殊教育的普及水平和教育质量。同时，中国也积极开展融合教育的实践探索，鼓励和支持普通学校接纳特殊需要学生，为他们提供适宜的教育环境和教育资源。

除了美国和中国，其他国家在融合教育政策方面也有着各自的特色和做法。例如，一些欧洲国家强调教育的公平性和包容性，通过制定相关政策来促进特殊需要学生与普通学生的融合教育；而一些亚洲国家则注重家庭与学校的合作，共同推进融合教育的发展。

这些差异的存在为各国融合教育政策的制定与实施提供了宝贵的借鉴和参考。通过比较不同国家的融合教育政策，可以发现各自的优点和不足，从而为本国融合教育政策的制定和实施提供有益的启示。同时，也可以借鉴其他国家的成功经验，结合本国的实际情况，推动融合教育事业的不断发展。

在跨文化视角下，各国融合教育政策的比较不仅有助于深入了解不同文化背景下的教育理念和实践，还为各国提供了改进和完善本国融合教育政策的重要参考。各国通过不断学习和借鉴，可以更好地推动融合教育的发展，为特殊需要学生创造更加公平、包容和有爱的教育环境。

（二）政策制定中的文化因素考量

在制定融合教育政策时，文化因素的重要性不容忽视。政策制定者必须深入了解和充分考虑不同文化背景下学生的需求和差异，以确保所制定的政策既具有针对性，又具有实效性。同时，政策制定过程还需关注文化适应性和本土化问题，这是确保融合教育政策在多元文化环境中得到有效实施的关键。

不同文化背景下的学生，其学习动机、学习方式以及对教育的期望都存在显著差异。例如，在集体主义文化盛行的东方社会，学生可能更倾向于注重团队合作和集体荣誉感，而在个人主义文化主导的西方社会，学生则可能更注重个人成就和自我价值的实现。这些差异要求在制定融合教育政策时，应充分考虑并尊重不同文化背景下学生的需求，以便更好地满足他们的学习期望和发展目标。

政策制定者还需关注文化适应性问题。融合教育政策若要在不同文化环境中得到有效实施，就必须与当地文化相适应。这意味着政策制定者需要深入了解目标文化环境的特点和价值观，以确保政策内容与之相契合。例如，在某些文化中，可能更强调教师的权威地位，而在其他文化中，则可能更注重学生的自主性和创造性。因此，在制定融合教育政策时，应灵活调整相关条款，以适应不同文化环境下的教育需求。

本土化是制定融合教育政策时需要关注的另一个重要方面。将国际先进的融合教育理念与本土文化相结合，形成具有本土特色的融合教育模式，是确保政策实施效果的关键。本土化过程需要政策制定者深入挖掘本土文化的教育资源，充分利用这些资源来丰富和完善融合教育的内容和方法。同时，本土化还要求政策制定者关注本土文化对学生学习的影响，通过调整教学策略和评估方式，确保教育的针对性和实效性。

在实施跨文化融合教育的过程中，还应关注文化差异带来的挑战，并积极寻求应对策略。例如，面对文化冲突和语言障碍等问题，可以通过加强师生间的跨文化沟通培训、设立多元文化课程以及提供语言支持服务等措施来加以解决。这些策略的实施将有助于提升融合教育的质量和效果，进而促进学生的全面发展。

政策制定中的文化因素考量是确保融合教育政策在多元文化环境中得到有效实施的关键环节。通过深入了解不同文化背景下学生的需求、关注文化适应性和本土化问题以及积极应对文化差异带来的挑战，可以制定出更加符合实际需求的融合教育政策，为推动全球范围内的教育公平与发展做出积极贡献。

（三）跨文化融合教育政策的有效性分析

在全球化日益加深的背景下，跨文化融合教育政策成为各国教育发展的重要议题。为了评估这些政策的实施效果，确保其发挥预期作用，需要进行系统的有效性分析。这种分析不仅涉及政策的执行情况，还包括学生的学业成就和社会适应能力等多个层面。

要全面审视融合教育政策的执行情况。这包括政策宣传的广度与深度、资源配置的合理性、教师培训的专业性以及各方利益相关者的参与度等。只有确保政策在各个环节得到切实执行，才能为融合教育创造有利的环境。例如，英国推行的“联合学校”政策，通过优质学校与薄弱学校的联合以及各种教育相关机构的合作，力求改变教育发展不均衡的现实矛盾，其对政策执行情况的评估就包括上述各个方面。

学生的学业成就是衡量融合教育政策有效性的关键指标。通过对比实施融合教育政策前后学生的学业成绩，可以直观地反映出政策对学生学习效果的影响。同时，还应关注学生的综合能力发展，包括批判性思维、创新能力、团队协作能力等，这些都是融合教育旨在培养的学生应具备的重要素养。

社会适应能力也是评价融合教育政策有效性的重要方面。融合教育的目标之一是让所有学生，包括有特殊需要的学生，都能更好地融入社会。因此，需要考查学生在融合教育环境下是否提升了社交技能、是否增强了自我认同感和归属感，以及是否具备了解决现实问题的能力。

在进行分析时，还应注重收集各方的反馈意见，包括学生、家长、教师以及教育管理者等。他们的切身体验和感受能够为政策的有效性评估提供宝贵的参考依据。同时，通过对比分析不同文化背景下融合教育政策的实施效果，可以发现政策在不同文化环境中的适应性和可持续性，从而为政策的进一步完善和优化提供指导。

跨文化融合教育政策的有效性分析是一个复杂而系统的过程，需要从多个维度进行深入研究和探讨。通过这种分析，可以更加准确地把握融合教育政策的实施效果，发现存在的问题和不足，为推动融合教育的持续发展提供有力支持。

（四）融合教育政策的国际借鉴与启示

在全球化日益深入的今天，各国融合教育政策的交流与借鉴显得尤为重要。通过审视和比较不同国家的融合教育政策，能够洞察各自的优势与不足，从而为本国政策的完善提供有益的参考。

美国作为融合教育的先行者，其政策体系完善，注重通过立法保障特殊需要学生与普通学生的融合教育权利。例如，美国的个别化教育计划（IEP）和最少受限制环境（LRE）原则，都体现了对每个学生个性化需求的尊重和满足。这种以学生为中心的政策导向，值得借鉴和学习。

欧洲国家如德国，在职业教育领域的融合教育政策也颇具特色。德国的双元制职业教育模式，将企业实践与学校教育紧密结合，不仅提高了学生的职业技能，也有效促进了特殊需要学生与普通学生的融合。这种产教融合的模式，对于我国职业教育领域的融合教育发展具有积极的启示意义。

在亚洲地区，日本和韩国等国家的融合教育政策也各有千秋。日本强调社区的参与和支持，通过构建包容性的社区环境，为特殊需要学生提供更多的融合机会。而韩国则注重政策的细化和落实，确保融合教育能够真正惠及每一个学生。这些政策亮点，同样值得关注和借鉴。

在借鉴国际经验的同时，也需要注重政策的本土化和适应性调整。毕竟，每个国家的文化背景、教育体制和社会发展状况都各不相同。因此，在引入他国经验时，必须充分考虑本国的实际情况，确保政策能够在本国文化环境中得到有效实施。

此外，还应关注国际融合教育政策的发展趋势。随着全球教育的不断发展变革，融合教育政策也在不断创新和完善。例如，近年来越来越多的国家开始强调教育的公平性和包容性，将融合教育作为实现教育公平的重要途径。这种政策导向的转变，也为融合教育政策的创新与完善提供了宝贵的启示和借鉴。

通过这些国际借鉴与启示，可以更好地完善本国的融合教育政策体系，提高政策的有效性和针对性。在未来的发展中，应继续加强国际交流与合作，共同推动全球融合教育事业的蓬勃发展。

三、融合教育实践的跨文化案例分析

（一）成功融合教育案例的文化背景分析

深入剖析成功融合教育案例时，不难发现，文化背景在融合教育中扮演着举足轻重的角色。多元文化的融合、家庭与学校之间的紧密合作，以及灵活多样的教学策略，这些成功的关键因素和策略都深深植根于特定的文化背景之中。

多元文化的融合是许多成功融合教育案例的共性。在一个日益全球化的世界里，文化的多样性已经成为教育的重要议题。成功的融合教育案例往往充分认识到了文化多样性的价值，并通过各种方式促进不同文化之间的交流与融合。例如，一些学校会定期组织文化节活动，让学生有机会了解和体验不同的文化，从而培养他们的跨文化意识和跨文化交流能力。这种对多元文化的尊重和包容，不仅有助于构建和谐的校园氛围，还能为学生的全面发展提供丰富的文化资源。

家庭与学校之间的紧密合作也是成功融合教育案例的重要特征。在不同文化背景下，家庭对教育的期望和需求可能存在差异。成功的融合教育实践充分考虑到了这一点，通过与家长建立积极的合作关系，共同促进学生的成长和发展。例如，一些学校会定期举办家长会，与家长面对面交流，了解他们的想法和建议，以便更好地满足学生的教育需求。这种家校之间的紧密合作，不仅有助于增强教育的针对性和实效性，还能为学生的健康成长提供有力的支持。

灵活多样的教学策略是成功融合教育案例的又一亮点。在面对具有不同文化背景的学生时，单一的教学策略往往难以奏效。成功的融合教育实践能够根据学生的实际需求和特点，灵活运用各种教学策略，以提高教学效果。例如，针对学生的学习风格差异，教师可以采用分组教学、个性化辅导等方式，满足不同学生的学习需求。这种灵活多样的教学策略，不仅有助于激发学生的学习兴趣和积极性，还能为他们的个性发展提供广阔的空间。

成功融合教育案例的文化背景分析揭示了其成功的奥秘。多元文化的融合、家庭与学校的紧密合作以及灵活多样的教学策略，这些因素和策略共同构成了成功融合教育的坚实基础。深入学习和借鉴这些成功的经验和做法，无疑将为推动融合教育的发展提供重要的启示和参考。

（二）跨文化融合教育实践的特色与成效

跨文化融合教育实践的特色与成效表现在多个层面。

在课程设计方面，跨文化融合教育注重引入多元文化元素，让学生在学习过程中接触到不同文化的知识、价值观和生活方式。这种设计不仅丰富了课程内容，还激发了学生的学习兴趣，培养了他们的全球意识和跨文化认知能力。

在教学策略上，跨文化融合教育强调灵活性和多样性。教师根据学生的文化背景和学习需求，采用多样化的教学方法和手段，如小组讨论、角色扮演、案例分析等，以促进学生的积极参与和深度学习。这种教学策略不仅提高了学生的学习效率，还有助于培养他们的批判性思维和解决问题的能力。

跨文化融合教育还注重家校合作与社区参与。学校积极与家长、社区建立紧密联系，共同促进学生的成长和发展。这种合作模式不仅增强了教育的连贯性和一致性，还为学生提供了更广阔的学习空间和实践机会，有助于培养他们的社会责任感和团队合作精神。

在成效方面，跨文化融合教育取得了显著的成绩。通过实施跨文化融合教育，学生的跨文化沟通能力得到了显著提升，他们能够更自信地与来自不同文化背景的人进行交流与合作。同时，学生的社会适应能力也得到了增强，他们能够更好地适应多元文化的社会环境、处理文化冲突和差异。

除了对学生个体的影响，跨文化融合教育还对学校和社会产生了积极的影响。学校通过实施跨文化融合教育，提高了自身的教育质量和国际化水平，吸引了更多的优质生源和国际合作伙伴。而社会则因为跨文化融合教育的推广和实施，变得更加包容与和谐，不同文化之间的理解和尊重也得到了增强。

跨文化融合教育实践具有鲜明的特色和显著的成效，它不仅对学生的成长和发展产生了积极的影响，还对学校和社会产生了深远的推动作用。因此，应该继续深入探索和实践跨文化融合教育，为推动全球教育的进步和发展做出贡献。

（三）文化冲突与融合教育实践的问题

在跨文化融合教育的实践过程中，文化冲突确实是一个难以回避的现象。这种冲突不仅源于学生之间多样化的文化背景，也可能因教师的教学风格和学校管理体制的差异而加剧。学生可能因文化背景的不同，在价值观、信仰、习俗以及学习方式上展现出显著的差异，这些差异在日常的教学互动中可能引发误解甚至冲突。

同样，教师在面对来自不同文化背景的学生时，如果缺乏必要的跨文化知识和沟通技巧，其教学方式可能与学生的期待和学习习惯产生摩擦。此外，学校的管理制度和规定若未能充分考虑到文化差异的因素，也可能在一定程度上加剧文化冲突的问题。

为了有效地应对这些挑战，需要从多个层面出发，制定和实施一系列具有针对性的策略和措施。

加强师生之间的沟通和交流是至关重要的。教师应该鼓励学生分享自己的文化背景和经验，同时也要积极倾听和理解学生的需求和困惑。通过定期的班会、小组讨论以及一对一的辅导，教师可以更好地把握学生的心理状态，及时发现和解决潜在的文化冲突。

提供跨文化培训和支持对教师而言是不可或缺的。学校应该定期组织相关的培训课程和工作坊，帮助教师提升跨文化敏感度和沟通技巧。这些培训可以涵盖多元文化教育理论、跨文化交流策略以及处理文化冲突的实践方法等内容。通过系统的学习和实践，教师将能更加自信地面对多元文化的教学环境。

建立包容和谐的校园文化氛围是解决文化冲突问题的根本之道。学校应该明确倡导尊重和理解多元文化的价值观，通过举办各种文化活动、庆祝不同文化的节日以及设立多元文化角等方式，为学生创造一个开放、包容的学习环境。同时，学校也可以制定相关的政策和规定，确保所有学生在校园内能够平等地享受教育资源，不受文化背景的限制和歧视。

虽然文化冲突在跨文化融合教育实践中是一个难以避免的问题，但通过加强师生沟通、提供跨文化培训以及营造包容和谐的校园文化氛围等策略，可以有效地缓解和解决文化冲突问题，确保每一位学生都能在多元文化的环境中获得全面而公平的教育机会。

（四）跨文化融合教育实践的经验与教训

跨文化融合教育在实践中积累了丰富的经验与教训。这些经验和教训，不仅为融合教育提供了宝贵的反思与学习机会，更指明了未来教育实践的方向。

多元文化的深度融合是跨文化融合教育案例成功的关键因素之一。这不仅仅是在课堂上介绍不同文化的知识，还是通过各种活动、项目，让学生能够亲身体验并理解不同文化的精髓，从而培养他们的全球视野和跨文化意识。家庭与学校的紧密合作也是跨文化融合教育案例成功的关键。家长是孩子的第一任教育者，他们的参与和支持，对于孩子的跨文化教育至关重要。学校需要积极与家长沟通，共同制订教育计划，确保孩子在家庭和学校中都能接受到连贯的跨文化教育。

跨文化融合教育在实践中，也遇到了一些挑战和问题。文化冲突是其中最显著的一个。由于学生的文化背景、价值观、信仰等存在差异，有时会导致误解、偏见甚至冲突。为了解决这些问题，需要加强师生之间的沟通和交流，建立相互尊重、理解和包容的校园文化氛围。此外，教师的教学方式和管理制度也可能引发问题。教师需要不断提升自己的跨文化教育能力，采用灵活多样的教学策略，以满足不同文化背景学生的需求。同时，学校也需要建立和完善跨文化教育的管理制度，确保教育的公平性和有效性。

从失败的跨文化融合教育案例中，我们也汲取了深刻的教训。首先，不能忽视学生的文化背景和需求，否则再先进的教育理念和方法也难以取得实效。其次，要时刻保持开放和包容的态度，尊重和理解每一种文化，避免文化偏见和歧视。最后，要不断探索和创新教育方法和手段，以适应不断变化的教育环境和学生需求。

总的来说，跨文化融合教育实践的经验与教训对于融合教育来说是一份宝贵的财富。通过认真分析和总结这些经验和教训，可以为未来的融合教育实践提供有益的指导和参考。同时，还需要保持敏锐的观察力和创新精神，不断应对教育实践中的新问题和新挑战，为培养具有国际视野和跨文化沟通能力的人才贡献力量。

四、融合教育未来发展的跨文化展望

（一）全球化背景下融合教育的发展趋势

随着全球化的不断深入，教育领域也迎来了前所未有的变革。融合教育作为一种强调包容性、平等与尊重的教育理念，正逐渐成为全球教育发展的重要趋势。在全球化背景下，融合教育的发展将呈现出以下几大趋势。

1. 教育理念的多元化融合

在全球化的大背景下，融合教育的发展趋势越发明显，其中教育理念的多元化融合尤为关键。全球化不仅为各国提供了经济发展的机遇，也为教育领域带来了前所未有的文化交流与碰撞。在这样的背景下，融合教育的发展呈现出以下几个方面的趋势。

教育理念的多元化融合是全球化的必然产物。随着信息技术的飞速发展，各国之间的教育交流日益频繁，各种教育理念得以在全球范围内传播、碰撞和融合。融合教育在这一过程中，不断吸纳不同文化背景下的教育精髓，形成了一种更加开放、包容的教育理念体系。这一体系尊重差异、强调多元，使得教育更加贴近不同国家和地区、不同文化背景的学生的实际需求。

多元化的教育理念有助于推动教育公平与普及。在全球化背景下，教育资源分配不均、教育机会不公等问题越发凸显。融合教育通过吸纳多元文化，可以为不同群体提供更加适合的教育内容和方式，从而缩小教育差距，促进教育公平。例如，在我国，融合教育理念的推广使得更多农村和边远地区的孩子有机会接受到优质教育资源，提高了教育的普及率。

多元化的教育理念有助于培养具有国际视野的人才。在全球化时代，具备跨文化沟通能力、国际视野和创新精神的人才越来越受到重视。融合教育通过整合不同文化的教育资源，为学生提供了丰富的学习体验，使他们能够在了解和尊重本国文化的基础上，拓宽国际视野，增强跨文化沟通能力，为未来的国际化竞争奠定基础。

多元化的教育理念还有助于促进教育创新。在全球化的推动下，各国教育工作者可以相互借鉴、学习，将不同文化背景下的教育理念、方法和技术进行融合，从而激发教育创新的火花，为全球教育发展注入新的活力。这种创新不仅体现在教育内容和教育方法上，还体现在教育体制和机制上。

多元化的教育理念有助于增进国际理解和友谊。在全球化背景下，融合教育的发展使得各国学生有机会接触到不同文化，增进对其他国家和民族的了解，从而消除偏见和歧视，促进国际友好合作。这对于构建人类命运共同体，实现世界和平与发展具有重要意义。

在全球化背景下，融合教育的发展趋势表现为教育理念的多元化融合。这种融合不仅有助于满足不同文化背景下学生的需求，推动教育公平与普及，还能培养具有国际视野的人才，促进教育创新，增进国际理解和友谊。我国应积极把握这一发展趋势，深化教育改革，推动融合教育的发展，为全球教育事业的繁荣做出贡献。

2. 教育资源的跨国共享

在全球化的大背景下，融合教育的发展趋势之一便是教育资源的跨国共享。随着科技的不断进步和互联网的广泛普及，教育资源的流通和共享不再受限于地理边界，这为融合教育的深入发展提供了前所未有的机遇。

现代信息技术手段的快速发展，为教育资源的跨国共享提供了强有力的支持。云计算、大数据、人工智能等技术的应用，使得教育资源可以以数字化的形式快速传播和访问。在线教育平台、开放课程（MOOCs）、虚拟实验室等新兴教育形式，使得学生和教师能够跨越国界，共享世界各地的优质教育资源。这种共享不仅包括课程内容，还包括教学理念、教学方法、教育管理经验等。

教育资源的跨国共享有助于缩小各国之间的教育差距。在全球范围内，教育资源分配存在不均衡现象，发达国家与发展中国家之间、不同地区之间的教育水平差异较大。通过跨国共享，优质教育资源可以流向资源匮乏的地区，帮助这些地区提高教育质量，培养更多优秀人才。例如，非洲和亚洲的一些国家通过与国际教育机构的合作，引进先进的教育资源和教学方法，提升了本土教育的水平。

跨国共享优质教育资源有助于提高整体教育质量。当教师和学生接触到不同国家的教育内容和教学方式时，他们可以通过学习和借鉴，来丰富自己的教学和学习经验。这种跨文化的教育体验能够激发创新思维，提升教育效果。同时，教师之间的跨国交流与合作，也能够促进教育理念和实践的更新，推动教育质量的提升。

教育资源的跨国共享还能够促进国际教育合作与交流。通过共享资源，不同国家的教育机构可以建立起紧密的合作关系，共同开展教育研究、教师培训、学生交流等项目。这种合作不仅增进了各国之间的了解，还提升了各国教育的国际竞争力。

跨国共享教育资源也面临着挑战。例如，语言和文化的差异可能导致教育资源在传播过程中出现误解和不适应的问题。因此，融合教育在推进资源跨国共享的同时，需要考虑到不同文化背景下的接受度和适用性，提供多样化的教育资源以满足不同需求。

3. 教育合作的国际化发展

在全球化的大背景下，教育合作的国际化发展已成为融合教育的一个重要趋势。随着全球化的深入发展，各国之间的联系日益紧密，教育领域也不例外。融合教育作为一种跨越国界、文化、语言的综合性教育模式，正在成为推动国际教育合作的重要力量，其在未来的发展将展现出以下几个方面的特点。

融合教育的国际化发展将促进各国在教育领域的广泛合作。这种合作不再局限于传统的学术交流和学生互换，而是涵盖了教育政策制定、教育质量评估、教师培训、课程开发等多个层面。通过这些合作，各国能够共享教育资源、互相借鉴教育经验、提升教育质量，共同培养适应全球化发展趋势的人才。

融合教育的国际化合作有助于共同应对全球性教育挑战。教育不平等、教育资源分配不均、教育内容与方法落后等问题，单靠一个国家的力量是难以解决的。通过国际教育合作，各国可以集思广益，共同研发解决方案，如通过国际组织协调教育援助，通过多边合作项目提升教育能力等。

融合教育的国际化发展将推动教育创新的跨国界传播。在全球化的推动下，教育创新不再局限于某个国家或地区，而是能够迅速在全球范围内传播。通过国际教育合作，新的教育理念、教学方法和技术能够迅速被其他国家采纳和应用，从而加速教育创新的步伐。

此外，融合教育的国际化合作还能够增进不同文化之间的理解和尊重。通过教育合作，学生和教师有机会深入接触和了解其他文化，这有助于培养他们的跨文化沟通能力，消除文化偏见，促进世界和平与和谐。

4. 教育政策的跨文化协同

在全球化的大背景下，教育政策的跨文化协同成为融合教育发展的关键趋势之一。随着全球化的深入，各国教育系统面临着前所未有的挑战和机遇，这要求政府层面的教育决策者要超越单一文化视角，采取更加开放和协同的政策制定方式。

教育政策的跨文化协同意味着各国政府在制定教育政策时，将更加注重国际视角和跨文化理解。这种协同不仅体现在教育内容的国际化上，还体现在教育目标、教育方法、教育评价等多个方面。通过跨文化协同，教育政策能够更好地反映不同文化背景下的教育需求，促进教育公平和多样性。

跨文化协同的教育政策有助于解决全球化带来的教育问题。例如，随着国际学生的流动，如何保障他们的教育质量和平等接受教育的权利成为各国教育政策需要考虑的问题。通过跨国合作，各国可以共同制定国际学生指导方针，确保他们在异国他乡能够获得公正的教育机会。

教育政策的跨文化协同还能够促进教育资源的优化配置。在全球化背景下，教育资源不再局限于国内，而是可以通过国际合作进行资源共享和优化。协同制定的教育政策可以推动跨国教育项目的实施，如联合研究、共同培养人才等，从而提高教育资源的利用效率。

全球化背景下融合教育的发展趋势将表现为教育理念的多元化融合、教育资源的跨国共享、教育合作的国际化发展以及教育政策的跨文化协同。这些趋势将为融合教育的未来发展注入新的活力和动力，推动其走向更加广阔的未来。

（二）跨文化融合教育的创新路径

在推动跨文化融合教育的创新发展过程中，必须认识到，这不仅仅是教育领域内的问题，更是一个涉及全球多元文化交流与合作的广泛议题。因此，创新路径的探索需要从多个维度进行思考和实践。

加强国际教育合作与交流显得尤为重要。通过搭建国际合作平台，可以促进不同国家之间教育资源的共享，推动教育理念和教学方法的相互借鉴与融合。例如，可以开展师生互访项目，让教师和学生有机会亲身体验不同国家的教育环境，从而增进他们对多元文化的理解和认同。此外，国际合作还有助于各国共同面对和解决全球性的教育问题，如特殊教育需求、教育公平等，为融合教育的深入发展提供有力支撑。

推动教育课程的国际化改革也是创新路径的重要组成部分。在课程设置上，需要注重引入国际视野和全球议题，让学生在学习过程中能够接触到更广阔的知识领域和多元化的文化观点。同时，教学方法也应随之调整，要注重培养学生的批判性思维、创新能力和跨文化沟通能力。通过采用项目式学习、情境教学等创新教学方式，可以更好地激发学生的学习兴趣和潜能，帮助他们在跨文化环境中成长为具备全球竞争力的优秀人才。

除此之外，还需要密切关注教育创新的前沿动态和研究成果。随着科技的飞速发展，人工智能、大数据等现代信息技术手段为教育领域带来了前所未有的变革机遇。通过将这些技术应用于跨文化融合教育中，可以实现教育资源的优化配置、个性化教学方案的制定以及教学效果的实时评估等目标，从而大大提升融合教育的质量和效率。

跨文化融合教育的创新路径是一个多元且开放的探索过程。各国需要以开放的心态拥抱全球多元文化的交流与合作，通过加强国际合作、推动课程改革以及关注教育创新前沿等方式，共同推动跨文化融合教育向着更加包容、高效和创新的方向发展。

（三）文化多样性与融合教育的深度融合

我们应该充分认识到文化多样性的重要性，并积极探索如何将其与融合教育进行深度融合。

尊重和包容不同文化之间的差异和特色是实现文化多样性与融合教育深度融合的前提。每个学生都拥有自己独特的文化背景和成长经历，这些差异使得他们在学习过程中呈现出不同的需求和特点。因此，教师在实施融合教育时，应该充分关注学生的文化差异，采用灵活多样的教学策略，以满足不同学生的学习需求。例如，在课程设置上，可以引入多元文化元素，让学生在学习本民族文化的同时，也能了解和欣赏其他民族的文化；在教学方式上，可以鼓励学生进行小组合作和互动交流，以培养他们的跨文化沟通能力和团队协作精神。

通过多元化的教育内容和教学方式激发学生的学习兴趣和创造力是实现文化多样性与融合教育深度融合的关键。融合教育旨在培养学生的综合素质和创新能力，而文化多样性为学生提供了丰富的思维素材和广阔的想象空间。教师可以利用文化多样性的优势，设计具有挑战性和探索性的学习任务，激发学生的求知欲和创新精神。例如，可以组织学生开展以某一文化主题为研究对象的项目式学习，让他们在深入探究的过程中感受该文化的魅力，提升自己的创新能力。

加强文化多样性的研究和探索，深入挖掘和传承各民族的优秀文化传统和价值观念是实现文化多样性与融合教育深度融合的保障。融合教育不仅要关注学生的学习成果，更要关注他们的文化认同和价值观塑造。通过对各民族文化的深入研究和探索，可以更好地理解和尊重不同文化之间的差异，为融合教育提供有力的文化支撑。同时，将各民族的优秀文化传统和价值观念融入融合教育中，有助于培养学生的文化自信和民族自豪感，促进他们的全面发展。

文化多样性与融合教育的深度融合是提升教育质量、培养创新人才的重要途径。我们应该在融合教育的实践中充分发挥文化多样性的优势，不断探索和创新教育方法和手段，为构建和谐、多元的教育环境贡献力量。

（四）构建跨文化融合教育的共同愿景

跨文化融合教育致力于构建一个更加公平、包容和可持续的教育体系。这一共同愿景的实现，需要明确融合教育的核心目标和发展方向，以确保教育工作的有序进行。

必须认识到，融合教育不仅是一种教育形式，更是一种教育理念，它强调尊重每一个学生的个体差异，倡导平等、包容、互助的精神。在跨文化背景下，融合教育的目标应该是培养具有国际视野、跨文化沟通能力和创新精神的人才，以适应全球化时代的发展需求。

为了实现这一目标，需要建立广泛的共识和信任机制，推动各国之间的教育合作与交流。通过分享经验、互鉴成果，共同探索融合教育的最佳实践路径，推动教育事业共同进步。同时，鼓励和支持教育机构之间的国际合作项目，为学生提供更多元化的学习机会和资源。

在推动跨文化融合教育的过程中，教育宣传工作同样不可忽视。通过加强对学生、教师和家长的教育宣传力度，提高他们对融合教育的认识和参与度。通过举办讲座、研讨会等活动，可以增进各方对融合教育理念的理解和支持，为融合教育的顺利实施创造有利的社会环境。

此外，还应该关注政策层面对融合教育的支持和保障。政府和相关机构应该加大对融合教育的投入力度，制定和完善相关政策法规，为融合教育的发展提供有力的政策保障。同时，倡导社会各界共同参与融合教育事业，形成全社会共同关心和支持融合教育的良好氛围。

构建跨文化融合教育的共同愿景需要各方共同努力和合作。通过明确目标、建立共识、加强教育宣传以及争取政策支持等措施，我们可以为构建更加公平、包容和可持续的教育体系贡献自己的力量。在这一过程中，不仅可以促进学生的全面发展，还可以推动社会的进步与繁荣。

第七章　本土融合教育的典型案例

第一节　中国不同地区融合教育的实施情况

一、东部地区融合教育的实践与创新

（一）上海市融合教育的发展模式

上海市作为我国东部地区的重要城市，在融合教育方面进行了深入的探索和实践，形成了独特的发展模式。这一模式主要体现在政策支持、课程设置以及教育资源整合等多个方面。

在政策支持方面，上海市政府及教育部门出台了一系列政策措施，以推动融合教育的实施。这些政策不仅明确了融合教育的目标和原则，还为学校提供了具体的操作指南和资金支持。例如，通过制订特殊教育提升计划，上海市加大了对特殊需要学生的关注和支持力度，确保他们能够在普通学校中受到适合自己的教育。此外，上海市还鼓励社会各界积极参与融合教育，形成了政府主导、多元参与的良好氛围。

在课程设置方面，上海市注重课程的多样性和包容性，以满足不同学生的需求。普通学校的课程设置不仅包括了基础知识的学习，还融入了特殊教育元素，如个别化教学、辅助技术等。这样的课程设置既保证了普通学生能够获得全面的教育，也为特殊需要学生提供了更多的学习机会和发展空间。同时，上海市还积极探索课程创新，如开发融合教育校本课程、实施跨学科教学等，以进一步提升融合教育的质量和效果。

除了政策支持和课程设置，上海市还注重教育资源的整合和优化。通过加强校际合作、区域联动等方式，上海市实现了教育资源的共享和互补。这不仅提高了教育资源的利用效率，还促进了学校之间的交流与合作。同时，上海市

还充分利用信息化手段，推动融合教育的数字化、智能化发展。例如，通过建立特殊教育信息平台、使用在线教学工具等方式，上海市为特殊需要学生提供了更加便捷、高效的学习支持。

上海市在融合教育实践中还注重家校合作和社区参与。通过加强与家长的沟通和协作，上海市确保了融合教育能够得到家长的理解和支持。同时，通过引导社区资源参与融合教育，如邀请社区专业人士为学生提供辅导和咨询等，上海市进一步丰富了融合教育的内涵和形式。

上海市的融合教育发展模式呈现出政策支持、课程设置、教育资源整合以及家校合作和社区参与等多方面的特点。这一模式不仅为上海市的融合教育实践提供了有力的支撑和保障，也为其他地区开展融合教育提供了有益的借鉴和参考。

（二）北京市融合教育的政策与实践

北京市作为中国的首都，一直以来在教育改革和创新方面都走在前列。在融合教育领域，北京市同样展现出其独特的政策环境和实施效果，为全国其他地区的融合教育提供了宝贵的经验和启示。

在政策环境方面，北京市政府及教育部门高度重视融合教育的发展，制定了一系列相关政策和规划，为融合教育的顺利实施提供了有力保障。这些政策不仅涵盖了融合教育的核心理念和目标，还详细规划了融合教育的实施路径和具体措施，确保了融合教育在北京市的全面推进。

在实施效果方面，北京市的融合教育取得了显著的成效。各级各类学校积极响应政策号召，大力推进融合教育实践，形成了多样化的融合教育模式。这些模式充分考虑了学生的个性化需求和发展特点，有效促进了学生的全面发展。同时，北京市还注重加强融合教育师资队伍的建设，通过培训和引进等多种方式，提高教师的融合教育素养和教学能力，为融合教育的深入实施提供了坚实的人才支撑。

北京市融合教育的成功经验和启示主要体现在以下几个方面。首先，政府及教育部门的高度重视和大力支持是融合教育顺利实施的关键。政府部门的政策引导和资金投入为融合教育的发展提供了有力保障。其次，多样化的融合教育模式是满足学生个性化需求的重要途径。北京市各级各类学校根据实际情况和学生特点，探索出多种有效的融合教育模式，值得其他地区借鉴和学习。最后，加强师资队伍建设是提升融合教育质量的关键环节。教师的专业素养和教学能力直接影响融合教育的实施效果，因此必须高度重视师资队伍建设工作。

北京市在融合教育的实践中还注重教育信息化建设，通过引入现代信息技术手段，提高融合教育的效率和质量。例如，利用大数据和人工智能技术对学生的学习情况进行分析和评估，为个性化教学提供科学依据；利用网络平台和在线教育资源，拓宽学生的学习渠道和视野等。这些信息化手段的应用为北京市融合教育的发展注入了新的活力和动力。

北京市在融合教育的政策与实践方面取得了显著的成效，为全国其他地区的融合教育提供了宝贵的经验和启示。未来，随着教育改革的不断深入和融合教育理念的日益普及，相信北京市的融合教育将会迎来更加广阔的发展空间和更加美好的未来。

（三）东部地区融合教育的创新之处

东部地区在融合教育的实践中，展现出了诸多创新之处，这些创新不仅推动了当地融合教育的发展，也为其他地区提供了有益的借鉴。

在政策支持方面，东部地区各级政府高度重视融合教育，制定了一系列具有创新性的政策和措施。例如，上海市和北京市等地政府均出台了关于推进融合教育发展的专项政策，明确了融合教育的目标、原则和具体措施。这些政策的实施，为融合教育的发展提供了有力的制度保障。

在课程设置方面，东部地区注重融合教育的课程创新，以满足不同学生的需求。这些地区根据学生的实际情况，设计了多样化的课程方案，包括个性化教学计划、特色课程等。例如，上海市的一些学校针对特殊需求学生，开设了专门的特教班，并配备了专业的特教教师，以确保这些学生能够得到适合他们的教育。

在教学方法上，东部地区也进行了大胆的创新。这些地区积极引进先进的教学理念和技术手段，如个别化教学、合作学习、多感官教学等，以提高融合教育的质量。同时，他们还注重培养学生的自主学习能力和社交技能，帮助学生更好地融入社会。

东部地区在融合教育的师资培训方面也取得了显著的创新成果。这些地区建立了完善的师资培训体系，定期对融合教育教师进行专业培训和考核，提高他们的专业素养和教育教学能力。同时，他们还鼓励教师之间进行交流与合作，共同研究解决融合教育中的实际问题。

东部地区的融合教育实践和创新举措，为其他地区提供了有益的借鉴。在政策支持方面，其他地区可以借鉴东部地区制定专项政策的做法，明确融合教育的目标和措施，为融合教育的发展提供制度保障。在课程设置和教学方法上，其他地区可以学习东部地区注重课程创新和教学方法改进的做法，根据学生的实际情况设计多样化的课程方案，引进先进的教学理念和技术手段，提高融合教育的质量。在师资培训方面，其他地区可以借鉴东部地区建立完善的师资培训体系的做法，加强融合教育教师的专业培训和考核，提高他们的专业素养和教育教学能力。

东部地区在融合教育的实践中展现出了诸多创新之处，这些创新为其他地区提供了有益的借鉴。通过学习和借鉴东部地区的成功经验，其他地区可以进一步推动融合教育的发展，为更多学生提供优质的教育机会。

二、中部地区融合教育的探索与挑战

（一）湖北省融合教育的推进策略

湖北省作为中部地区的重要省份，在融合教育的推进上展现了积极的态势，通过多方面的策略和实施情况，其为省内的特殊需求儿童提供了更为包容和平等的教育环境。

在政策支持方面，湖北省政府及教育部门出台了一系列措施，以推动融合教育的深入发展。这些政策不仅明确了融合教育的目标和原则，还为各级学校提供了具体的操作指南和资源支持。例如，通过制定相关法规，保障特殊需求儿童接受教育的权利，同时要求学校根据儿童的不同需求，制定个性化的教育方案。此外，政府还加大了对融合教育的资金投入，为学校改善教学设施、培训师资队伍等提供了有力的物质保障。

在师资培训方面，湖北省注重提升教师的专业素养和融合教育能力。通过组织定期的培训班、研讨会等活动，让教师深入了解融合教育的理念和实践方法，并学习如何有效地与特殊需求儿童进行沟通和互动。同时，鼓励教师之间进行交流和合作，共同探讨解决融合教育中遇到的问题和挑战。这些举措不仅提高了教师对融合教育的认识和接纳程度，还增强了他们在实际工作中的操作能力和应变能力。

除了政策支持和师资培训，湖北省还注重家校合作和社会参与，以形成全方位的融合教育支持体系。通过加强家校之间的沟通与合作，家长更加了解学校的教育理念和教学方式，同时也能为特殊需求儿童提供更好的家庭教育环境。此外，积极引导和鼓励社会各界力量参与融合教育事业，如志愿者组织、康复机构等，为学校提供必要的辅助和支持。

在实施效果上，湖北省的融合教育策略取得了显著的成效。越来越多的特殊需求儿童能够顺利进入普通学校就读，与其他儿童一起学习和成长。这不仅提高了他们的社会适应能力和生活质量，也为社会培养了更多具有包容心和责任感的人才。同时，融合教育的实践也推动了学校教育的改革和创新，提升了整体教育质量和社会认可度。

湖北省在融合教育的推进上采取了多方面的策略和实施情况，包括政策支持、师资培训以及家校合作和社会参与等。这些举措共同构成了湖北省融合教育的支持体系，为省内的特殊需求儿童提供了更为优质和平等的教育机会。未来，湖北省将继续深化融合教育的实践和创新，为更多儿童创造美好的教育未来。

（二）湖南省融合教育的实践案例

湖南省在融合教育方面进行了积极的探索和实践，通过分析具体的实践案例，可以深入了解该省融合教育的特点和成效。

湖南省某市的一所小学是融合教育的典型代表。该校坚持“以人为本，全面发展”的教育理念，积极推进融合教育工作。在课程设置方面，学校根据特殊儿童的需求和特点，制定了个性化的教学方案，确保他们能够受到适合自己的教育。同时，学校还加强了师资培训，提高教师对特殊儿童的教育教学能力，为特殊儿童提供更好的教育支持。

湖南省还注重融合教育的政策支持。湖南省政府相关部门出台了一系列政策措施，为融合教育提供了有力的保障。例如，加大对特殊儿童教育的投入力度，提高特殊儿童教育的普及率和教育质量；加强特殊儿童教育与普通教育的衔接，确保特殊儿童能够顺利融入普通学校等。这些政策措施的出台，为湖南省融合教育的发展奠定了坚实的基础。

在具体实践方面，湖南省某特殊教育学校与一所普通小学共同开展了融合教育项目。该项目通过定期的交流与合作，促进了两校之间的资源共享和优势互补。特殊教育学校的教师定期到普通小学进行辅导和培训，帮助普通小学的教师更好地理解和接纳特殊儿童；而普通小学的学生也通过与特殊儿童的互动，增强了他们的同情心和包容心。这种校际合作模式，为湖南省融合教育的发展注入了新的活力。

除了校际合作，湖南省还积极探索家校合作的融合教育模式。通过开展家长培训、家长会等活动，增强家长对融合教育的认识和支持。同时，鼓励家长参与到特殊儿童的教育过程中来，与学校共同制定教育方案，以促进特殊儿童的全面发展。这种家校合作的模式，不仅提高了特殊儿童的教育质量，也促进了家庭与学校之间的良好关系。

在融合教育的成效方面，湖南省取得了显著的成果。通过实施个性化的教学方案和加强师资培训等措施，特殊儿童的学习成绩和综合素质得到了明显的提升。同时，融合教育的实践也促进了普通学生对特殊儿童的接纳和理解，营造了更加和谐包容的校园环境。这些成效的取得，充分证明了湖南省融合教育实践的有效性和可行性。

湖南省在融合教育方面进行了积极的探索和实践，通过政策支持、课程设置、师资培训以及校际合作和家校合作等多种措施，推动了融合教育的发展并取得了显著的成效。这些实践案例和经验对于其他地区开展融合教育工作具有重要的借鉴意义。

（三）中部地区融合教育面临的挑战

中部地区在融合教育的推进过程中，尽管取得了一定的成效，但仍面临诸多挑战和问题。这些挑战和问题主要体现在政策支持、资源配置、师资培训、社会认知等多个方面。

在政策支持方面，虽然中部地区各级政府出台了一系列融合教育的相关政策，但在政策落实和执行过程中仍存在不少难题。例如，一些地方政策对融合教育的重视程度不够，导致政策执行力度不够，难以形成有效的推动力。此外，部分政策内容过于宏观，缺乏具体可操作的实施细则，使得基层学校在推进融合教育时感到无所适从。

在资源配置方面，中部地区融合教育面临着资源不足且分配不均的问题。一方面，由于中部地区经济发展水平相对有限，政府对教育的投入相对不足，导致融合教育所需的特殊教育资源、教学设备、辅助器材等难以满足实际需求。另一方面，资源分配不均的问题也较为突出，一些地区和学校由于得到更多的政策支持和资金投入，融合教育资源相对丰富，而另一些地区和学校则资源匮乏，难以保障融合教育的有效实施。

在师资培训方面，中部地区融合教育师资力量薄弱且专业化水平不高。融合教育需要教师具备特殊教育、心理学、康复学等多方面的知识和技能，而目前中部地区这方面的专业人才相对匮乏。同时，现有的师资培训体系也亟待完善，针对融合教育教师的系统化、专业化培训不足，导致教师在面对特殊需求学生时难以提供有效的支持和帮助。

在社会认知方面，中部地区融合教育的社会接纳度和认可度有待提高。由于传统观念的影响，部分家长和社会对特殊需求学生仍存在一定的偏见和歧视，导致特殊需求学生在融入普通学校和社会时面临诸多困难。此外，一些普通学校对融合教育的理念和重要性认识不足，缺乏主动接纳特殊需求学生的意愿和动力，也制约了融合教育在中部地区的推广和发展。

针对以上挑战和问题，中部地区应采取相应的解决策略。各级政府应加大对融合教育的政策支持力度，制定更加具体可操作的实施细则，确保政策的有效落实和执行。同时，应建立健全融合教育的督导评估机制，定期对各地融合教育的实施情况进行监督检查和评估指导，及时发现问题并督促整改。

加大资金投入力度，优化资源配置结构，确保融合教育所需的各项资源得到充分保障。可以通过设立专项资金、引导社会资本投入等方式多渠道筹措资金，同时加强资源统筹调配和共享利用，提高资源使用效率。

加强师资培训体系建设，提升融合教育教师的专业化水平。可以依托高校、专业机构等开展系统化的师资培训项目，注重理论与实践相结合的教学方式方法创新，培养更多具备专业素养和实践能力的融合教育教师。

加强宣传引导工作，提高社会对融合教育的接纳度和认可度。可以通过举办各类公益活动、加强媒体宣传报道等方式普及融合教育理念知识，营造全社会关心支持融合教育的良好氛围。

三、西部地区融合教育的进展与问题

（一）四川省融合教育的发展特色

四川省在融合教育领域的探索中，展现出鲜明的发展特色。其发展特色主要体现在课程设置与教学方法的创新上，这些创新举措为特殊需要学生提供了更加个性化和平等的教育机会。

在课程设置方面，四川省注重课程的多样性和包容性。通过设计富有弹性的课程体系，满足不同学生的需求。这种课程体系不仅包括传统的学科知识，还融入了生活技能、社交技能等多方面的内容。此外，四川省还积极探索将特殊教育需求学生的个性化目标融入普通教育课程中，确保他们能够在适合自己的学习环境中获得全面发展。

在教学方法上，四川省的融合教育也颇具特色。教师采用个别化教学、小组合作学习、项目式学习等多种教学方法，以激发学生的学习兴趣和潜能。特别是在个别化教学中，教师会根据学生的特殊需求和学习能力，制订个性化的教学计划和教学策略。这种关注个体差异的教学方式，有助于提升学生的自信心和学习动力，使他们在学习过程中获得更多的成就感和满足感。

除了课程设置和教学方法的创新，四川省还注重家校合作与社区资源的整合。学校定期与家长进行沟通，了解学生在家中的学习和生活情况，为家长提供必要的支持和指导。同时，学校还积极利用社区资源，为学生提供更加丰富的学习和实践机会。这种家、校、社联动的教育模式，有助于形成教育合力，共同促进学生的成长和发展。

四川省在融合教育的实施过程中，还注重教师的专业发展和培训。通过定期组织教师培训、研讨会等活动，提升教师对融合教育的认识和教学能力。这种对教师专业发展的重视，为融合教育的持续推进提供了有力保障。

总的来说，四川省的融合教育发展特色体现在课程设置、教学方法、家校合作与教师培训等多个方面。这些创新举措不仅提升了省内特殊需要学生的教育质量，也为其他地区提供了有益的借鉴和参考。然而，融合教育的实施仍面临诸多挑战和问题，需要政府、学校、家庭和社会各界的共同努力和持续探索。

（二）陕西省融合教育的现状分析

陕西省作为我国西部地区的重要省份，近年来在融合教育方面也进行了积极的探索和实践。然而，由于地域、经济、文化等多方面的因素，陕西省的融合教育发展现状仍存在一些问题和挑战。

从现状来看，陕西省的融合教育在政策支持、学校实践、师资培训等方面都取得了一定的进展。政府相关部门出台了一系列政策措施，为融合教育的发展提供了有力保障。同时，一些学校也开始尝试将融合教育理念融入日常教学中，积极探索适合本地区的融合教育模式。此外，师资培训也逐渐得到重视，教师对融合教育的认识和教学能力也有了一定的提高。

尽管取得了一定的进展，但陕西省融合教育仍存在一些亟待解决的问题。

一方面，融合教育的普及程度不够高，很多学校对融合教育的理念和实践仍缺乏深入的了解和认识。另一方面，教育资源分配不均也是制约融合教育发展的重要因素之一。一些地区的学校由于资金、设备等方面的限制，难以有效实施融合教育。

针对以上问题，陕西省需要进一步探讨融合教育的发展趋势和改进方向。一方面，政府应继续加大对融合教育的政策支持和投入力度，推动融合教育在全省范围内的普及和发展。同时，还应加强对学校融合教育实践的指导和监督，确保各项政策措施得到有效落实。

学校也应积极主动地参与到融合教育的实践中来。通过开展融合教育主题活动、加强与家长的沟通与合作等方式，提高师生对融合教育的认识和参与度。此外，还可以借鉴其他地区的成功经验，结合本地区的实际情况，探索适合自身的融合教育模式和方法。

除此之外，加强师资培训也是改进陕西省融合教育现状的关键环节。通过组织定期的融合教育培训课程、邀请专家学者举办讲座等方式，提高教师的融合教育专业素养和教学能力。同时，还应鼓励教师之间进行交流与合作，共同研究和解决在融合教育实践中遇到的问题和挑战。

陕西省在融合教育方面虽然取得了一定的进展，但仍存在诸多问题和挑战需要解决。通过政府、学校和社会各界的共同努力和协作配合，相信未来陕西省的融合教育事业将会取得更加显著的成果和进步。

（三）西部地区融合教育存在的问题

西部地区在融合教育的推进过程中，尽管取得了一定的成果，但仍然存在诸多问题，这些问题在很大程度上制约了融合教育的深入发展。以下是对西部地区融合教育存在问题的总结，并提出了相应的改进建议。

1. 教育资源分配不均

在我国西部地区，广袤的土地上孕育着丰富的文化底蕴和自然资源。然而，与之形成鲜明对比的是，教育资源分配的严重不均衡。这一现象在偏远山区和农村地区尤为突出，使得这些地区的教育事业面临着诸多挑战。

长期以来，西部地区教育资源分布极不均衡，主要体现在以下几个方面。一是教育基础设施落后。在偏远山区和农村地区，学校数量不足，校舍条件差，教学设备陈旧，难以满足当地居民的教育需求。二是特殊教育学校和专业师资严重不足。在很多地区，特殊教育学校寥寥无几，残疾儿童和青少年难以受到合适的教育。同时，专业师资力量的匮乏，使得教育教学质量难以得到保证。三是教育资源投入不足。相较于东部地区，西部地区教育经费投入较少，导致教育事业发展缓慢。

这种教育资源分配不均的现象，给西部地区特别是偏远山区和农村地区的教育事业带来了诸多负面影响。它导致了教育机会的不公平。许多孩子因为家庭条件、地理位置等，无法享受到优质教育资源，从而失去了接受良好教育的机会。教育资源的匮乏影响了融合教育的实施。在特殊教育学校和专业师资不足的情况下，残疾儿童和青少年难以融入普通学校，实现全面发展。教育资源分配不均加剧了地区间的教育差距，进一步拉大了城乡、区域间的经济社会差距。

2. 教育理念滞后

西部地区在教育领域面临的挑战之一是教育理念的滞后，特别是在融合教育这一前沿议题上。融合教育，作为一种旨在促进所有学生，包括有特殊需求的学生，在普通教育环境中获得平等学习机会的教育理念，其重要性在东部和中部地区已逐渐被广泛认可和接受。然而，在西部地区，这一理念的普及和实践仍面临诸多障碍。

西部地区的教育工作者和学校管理层对融合教育的认识普遍不足。这主要源于信息不对称和教育资源分配的不均衡。相较于东部和中部地区，西部地区的信息流通相对缓慢，教育资源也相对匮乏，这导致了许多教育工作者对融合教育的核心理念、实践方法和成功案例缺乏深入的了解和认识。因此，在推动融合教育的过程中，西部地区往往显得力不从心，难以提供有效的融合教育服务。

针对这一问题，加强西部地区融合教育的宣传和推广显得尤为重要。这需要政府、学校、社会组织等多方面的共同努力。政府可以通过制定相关政策、提供资金支持等方式，为融合教育的推广创造有利条件。同时，学校和教育机构也应积极承担起宣传和推广的责任，通过举办讲座、展览、研讨会等多种形式，向教育工作者和学生普及融合教育的知识和理念。

此外，提高教育工作者的专业素养和实践能力也是推动西部地区融合教育发展的关键。这需要通过组织培训、研讨会等活动来实现。培训内容可以涵盖融合教育的理论知识、实践方法、案例分享等多个方面，旨在帮助教育工作者深入了解融合教育的内涵和外延，掌握有效的实践策略和方法。同时，研讨会等活动也可以为教育工作者提供一个交流和学习的平台，促进他们之间的经验分享和合作。

除了加强宣传和培训，西部地区还需要在政策和制度层面为融合教育提供保障。例如，可以制定相关政策法规，明确融合教育的目标和要求，为融合教育的实施提供法律保障。同时，还可以建立健全融合教育的评估和监督机制，确保融合教育的质量和效果。

综上所述，针对西部地区教育理念滞后的问题，需要从宣传推广、培训提升、政策保障等多个方面入手，全面提升西部地区教育工作者对融合教育的认识和重视程度。只有这样，才能推动西部地区融合教育的快速发展，为所有学生提供更加公平、优质的教育服务。

3. 教育支持体系不完善

西部地区在推进融合教育的过程中，面临着教育支持体系不完善的严峻挑战。这一挑战不仅制约了融合教育的有效实施，也影响了西部地区教育质量的整体提升。为了构建完善的融合教育支持体系，需要从政策、资金、专业指导等多个方面入手，为融合教育的顺利推进提供坚实的保障。

政策是融合教育发展的基石。西部地区政府应制定更加完善、具有针对性的融合教育政策，明确融合教育的目标和要求，为学校和家庭提供明确的指导和支持。在政策制定过程中，应充分考虑西部地区的实际情况和需求，确保政策的可操作性和实效性。同时，政府还应加强政策的执行力度，确保各项政策措施得到有效落实，避免政策成为一纸空文。

资金是融合教育发展的血液。西部地区由于经济相对落后，教育投入相对不足，这直接影响了融合教育的资金保障。为了解决这一问题，政府应加大对融合教育的资金支持力度，通过设立专项资金、提供财政补贴等方式，为融合教育的实施提供充足的资金保障。此外，政府还可以引导社会力量参与融合教育的支持，通过与企业、社会组织等建立合作关系，共同为融合教育的发展贡献力量。

专业指导是融合教育发展的关键。西部地区在融合教育方面缺乏专业的指导和服务机构，这导致学校和家庭在融合教育的实施过程中面临诸多困难和挑战。为了解决这一问题，政府应建立专业的融合教育指导和服务机构，为学校和家庭提供全方位的支持和帮助。这些机构可以组织专家团队对融合教育的实施进行研究和评估，为学校和家庭提供科学的指导和建议；同时，还可以开展教师培训、家长教育等活动，提升教育工作者的专业素养和家长的教育能力。

除了以上三个方面，还需要在多个方面加强融合教育的支持体系建设。例如，加强融合教育的评估和监督机制建设，确保融合教育的质量和效果；建立融合教育的信息共享平台，促进教育资源的共享和交流；加强与国际社会的合作与交流，借鉴国际先进经验和技术手段推动融合教育的发展。

构建完善的融合教育支持体系是西部地区推进融合教育的关键所在。需要从政策、资金、专业指导等多个方面入手加强教育支持体系建设，为融合教育的顺利推进提供坚实的保障。只有这样才能够为西部地区的学生提供更加公平、优质的教育服务，推动西部地区教育事业的持续健康发展。

4. 家庭与社区参与度低

在西部地区，融合教育的推进不仅受到学校内部因素的制约，还深受家庭和社区环境的影响。由于经济条件的限制、文化传统的差异以及信息不对称等因素，家庭和社区在融合教育中的参与度普遍较低，这在一定程度上阻碍了融合教育的深入发展。为了打破这一瓶颈，需要采取一系列措施，加强家庭和社区对融合教育的理解和支持，形成全社会共同参与的良好氛围。

加强宣传教育是提高家庭和社区参与度的基础。政府、学校和社会组织应共同努力，通过多种渠道和方式向家庭和社区普及融合教育的知识和理念。例如，利用电视、广播、网络等媒体平台发布融合教育的相关信息和成功案例，提高公众对融合教育的认知度；组织专家团队深入社区开展讲座、咨询等活动，解答家长和社区居民的疑问和困惑；在学校内设立融合教育宣传栏或展示区，展示融合教育的成果和特色。通过这些措施，可以有效提升家庭和社区对融合教育的认识和重视程度。

积极搭建家校合作平台是促进家庭和社区参与度的关键。学校应主动与家长和社区建立联系，共同商讨融合教育的实施方案和发展规划。例如，建立家校联系机制，定期召开家长会或座谈会，听取家长的意见和建议；设立家校共育项目或活动，鼓励家长和社区成员参与到学校的融合教育实践中来；利用网络平台建立家校互动社区，方便家长随时了解学校的教学动态和孩子的成长情况。通过这些措施，可以加强学校和家庭、社区的沟通与合作，形成教育合力。

关注家庭和社区在融合教育中的实际需求。由于西部地区的经济发展水平和文化传统存在差异，不同家庭和社区在融合教育中的需求和期望也不同。因此，在推进融合教育的过程中，需要充分考虑这些差异和特点，为家庭和社区提供更加精准的支持和服务。例如，针对不同家庭和社区的需求，制定个性化的融合教育方案；提供专业的培训和指导服务，帮助家长和社区成员掌握融合教育的实践技能；建立资源共享机制，促进不同家庭和社区之间的交流和合作。

加强社会对融合教育的支持和监督。政府应加大对融合教育的投入力度并制定相关政策法规为融合教育的发展提供有力保障；同时还需要建立健全的监督机制，对融合教育的实施情况进行定期评估和监督，确保融合教育的质量和效果。社会各界也应积极参与融合教育的支持和监督工作，共同推动西部地区融合教育事业的持续健康发展。

西部地区在融合教育方面存在的问题多种多样，需要政府、学校、家庭和社会各界形成合力，共同推动融合教育的深入发展。通过实施加大教育资源投入、更新教育理念、完善支持体系以及提高家庭和社区参与度等措施，相信西部地区的融合教育事业将会取得更加显著的进步和成就。

第二节　特殊儿童在普通学校的学习经历

一、特殊儿童融合教育的政策背景

（一）国家层面特殊儿童融合教育政策的解读

我国政府对特殊教育领域给予了高度重视，通过制定和实施一系列政策，有力地推动了特殊儿童融合教育的发展。这些政策不仅从法律层面保障了特殊儿童接受义务教育的权利，还进一步明确了特殊教育教师在队伍建设和专业提升方面的重要性。

我国政府连续实施了特殊教育提升计划，这些计划旨在提高特殊教育的普及水平和教育质量。通过增加特殊教育投入、改善特殊教育办学条件、加强特殊教育师资队伍建设等措施，特殊教育提升计划为特殊儿童提供了更多的教育机会和更好的教育资源。同时，政府还修订了《残疾人教育条例》，从立法层面为特殊儿童的教育权益提供了更加坚实的保障。

在融合教育背景下，特殊儿童的教育需求得到了更多的关注。政府制定的相关政策强调，普通学校应当接纳并适应特殊儿童的教育需求，为他们提供平等、包容的教育环境。这些政策的实施，不仅有助于特殊儿童在普通学校中获得更好的学习体验，还能够促进他们与同龄人的交流融合，提升他们的社会适应能力。

政府在推动特殊儿童融合教育的过程中，还注重加强特殊教育教师的培养和培训。通过提高特殊教育教师的专业素养和教学能力，确保他们能够更好地适应融合教育的需求，为特殊儿童提供更加专业、有针对性的教育服务。这不仅有助于提升特殊儿童的学习效果，还能够进一步推动融合教育的发展。

国家层面特殊儿童融合教育政策的出台和实施，为特殊儿童在普通学校的学习提供了坚实的法律保障和有力的支持。这些政策不仅推动了特殊教育的普及和质量的提升，还为特殊儿童创造了更加包容、平等的教育环境，有助于促进他们的全面发展和社会融入。

（二）地方层面特殊儿童融合教育政策的实施

在国家层面特殊儿童融合教育政策的宏观指导下，各地方政府积极响应，纷纷出台更为具体和细化的实施措施，以确保融合教育政策能够真正落地生根。这些地方性政策不仅细化了融合教育的操作流程，还为特殊儿童在普通学校的学习提供了更为坚实的保障。

以上海市为例，该市发布的《上海市特殊教育三年行动计划（2022—2024 年）》便是一个典型的代表。该计划明确提出了要全面推进特殊教育优质融合发展的目标，致力于为在普通学校就读的残疾儿童提供更为适切的教育教学和相关专业服务。为实现这一目标，该计划从多个方面入手，进行了系统的规划和部署。

该计划关注特殊儿童的学习需求，强调要根据每个孩子的实际情况，制定个性化的教育方案。这不仅包括课程设置和教学方法的调整，还涉及教育资源的优化配置，以确保每个孩子都能在最适合自己的环境中获得最大限度的发展。同时，该计划还鼓励普通学校与特殊教育学校之间的合作与交流，以共同提升特殊教育的教学质量。

该计划注重优化融合教育管理保障机制。通过建立完善的管理制度和监督机制，确保各项融合教育政策能够得到有效执行。此外，该计划还强调要加强师资培训，提升普通学校教师对特殊教育的认知和教学能力，从而更好地满足特殊儿童的学习需求。

该计划还明确提出要加强医教结合，提升教育服务的针对性和有效性。通过与医疗机构的紧密合作，及时发现和干预特殊儿童的身心问题，为他们的健康成长提供全方位的保障。这种跨部门的合作模式，不仅有助于提升特殊教育的专业水平，还能为特殊儿童及其家庭提供更为便捷和高效的服务。

除了上海市，其他地区也纷纷出台了类似的融合教育政策。这些政策的实施，不仅有效提升了特殊儿童的受教育水平，还促进了社会的和谐与进步。值得注意的是，尽管各地在融合教育方面取得了显著成效，但仍存在一些问题和挑战需要解决。例如，如何进一步提升普通学校教师对特殊教育的认知和教学能力，如何确保融合教育政策在各地的均衡发展等，都是未来需要深入研究和探讨的问题。

地方层面特殊儿童融合教育政策的实施对于推动特殊教育事业的发展具有重要意义。通过关注特殊儿童的学习需求、优化管理保障机制以及加强医教结合等措施，可以为特殊儿童在普通学校的学习创造更为有利的环境，促进他们的全面发展与成长。

（三）政策对特殊儿童在普通学校学习的影响

政策的实施对特殊儿童在普通学校的学习经历产生了深远而积极的影响。这种影响主要体现在教育权利的保障、教育资源的整合与利用以及社会环境的改善等方面。

在教育权利的保障方面，政策的出台明确规定了特殊儿童平等接受教育的权利，使他们能够与普通学生在同一环境下共同学习，享受同等的教育资源。这一举措不仅体现了教育公平的原则，也为特殊儿童提供了更多融入社会的机会。通过政策的落实，特殊儿童的教育需求得到了更好的满足，他们的学习和发展也得到了更多的关注和支持。

在教育资源的整合与利用方面，政策推动了特殊教育资源的优化配置和有效利用。针对特殊儿童的不同需求和特点，政策要求学校制定更加个性化和适切的教学计划，以帮助他们更好地适应学校生活并提升学习效果。这种个性化的教育服务不仅有助于特殊儿童的全面发展，也提高了教育资源的利用效率。同时，政策还鼓励普通学校与特殊教育机构之间的合作与交流，促进了教育资源的共享和互补。

在社会环境的改善方面，政策的实施促进了社会对特殊教育的理解和支持。通过宣传和教育，越来越多的人开始关注特殊儿童的教育问题，并为他们提供更多的帮助和支持。这种社会氛围的改变为特殊儿童营造了更加包容和友好的学习环境，使他们在学习过程中更加自信、积极和乐观。

虽然政策的实施对特殊儿童在普通学校的学习产生了积极而深远的影响，但也需要认识到，政策的落实和执行仍然面临诸多挑战和困难。例如，如何确保政策的持续性和稳定性、如何提高特殊教育教师的专业素质和教学能力以及如何进一步完善特殊教育的管理和服务体系等。这些问题需要进一步深入研究和探讨，以期为特殊儿童在普通学校的学习提供更好的支持和保障。

此外，还应该关注到特殊儿童在普通学校学习过程中的实际需求和困难。例如，他们可能在社交、情感、学习技能等方面面临一定的挑战。因此，需要建立更加完善的教育支持体系，为他们提供个性化的辅导和帮助，以促进他们的全面发展。同时，也需要加强与家长、社区等各方面的沟通与合作，共同为特殊儿童创造更加美好的学习环境和成长空间。

二、特殊儿童在普通学校的适应与成长

（一）特殊儿童的学习环境适应

特殊儿童在普通学校的学习环境中，往往面临着比一般儿童更多的挑战。他们需要适应的不仅仅是新的学习环境，还包括学校的教学规则以及与同龄人的社交互动。这些适应过程对于特殊儿童来说可能尤为困难，因为他们可能在学习能力、行为控制或情感表达等方面存在障碍。

通过学校提供的个性化教学计划和特殊教育资源的支持，许多特殊儿童能够逐渐融入并适应普通学校的学习环境。学校可以为这些儿童提供特殊的学习材料，如辅助阅读的工具、视觉提示卡片等，以帮助他们更好地理解教学内容。同时，教学辅助设备如听力辅助器、电脑软件等，也能在一定程度上弥补特殊儿童在某些学习能力上的不足。

除了物质资源的支持，学校还为特殊儿童制订了个别化的教学计划。这些

计划根据每个儿童的特殊需求和能力水平进行量身定制，确保他们能够在适合自己的学习进度和方式中取得进步。例如，对于学习困难的儿童，学校可能会安排更多的辅导时间或采用多元化的教学方法来激发他们的学习兴趣和动力。

加强教师培训也是提高特殊儿童学习环境适应性的重要措施之一。通过培训，教师可以更深入地了解特殊教育的理念和方法，提高自己在特殊教育领域的教学能力。这样，他们就能在日常教学中更好地支持和帮助特殊儿童，为他们创造一个更加包容和有利的学习环境。

特殊儿童的学习环境适应不仅是一个单向的过程。这些儿童在适应新环境的同时，也在不断地影响和改变着周围的环境。他们的存在和进步，往往能够激发其他学生的同情心和责任感，促进整个学校社区对多元和包容价值观的理解和认同。

特殊儿童在普通学校的学习环境适应是一个复杂而多维的过程。它需要学校、教师、家长以及社会各方的共同努力和支持。通过提供个性化的教学计划和特殊教育资源的支持以及加强教师培训等措施，可以为特殊儿童创造一个更加公平、包容和有利的学习环境，帮助他们更好地融入社会并实现自己的潜能。

（二）特殊儿童的社交能力发展

在普通学校环境中，特殊儿童与普通学生之间的日常互动对他们的社交能力发展具有显著影响。这种互动为特殊儿童提供了观察、模仿和练习社交技巧的机会，从而帮助他们逐步学会如何更好地与人交往、沟通情感以及表达自我。通过与同龄伙伴的接触，特殊儿童不仅能够提升自己的社交技能，还能在心理层面增强自信心和归属感，这对于他们的全面成长和融入社会至关重要。

学校作为儿童成长的重要场所，有责任也有能力为特殊儿童创造更加有利的社交环境。通过组织多样化的活动，如团队游戏、合作学习项目等，学校可以为特殊儿童提供更多与普通学生互动的机会。在这些活动中，特殊儿童不仅能够在实践中锻炼自己的社交技巧，还能在合作与竞争中体验到成功的喜悦和挫折教训，从而更加全面地认识自我、发展自我。

特殊儿童在社交能力发展方面往往面临着诸多挑战。由于身体、心理或情感上的障碍，他们在与人交往时可能会感到困难或不自在。因此，学校和教师需要给予特殊儿童更多的关注和支持，帮助他们克服社交障碍、建立自信。例如，教师可以通过个别辅导、小组活动等方式，为特殊儿童提供有针对性的社交技能训练和心理疏导，以促进他们的健康成长。

家长在特殊儿童的社交能力发展过程中也扮演着举足轻重的角色。家长需要与学校保持密切沟通，了解孩子在学校的社交情况，并在家庭教育中注重培养孩子的社交意识和技巧。通过家校共育的方式，可以为特殊儿童构建一个更加和谐、包容的成长环境，帮助他们在社交领域取得更大的进步。

特殊儿童在普通学校的社交能力发展是一个复杂而重要的议题。学校、教师和家长需要共同努力，为特殊儿童创造更多有利的社交机会和环境，帮助他们提升社交技能、增强自信心和归属感。通过这样的方式，可以为特殊儿童的全面成长和未来发展奠定坚实的基础。

（三）特殊儿童与普通学生的互动关系

在融合教育的实践中，特殊儿童与普通学生之间的互动关系被给予了极高的重视。这种互动不仅关系到特殊儿童的学习效果和社会适应能力，同样也对普通学生的成长有着深远的影响。通过将特殊儿童和普通学生置于同一学习环境中，融合教育旨在打破传统教育模式的束缚，促进两者之间的交流与理解，从而共同提升教育质量。

特殊儿童和普通学生在融合教育中的互动是多元且复杂的。在日常的学习生活中，他们通过各种方式相互影响，相互学习。对于特殊儿童而言，与普通学生的互动为他们提供了观察、模仿和学习的机会。在普通学生的帮助下，特殊儿童可以更好地适应学校环境，提高生活自理能力，同时也能在社交技能方面取得显著的进步。例如，在小组活动中，普通学生可以通过示范和引导，帮助特殊儿童更好地理解和掌握任务要求，从而提升他们的学习效果。

普通学生也在与特殊儿童的互动中获得了宝贵的成长经验。通过与特殊儿童的接触，普通学生可以更加深入地了解他们的需求和困境，从而培养出更强的同理心和包容心。这种同理心和包容心不仅有助于构建和谐的校园环境，还能在日后的人际交往中发挥积极的作用。此外，与特殊儿童的互动也能激发普通学生的创新思维和解决问题的能力，因为在面对特殊儿童的不同需求和挑战时，他们需要灵活调整自己的策略和方法。

要实现特殊儿童与普通学生之间的有效互动，并非易事。这需要学校、教师、家长和社会各方的共同努力。学校应提供适宜的学习环境和资源支持，确保特殊儿童能够平等地参与各项学习活动。教师则须具备专业的融合教育知识和技能，以便更好地引导特殊儿童和普通学生进行互动交流。家长则应积极参与孩子的教育过程，与学校和教师保持密切的沟通与合作。社会大众也应加强对融合教育的理解和支持，为特殊儿童和普通学生的共同成长营造良好的氛围。

特殊儿童与普通学生之间的互动关系是融合教育中不可或缺的重要组成部分。通过加强两者之间的互动与交流，不仅可以提升特殊儿童的学习效果和社会适应能力，还能促进普通学生的全面发展。因此，在未来的教育实践中，应继续深化对融合教育理念的理解与实践探索，努力为特殊儿童和普通学生创造更加公平、包容和优质的教育环境。

三、特殊儿童融合教育的支持体系

（一）个性化教学计划的制订与实施

在制订个性化教学计划时，学校需深入了解每一位特殊儿童的具体情况，包括他们的学习能力、兴趣爱好、身体条件等，从而为他们量身打造合适的教学方案。在这一过程中，与家长的紧密合作显得尤为关键，因为家长是对孩子了解最深入的人，他们的意见和反馈对于教学计划的完善具有重要意义。

个性化教学计划的核心在于其针对性和灵活性。针对性体现在需要根据特殊儿童的不同需求设定明确的教学目标，如提高生活自理能力、增强社交技能或提升学科成绩等。而灵活性则表现在教学内容和方法的多样性上，以适应不同特殊儿童的学习特点和节奏。例如，对于视觉障碍的儿童，可以采用音频教材和触觉辅助工具；对于学习困难的儿童，则可以采用多感官教学和游戏化教学等方式来激发他们的学习兴趣。

除了教学目标和内容的个性化，评估方式也应根据特殊儿童的实际情况进行调整。传统的标准化测试可能并不适用于所有特殊儿童，因此，学校需要探索更多元化的评估方法，如观察记录、作品集评价、自我报告和同伴评价等，以更全面地了解特殊儿童的学习成果和进步情况。

在实施个性化教学计划的过程中，学校应建立定期沟通机制，与家长共同监测和评估特殊儿童的学习进展。通过家长会、家访、电话沟通等多种方式，及时向家长反馈孩子在学校的表现，听取家长的意见和建议，以便对教学计划进行适时调整。同时，学校还可以组织家长培训活动，提高家长对特殊教育的认识和家庭教育能力，从而更好地配合和支持学校的教学工作。

个性化教学计划的成功实施还需要一支具备专业素养和爱心、耐心的教师队伍。学校应加强对特殊教育教师的培训和支持，提高他们的专业技能和教育教学能力。通过组织定期的教研活动、经验分享会以及提供外部学习资源等方式，帮助教师不断更新教育理念，掌握最新的特殊教育方法和策略。同时，学校还应营造良好的工作环境和氛围，激励教师以更加饱满的热情和积极的态度投入特殊儿童融合教育的伟大事业。

（二）特殊教育资源的整合与利用

特殊教育资源的整合与利用在特殊儿童融合教育中扮演着举足轻重的角色。为了确保特殊儿童能够在普通学校中获得适切的教育支持，学校必须对现有的特殊教育资源进行充分的整合与高效的利用。

在特殊教育教师方面，学校应重视他们的专业发展和队伍建设。通过定期的培训和学术交流，提升特殊教育教师的专业素养和教学能力，使他们能够更好地理解特殊儿童的学习需求，并提供针对性的教学指导。同时，学校还应鼓励特殊教育教师与普通教师之间的合作与交流，通过共同研究特殊儿童的教学策略，促进教育教学的融合发展。

在教学辅助设备方面，学校应根据特殊儿童的实际需求，合理配置和使用各种教学辅助设备。例如，为视障儿童提供放大镜、助视器等视觉辅助设备，为听障儿童提供助听器、语言训练器等听觉辅助设备。这些设备的引入能够有效地帮助特殊儿童克服学习障碍，提升他们的学习效果和生活质量。

学校还应注重特殊教育教学材料的开发与利用。针对特殊儿童的学习特点和认知规律，编写和选用适合他们的教材和教学资料。这些材料应既符合特殊儿童的学习需求，又能激发他们的学习兴趣和积极性，从而促进他们的全面发展。

除了充分利用现有资源，学校还应积极寻求外部支持，与特殊教育学校、康复机构等建立紧密的合作关系。通过资源共享、师资互派、教学研讨等方式，实现优势互补，共同为特殊儿童提供更为全面、专业的教育服务。这种合作模式不仅能够提升特殊儿童的教育质量，还能推动特殊教育事业的整体发展。

随着信息技术的迅猛发展，学校在特殊教育资源的整合与利用中还应注重信息技术的应用。通过引入数字化教学手段，如多媒体教学、网络教学资源等，丰富特殊儿童的学习方式和途径。同时，利用大数据和人工智能技术，对特殊儿童的学习情况进行分析和评估，为他们提供更加个性化、科学化的教学方案。这些措施的实施将极大地提升特殊教育的教学效果和服务质量，为特殊儿童的成长和发展奠定坚实的基础。

（三）家庭、学校和社会对特殊儿童的支持

家庭、学校和社会对特殊儿童的支持，是构成特殊儿童学习环境不可或缺的三个维度。这三个维度的协同作用，为特殊儿童营造了一个全方位、多层次的支持网络。

家庭是儿童成长的摇篮，对于特殊儿童而言，家庭的支持尤为重要。家长不仅是孩子的第一任教育者，更是他们情感上的依托。在日常生活中，家长需要付出更多的耐心和关爱，帮助孩子建立自信心，克服困难。同时，家长还应积极参与学校的教育活动，了解孩子在学校的学习情况，与老师共同制订教育计划，确保孩子在家庭和学校之间能够得到连贯的教育支持。

学校是特殊儿童接受教育的主要场所，也是他们社交能力发展的重要平台。学校应当为特殊儿童提供个性化的教学计划，关注他们的特殊需求，并配备专业的特殊教育师资，以确保教学质量。此外，学校还需要加强与家长的沟通，及时反馈孩子的学习情况，共同解决问题。通过家长会、家访等多种形式，学校可以深入了解特殊儿童的家庭背景和成长环境，从而为他们提供更加精准的教育服务。

社会对特殊儿童的支持则体现在创造一个包容、友好的大环境上。社会大众需要增强对特殊儿童的理解和尊重，消除对他们的歧视和偏见。政府和社会组织应当加大对特殊教育的投入，提高特殊教育资源的配置效率，为特殊儿童提供更多的教育机会。同时，媒体和公众人物也应发挥舆论引导作用，倡导关爱特殊儿童，推动社会形成一个积极、正面的氛围。

家庭、学校和社会在特殊儿童的教育过程中各自扮演着重要的角色。只有这三方面紧密配合，形成合力，才能为特殊儿童创造一个真正适宜他们成长的学习环境。通过这样的支持网络，相信特殊儿童在普通学校的学习经历将更加丰富、多元，他们的成长也将更加全面、健康。

第三节　融合教育中的家庭参与和社会支持

一、家庭在融合教育中的角色定位与作用

（一）家庭对特殊儿童融合教育的支持

1. 爱的传递与情感支持

家庭作为特殊儿童成长的摇篮，承载着独一无二的情感支持与爱的传递功能。家长通过细腻入微的关怀与不离不弃的陪伴，为这些孩子构建了一座坚固的心灵堡垒。在特殊儿童的成长过程中，家庭提供的情感支持是他们形成健全人格、建立积极自我认同的基石。这种基于亲情的深沉爱护，不仅能够帮助孩子更好地应对外界的挑战与压力，还能够激发他们的潜能，促进其身心的健康发展。因此，可以说，家庭中爱的传递与情感支持是融合教育得以成功实施的重要情感基础。

在日常生活中，家长通过言语鼓励、身体接触以及共同参与活动等方式，向特殊儿童传递着爱与温暖。这些看似简单的行为，实则对孩子的情感世界产生着深远的影响。它们不仅能够提升孩子的安全感与归属感，还能够帮助其建立起与外界沟通的桥梁，从而让他们更好地融入社会、适应学校生活。

2. 教育资源的投入与利用

在融合教育的实践中，家庭扮演着教育资源的提供者与利用者这一双重角色。面对孩子的特殊需求，家长积极行动，寻找并投入各种适合的教育资源，以期为孩子创造更加优越的学习与生活环境。这些资源包括但不限于康复训练服务、心理咨询支持、特殊教育辅助器材以及丰富多样的学习材料等。通过精心选择与合理配置这些资源，家长努力确保孩子能够在全方位的教育支持下获得最大限度的发展与进步。

家长还注重与专业人士的合作与交流，以便更准确地把握孩子的教育需求，并及时调整教育策略与方法。他们积极参与各类家长培训与工作坊活动，

提升自身在教育孩子方面的专业知识与技能水平。这种对教育资源的深入投入与高效利用，无疑为特殊儿童的融合教育之路奠定了坚实的基础。

3. 家庭与学校的协作

家庭与学校之间的紧密协作是确保融合教育取得成功的关键环节。家长通过积极参与学校的各项活动，与教师保持密切且有效的沟通，共同为特殊儿童制订并实施个性化的教育计划。这种家校共育的模式有助于形成教育合力，从而为孩子提供更加全面、更具针对性的教育支持。

在实际操作中，家长通过定期与教师进行面对面的会谈或电话、电子邮件等方式保持联系，及时了解孩子在学校的表现与进步情况。同时，他们也积极参与学校组织的家长会、开放日等活动，深入了解学校的教育理念与教学方法，以便更好地配合与支持学校的工作。此外，家长还主动与教师分享孩子在家庭中的生活与学习情况，为教师提供更加丰富的教育背景信息，从而帮助教师更准确地把握孩子的教育需求与发展方向。这种全方位、深层次的家校协作模式无疑为特殊儿童的融合教育提供了有力的保障。

（二）家庭与学校的有效沟通与合作

家庭与学校之间的有效沟通与合作是融合教育成功的关键。在实际操作中，双方之间的沟通往往存在障碍，这主要源于信息不对称和沟通渠道不畅等原因。为了解决这些障碍，需要采取一系列策略来加强家校之间的合作与沟通。

1. 沟通障碍的分析

家庭与学校之间的沟通障碍首先表现在信息不对称上。家长可能对孩子的教育期望、学校的教育理念以及教学方法等缺乏深入的了解，而学校也可能对学生的家庭背景、成长环境以及特殊需求等信息掌握不足。这种信息不对称导致双方在沟通时难以达成共识，甚至产生误解和冲突。

沟通渠道不畅也是造成家校沟通障碍的重要原因。传统的家校沟通方式如家长会、家访等虽然有一定的效果，但受到时间和空间的限制，无法满足及时、全面的沟通需求。现代科技手段如社交媒体、在线平台等虽然提供了更多的沟通渠道，但家长和学校在使用这些工具时可能存在技术障碍或观念差异，从而导致沟通效果不佳。

2. 沟通与合作策略

为了解决家校之间的沟通障碍，首先需要建立定期的家校联系会议制度。通过定期的会议，家长和学校可以就孩子的教育问题进行深入的交流和讨论，共同制订和实施个性化教育计划。这种制度化的沟通方式有助于加强信息共享，减少信息不对称带来的问题。

利用现代科技手段拓宽沟通渠道也是有效的策略。学校可以建立家长和教师之间的即时通信渠道，如微信群、QQ 群等，方便双方随时沟通和交流。同时，学校还可以利用网络平台定期发布学校新闻、教育政策等信息，让家长更加了解学校的最新动态，提高家长的参与度。

加强家长教育也是提高家校沟通效果的重要途径。学校可以通过举办“家长学校”、邀请专家讲座等方式，提高家长的教育素养和沟通能力。同时，学校还可以鼓励家长积极参与到学校的教育活动中来，如志愿者服务、课堂助教等，让家长更加深入地了解学校的教育理念和教学方法，增强家校之间的互信和合作。

家庭与学校之间的有效沟通与合作是融合教育成功的关键。通过建立定期的家校联系会议制度、利用现代科技手段拓宽沟通渠道以及加强家长教育等策略，可以有效地解决家校之间的沟通障碍，促进双方之间的紧密合作与共同发展。这不仅有助于特殊儿童的全面发展，也对整个教育系统的持续改进和提升具有重要意义。

（三）家庭在融合教育中的挑战与对策

在融合教育的实践中，家庭作为特殊儿童成长的重要支持力量，面临着多方面的挑战。这些挑战不仅影响家庭对融合教育的态度和参与度，还可能对特殊儿童的成长和发展产生深远影响。因此，探讨家庭在融合教育中所面临的挑战，并提出相应的应对策略，对于促进融合教育的成功实施具有重要意义。

1. 面临的挑战

家庭在融合教育中首先面临的挑战是教育资源的匮乏。特殊儿童的教育需求具有多样性和复杂性，而现有的教育资源往往难以满足这些需求。这导致家庭在寻求适合的教育资源时面临诸多困难，如资源不足、质量不高等问题。此外，经济压力也是家庭面临的重要挑战之一。特殊儿童的教育和康复往往需要大量的资金投入，这对于许多家庭来说是一个沉重的负担。经济压力可能导致家庭在教育投入上捉襟见肘，进而影响特殊儿童的教育效果。

除了教育资源匮乏和经济压力，社会对特殊教育的偏见也是家庭面临的挑战之一。这种偏见不仅体现在对特殊儿童的不理解和歧视上，还体现在对融合教育的质疑和反对上。社会偏见给家庭带来了巨大的心理压力，家庭在面对特殊儿童的教育问题时常常感到孤立和无助。

2. 应对策略

为了应对这些挑战，家庭可以采取多种策略。积极寻求社会支持是至关重要的。这包括政府补助、社区援助等各方面的支持。政府应当加大对特殊教育的投入，提高教育资源的可及性和质量，以减轻家庭的经济负担和资源压力。同时，社区也可以发挥重要作用，通过提供康复服务、心理咨询等支持措施，帮助家庭更好地应对特殊儿童的教育问题。

家庭之间应加强交流与合作，形成互助网络。特殊儿童的教育是一个长期且复杂的过程，需要家庭之间的共同努力和相互支持。通过建立家长交流平台、组织亲子活动等方式，家庭可以分享经验、互相学习，共同为特殊儿童的成长创造更好的环境。

提高自我教育能力也是家庭应对挑战的重要策略之一。家长可以通过自学或参加培训等方式提升自身的教育素养和应对能力，以更好地满足特殊儿童的教育需求。这包括了解特殊教育的基本理念和方法、学习康复训练的基本技能等。通过提升教育素养和应对能力，家长可以更加自信和专业地参与到特殊儿童的教育过程中。

家庭在融合教育中面临着多方面的挑战，但通过积极寻求社会支持、加强家庭间的交流与合作以及提高自我教育能力等策略，可以有效地应对这些挑战，为特殊儿童的成长和发展创造更加有利的环境。

二、社会支持网络的建设与完善

（一）社区资源的整合与利用

1. 资源整合的方式

社区资源整合在融合教育中扮演着至关重要的角色，其目的在于汇聚多方力量，共同为特殊儿童打造一个更加包容和支持的学习环境。通过建立资源共享机制，社区能够将分散的资源进行有效集中，这包括但不限于康复训练设施、教育辅导资源等。这种整合方式不仅提高了资源的利用效率，还为特殊儿童及其家庭提供了更为便捷的服务获取渠道。

搭建合作平台也是社区资源整合的重要途径。社区可以积极与学校、康复机构、志愿者组织等建立合作关系，共同为特殊儿童提供全方位的支持。这种跨界的合作模式有助于打破传统服务壁垒，实现资源的最优配置，从而进一步提升融合教育的质量。

2. 资源利用的途径

在社区资源整合的基础上，如何有效利用这些资源成为关键。社区应为特殊儿童提供针对性的康复训练服务。通过专业的康复设施和人员，社区可以帮助特殊儿童改善身体功能，提高生活质量。同时，心理辅导也是不可或缺的一环。社区应配备专业的心理咨询师，为特殊儿童及其家庭提供心理支持和疏导，帮助他们更好地应对融合教育过程中的挑战。

除了上述服务，学习辅导也是社区资源利用的重要途径。社区可以组织志愿者或专业教师为特殊儿童提供课外辅导，帮助他们解决学业上的困难，提升学习自信心。此外，社区还可以定期举办各类活动，如亲子活动、文化交流活动等，促进特殊儿童与普通儿童的交流与互动。这些活动不仅有助于增进彼此的了解和友谊，还能为特殊儿童提供更多的社交机会，提升他们的社会适应能力。

社区资源的整合与利用在融合教育中发挥着举足轻重的作用。通过有效的资源整合和利用途径，社区能够为特殊儿童提供更加全面、专业的支持和服务，助力他们在融合教育的道路上更好地成长与发展。

（二）社会组织在融合教育中的参与

社会组织在融合教育中发挥着不可或缺的作用，它们通过提供专业的服务、倡导政策支持以及开展公益活动等方式，为特殊儿童及其家庭提供了全方位的支持。这些社会组织不仅具备丰富的专业知识和资源，还能够有效地弥补政府和学校在融合教育中的不足。

1. 社会组织的角色

在融合教育的广阔实践中，社会组织如同一股不可忽视的暖流，以其独特的角色定位，为特殊儿童及其家庭带来了希望与改变。它们不仅仅是服务的提供者，更是政策的倡导者、资源的整合者以及社会意识的塑造者，为融合教育编织了一幅包容、理解与进步的美丽图景。

社会组织在提供专业服务方面发挥着核心作用。面对特殊儿童群体多样化的需求，社会组织凭借其专业性和针对性，构建了全方位的支持体系。康复训练，作为这一体系的重要基石，通过科学的评估和个性化的训练方案，帮助特殊儿童克服身体或认知上的障碍，逐步提升他们的生活自理能力和社会参与能力。同时，心理咨询服务的引入则为特殊儿童及其家庭提供了情感上的慰藉和心灵上的支持，并引导他们以更加积极的心态面对挑战。此外，教育辅导的精准对接，不仅弥补了特殊儿童在学业上的不足，更激发了他们的学习兴趣和潜能，为他们未来的学习和生活奠定了坚实的基础。这些服务的提供，不仅体现了社会组织对特殊儿童群体的深切关怀，也彰显了其在融合教育实践中不可或缺的专业价值。

作为政策倡导者，社会组织积极发声，为特殊儿童争取更多的教育权益。它们通过深入调研和广泛收集意见，形成具有前瞻性和可操作性的政策建议，并向政府部门提交报告，呼吁加强融合教育政策的制定和实施。同时，社会组织还积极参与相关法规的修订和完善工作，确保政策内容更加符合特殊儿童的实际需求，为他们提供更加公平、包容的教育环境。这种积极的政策倡导行为，不仅推动了融合教育政策的不断完善和优化，也为特殊儿童的教育权益提供了更加坚实的法律保障。

社会组织通过开展丰富多彩的公益活动，搭建起社会与特殊儿童之间的桥梁。它们通过组织义卖、募捐等活动，广泛动员社会各界力量参与进来，共同为融合教育的发展筹集资金和资源。这些公益活动不仅为特殊儿童提供了必要的物质支持，更重要的是，它们提高了社会对特殊儿童群体的关注度和认同感，促进了全社会对融合教育理念的深入理解和接受。通过这些活动，社会组织成功地营造了一个更加包容、理解和支持特殊儿童的社会氛围，为融合教育的持续推进注入了强大的动力。

2．社会组织的参与方式

社会组织在融合教育中的参与方式多种多样，主要包括与政府合作、与企业合作以及与学校合作等。在与政府合作方面，社会组织可以协助政府实施融合教育政策，提供政策咨询和评估服务，确保政策的有效落地。同时，政府也可以通过购买服务的方式，向社会组织提供资金支持，推动其更好地服务于特殊儿童及其家庭。在与企业合作方面，社会组织可以与企业共同开展公益项目，利用企业的资金和技术优势，为特殊儿童提供更优质的教育资源和服务。这种合作模式不仅有助于提升企业的社会责任感，也能够促进社会组织自身的可持续发展。在与学校合作方面，社会组织可以为学校提供专业化的培训和指导，帮助教师提高融合教育的能力和水平。同时，学校也可以借助社会组织的资源和平台，开展丰富多彩的融合教育活动，促进学生的全面发展。

社会组织在融合教育中的参与，不仅为特殊儿童及其家庭提供了有力的支持，也推动了融合教育事业的持续发展。未来，应该进一步发挥社会组织的优势和作用，加强政府、企业、学校以及社会组织之间的合作与交流，共同为特殊儿童创造一个更加公平、包容的教育环境。

（三）社会支持网络建设的挑战与对策

社会支持网络建设在融合教育中扮演着举足轻重的角色，旨在为特殊儿童及其家庭提供全方位的支持。在实际操作过程中，这一网络的建设面临着多方面的挑战，这些挑战在一定程度上制约了其发展和完善。为了有效应对这些挑战，政府、社会组织以及社会各界需共同努力，采取切实可行的应对策略。

资金不足是社会支持网络建设面临的首要挑战。由于特殊儿童融合教育需要投入大量的人力、物力和财力，而现有的资金来源渠道相对有限，导致许多必要的支持措施无法得到有效实施。此外，政策支持不够也是制约社会支持网络发展的重要因素。尽管政府在特殊教育领域已经出台了一系列政策，但在政策落实和执行过程中仍存在诸多不足，如政策宣传不到位、执行力度不够等，这些问题都亟待解决。

社会认知度不高也是社会支持网络建设面临的一大难题。由于社会对特殊儿童的偏见和误解仍然存在，导致许多人对融合教育的理念和实践缺乏足够的了解和认同，进而影响了社会支持网络的构建和发展。

为了应对资金不足的挑战，政府应加大投入力度，提高特殊教育领域的财政预算，确保各项支持措施能够得到有效实施。同时，政府还可以引导和鼓励企业、社会组织等多元主体参与融合教育，通过设立专项基金、开展公益项目等方式，拓宽资金来源渠道，形成全社会共同参与的良好氛围。

在政策支持方面，政府应进一步完善相关政策和法规，明确各方责任和义务，确保政策的有效落实和执行。此外，政府还应加强对融合教育的宣传和推广，提高公众对特殊儿童和融合教育的认知度和认同感，为社会支持网络的建设创造有利的社会环境。

针对社会认知度不高的问题，社会各界应共同努力，加强对融合教育的宣传和教育普及工作。媒体、教育机构等可以开展形式多样的宣传活动，如举办讲座、制作宣传片等，让更多的人了解融合教育的意义和价值。同时，还可以开展志愿服务、结对帮扶等活动，让更多的人亲身参与到融合教育中来，从而增强他们对特殊儿童和融合教育的理解和支持。

社会支持网络建设在融合教育中具有不可替代的作用。为了克服面临的挑战并推动其持续发展，需要政府、社会组织和社会各界加强合作与沟通，共同为特殊儿童及其家庭构建更加完善的社会支持网络。

三、融合教育的社会效应与未来发展

（一）融合教育对社会的积极影响

1. 培养社会共融意识

培养社会共融意识，是融合教育所承载的深远意义之一，它超越了教育本身的范畴，触及了社会结构、价值观念乃至人际关系的深刻变革。在融合教育的实践中，特殊儿童与普通儿童共同学习与生活，这不仅为他们个人带来了成长与收获，更在全社会范围内激发了一种前所未有的共融共识，这种共识如同春风化雨，悄然改变着融合教育的社会面貌。

融合教育打破了传统教育的界限，让特殊儿童有机会与普通儿童站在同一起跑线上，共同追求知识和智慧。这种教育模式的变革，本身就是对社会共融意识的一次有力倡导。教育不应是少数人的特权，也不应受到任何形式的歧视或排斥。每一个孩子，无论其身体条件、智力水平如何，都拥有接受教育的权利，都应当被尊重和包容。这种理念的普及，使得社会各界开始重新审视特殊儿童的教育问题，更加关注他们的成长与发展，从而促进了社会共融意识的初步形成。

融合教育的实践过程本身就是一场生动的社会教育课。当特殊儿童与普通儿童在同一间教室里上课、在同一个操场上玩耍时，他们之间的交流与互动，让他们彼此更加了解、更加尊重。这种基于平等与尊重的相处方式，不仅让特殊儿童感受到了来自同伴的温暖与支持，也让普通儿童学会了如何与不同背景、不同能力的人相处。这种相处经验的积累，使得他们逐渐形成了更加开放、包容的心态，他们开始意识到每个人都有其独特的价值和能力，无论他们是否存在身体或智力上的障碍。这种心态的转变，正是社会共融意识的核心所在。

融合教育的成功实践，还带来了社会观念的深刻变革。过去，特殊儿童往往被视为社会的边缘群体，他们的存在和需求往往被忽视或低估。然而，随着融合教育的深入发展，越来越多的人开始意识到特殊儿童同样是社会的重要组成部分，他们的成长与发展同样需要得到社会的关注和支持。随着这种观念的转变，社会各界开始积极行动起来，为特殊儿童提供更加全面、专业的服务和支持。同时，这种行动也进一步强化了社会共融意识的形成和发展，使得整个社会变得更加和谐、包容。

融合教育所倡导的共融意识，不仅有助于构建一个更加和谐、包容的社会环境，在对于推动社会的整体进步方面也具有重要意义。在一个共融的社会里，人们能够相互理解、相互支持、相互学习，从而激发出无限的创造力和创新力。这种创造力和创新力是推动社会发展的重要动力之一，它们将引领社会走向一个更加美好的未来。

2. 推动教育创新与发展

融合教育的实施，无疑是对我国传统教育模式的一种颠覆性挑战。在传统教育观念中，特殊儿童往往被边缘化，针对他们的教育资源分配不均、教育方法单一。而融合教育的出现，为教育创新与发展提供了新的视角和路径。在这个过程中，学校和教师面临着前所未有的挑战，同时也迎来了教育创新的巨大契机。

为了满足特殊儿童的教育需求，学校和教师必须跳出传统教育的框架，积极探索新的教学方法。这些方法不仅需要适应特殊儿童的个体差异，还要兼顾普通学生的学习需求。在这种背景下，学校和教师不断创新，研究出了一系列既适用于特殊儿童，又能惠及普通学生的教学策略。这些策略的推广和应用，极大地丰富了我国的教育教学手段，提升了教育的针对性和实效性。

完善教育设施是融合教育实施的重要保障。为了给特殊儿童创造一个良好的学习环境，学校在硬件设施上进行了一系列改造。例如，无障碍设施的完善、特殊教育设备的配置等，都为特殊儿童提供了平等的学习机会。这些设施的改进，不仅使特殊儿童受益，也让普通学生在无形中感受到了教育的温度和关怀。

融合教育的实施，还促进了普通教育与特殊教育的相互借鉴与融合。在传统教育模式下，普通教育与特殊教育各行其道，互不干涉。而在融合教育的理念下，两者开始取长补短，相互促进。普通教育从特殊教育中汲取了关注个体差异、注重学生情感等理念，而特殊教育则从普通教育中借鉴了系统化、规范化的教学方法。这种相互借鉴与融合，有助于提升我国整体教育水平。

此外，融合教育的推进，还带动了教育评价体系的改革。在传统教育评价中，分数往往是衡量学生能力的唯一标准。而融合教育评价体系则更加注重学生的综合素质和个性发展。这种评价方式的转变，使得教育更加关注人的全面发展，有助于培养具有创新精神和实践能力的人才。

3. 增强社会对弱势群体的关注与支持

融合教育的推广与实践，如同一缕温暖的春风，吹拂着社会的每一个角落，使得社会公众的目光越来越多地投向特殊儿童及其家庭所面临的困境与挑战。这种教育模式的出现，不仅是对教育公平的一种追求，更是在无声中呼吁社会各界对弱势群体的关注与支持。

随着融合教育的深入开展，政府和相关机构对特殊教育的重视程度日益提高。政策层面的倾斜和财政投入的加大，为特殊教育的发展提供了有力保障。政府通过制定和完善相关法律法规，确保了特殊儿童接受教育的权利，同时也为特殊教育师资培养、教学资源开发、教育环境改善等提供了必要的支持。这种政策上的关注和支持，为特殊儿童的教育公平奠定了坚实的基础。

社会对弱势群体的关注与支持，不仅仅体现在政府和相关机构的行动上，更激发了社会各界人士的爱心与援助。融合教育的推广，让更多的人意识到特殊儿童及其家庭的不易，从而自发地参与到关爱特殊儿童的行动中来。企业家的慈善捐赠、志愿者的无私奉献以及普通民众的点滴关爱，都在不断地汇聚成一股强大的力量，为特殊儿童撑起一片蓝天。

这种关注与支持的力量，不仅有助于改善特殊儿童的教育状况，让他们在更加包容和理解的环境中成长，更能在宏观层面上促进社会的公平与正义。当社会大众能够真正理解和接纳特殊儿童，消除对他们的歧视和偏见，社会的人文关怀精神便得到了提升，社会主义核心价值观也得到了具体的体现。

此外，融合教育的实践还促进了社会资源的合理分配。在关注特殊儿童的同时，社会资源也开始更多地流向这些需要帮助的群体，使得他们在教育、医疗、就业等方面得到了更多的保障。这种资源分配的优化，不仅提高了特殊儿童的生活质量，也推动了整个社会的和谐发展。

同时，融合教育的推广还加强了社会对弱势群体权益保护的意识。人们开始意识到，每个个体都有其存在的价值和权利，无论是特殊儿童还是其他弱势群体，他们都应当得到社会的尊重和帮助。这种意识的觉醒，推动了社会公平正义的进程，为构建和谐社会奠定了基础。

4. 提升公众对多元文化的理解与接纳

特殊儿童的存在，是人类多样性的生动体现，也是多元文化社会的一个重要组成部分。他们的独特性，不仅是对传统教育模式的一种挑战，更是对整个社会文化观念的一种丰富。融合教育的实施，通过让特殊儿童与普通儿童在同一教室里共同学习、在同一片天空下共同生活，为不同文化背景下个体之间的交流与理解搭建了一座桥梁。

这种教育模式的出现，打破了传统教育中的隔离和排斥，为特殊儿童提供了一个平等参与社会生活的平台。在这个过程中，普通儿童与特殊儿童相互了解、相互帮助，共同成长。这种直接的交流与合作，不仅有助于消除社会对特殊群体的偏见与歧视，更能从深层次上促进公众对多元文化的理解与接纳。

融合教育的实践，让公众认识到，每个人都有自己的价值和发展潜力，无论他们是否具有特殊需求。这种认识促使人们更加尊重个体差异，更加理解不同文化背景下个体的行为和思维方式。在这种教育环境中，孩子学会了欣赏他人的独特性，学会了在差异中寻找共同点，这对于他们成长为具有国际视野和跨文化交流能力的人才至关重要。

此外，融合教育的推广也在一定程度上影响着社会公众的价值观。人们开始意识到，社会的进步不仅仅体现在经济和技术的发展上，更体现在对不同文化的包容和对弱势群体的关怀上。这种文化包容性的提升，对于一个国家的社会和谐与稳定具有重要意义。它能够减少社会冲突，增强社会凝聚力，促进不同群体之间的和谐共处。

在全球化的今天，提升公众对多元文化的理解与接纳能力，对于国际间的交流与合作同样具有重要意义。特殊儿童的教育问题，不仅仅是一个国家内部的事务，它反映了人类社会对于公平、正义和包容的共同追求。通过融合教育的实践，可以向世界展示一个国家对人权保护的重视，对文化多样性的尊重，这对于提升国家的国际形象和软实力有着不可估量的作用。

同时，融合教育的实施，也为特殊儿童提供了展示自我、实现自我价值的机会。他们的成就和进步，不仅是对自己能力的证明，也是对多元文化社会价值的肯定。这种正面的影响，进一步激励了社会公众对多元文化的理解和接纳，形成了一个良性的循环。

（二）融合教育未来发展的社会期待

1. 政策支持与资金投入

随着融合教育理念的深入人心，社会各界对其未来发展的期待也日益增长。其中，政策支持和资金投入被视为推动融合教育发展的两大关键因素。政府在融合教育方面的决策和行动，将直接影响到融合教育的实施效果和社会影响力。

政府需要制定更加完善的法规和政策体系，明确融合教育的地位、目标和实施路径。这不仅可以为融合教育提供法律保障，还能引导社会各界共同参与，形成推动融合教育发展的强大合力。同时，政府应加大对融合教育的资金投入力度，确保各项措施得到有效落实。资金的支持不仅可以改善特殊儿童的教育环境，提高他们的生活质量，还能激发教育工作者的积极性和创造性，推动融合教育不断创新和发展。

2. 教育资源的均衡分配

在融合教育的实施过程中，教育资源的均衡分配是一个至关重要的问题。人们普遍期待，在融合教育环境下，特殊儿童能够享受到与普通儿童相同的教育资源和机会。这不仅包括硬件设施、教学材料等物质资源，还包括师资力量、教学方法等软资源。

为了实现这一目标，政府和教育部门应积极推动教育资源的整合和优化配置。通过加强校际合作、区域联动等方式，打破资源壁垒，实现优质教育资源的共享。同时，还应加大对特殊儿童教育师资的培养力度，提高他们的专业素养和教学能力，确保他们能够适应融合教育的需求。此外，教育部门还应鼓励和支持学校开展多样化的教学方法和活动，以满足特殊儿童的个性化需求，促进他们的全面发展。

3. 社会认知度的提升

融合教育的发展离不开社会各界的支持和参与。因此，提升社会对融合教育的认知度是推动其发展的重要途径。随着社会的不断进步和开放，人们对特殊儿童的关注和理解也在逐渐增强。然而，仍然存在一些偏见和误解，这些偏见和误解阻碍了融合教育的推广和实施。

为了改变这一状况，政府和社会组织应积极开展融合教育的宣传和教育活动。通过媒体宣传、公益讲座、亲身体验等多种形式，向公众普及融合教育的理念和意义，提高他们对特殊儿童的接纳度和支持度。同时，还应加强与国际社会的交流与合作，借鉴其他国家和地区的成功经验，推动融合教育在全球范围内的发展。

对融合教育未来发展的社会期待是多方面的，这些期待的实现需要政府、教育部门、学校和社会各界共同努力。只有通过全社会的共同参与和支持，才能实现融合教育的普及和发展，让每一个孩子都能享受到公平而有质量的教育。

（三）融合教育未来发展的挑战与对策

融合教育作为一种先进的教育理念和实践模式，虽然在促进社会公平和提高特殊儿童教育水平方面取得了显著成效，但在其未来发展过程中，仍然面临着诸多挑战。这些挑战既包括教育体制内部的问题，也涉及社会认知和外部支持等方面。为了推动融合教育的持续发展，必须对这些挑战进行深入分析，并提出切实可行的对策。

在教育体制内部，融合教育需要解决的首要问题是教育资源的配置。目前，许多地区的教育资源仍然存在着不均衡的现象，特殊儿童往往难以获得与普通儿童同等的教育机会和资源。此外，教师队伍的专业素养和融合教育能力也有待提高。缺乏专业的融合教育教师和相应的培训体系，制约了融合教育质量的提升。

在社会认知方面，尽管融合教育的理念逐渐得到普及，但社会对特殊儿童的偏见和歧视仍然存在。这种偏见不仅影响了特殊儿童的心理健康和社会融入，也阻碍了融合教育的推广和实施。同时，部分家长对融合教育的理解和接受程度有限，导致他们在支持孩子参与融合教育时缺乏积极性和主动性。

优化教育资源配置是推动融合教育发展的关键一环。政府应当承担起主导责任，加大对融合教育的财政投入，确保特殊儿童能够平等地享受到与普通儿童同等的优质教育资源。这意味着，政府需要在教育预算中专门划拨一定的资金，用于改善特殊教育设施、购买专业的教育设备、开发适合特殊儿童的教学材料等。同时，政府应当推动教育资源的合理分配，向经济欠发达地区和弱势群体倾斜，缩小地区之间、群体之间的教育差距，从而促进教育公平的实现。

加强教师队伍建设是提升融合教育质量的核心。为了适应融合教育的需求，必须建立完善的融合教育教师培训体系，通过系统的培训，提高教师的专业素养和融合教育能力。这包括对特殊教育理论的学习、个性化教学方法的掌握以及针对特殊儿童心理和行为特点的应对策略等。此外，政府和社会各界应鼓励和支持教师参与融合教育的研究和实践，通过项目资助、学术交流等方式，激发教师的创新意识和实践能力，使其能够在融合教育的道路上不断探索和进步。

提升社会认知度是促进融合教育被广泛接受的重要途径。政府和教育部门应加强融合教育的宣传和推广工作，利用媒体、网络、社区活动等多种渠道，提高社会公众对特殊儿童和融合教育的关注度和认可度。通过宣传，倡导包容和尊重的社会氛围，逐步消除社会对特殊儿童的偏见和歧视，让更多的人理解和支持融合教育的理念与实践。

增强家长参与度是成功的融合教育不可或缺的一部分。学校和教育机构应加强与家长的沟通与合作，通过家长会、专题讲座、亲子活动等形式，提高家长对融合教育的认识和理解。同时，鼓励家长积极参与孩子的教育过程，为孩子的成长提供必要的支持和帮助。通过家校合作，形成良好的共育氛围，共同促进特殊儿童的全面发展。

融合教育未来发展面临着多方面的挑战，但通过优化教育资源配置、加强教师队伍建设、提升社会认知度和增强家长参与度等对策的实施，可以推动融合教育不断向前发展，为特殊儿童创造更加公平、包容和优质的教育环境。

参考文献

［1］许小霞，白芸．多元智能视角下的小学融合教育教学研究［J］．教育理论与实践，2024，44（26）：52－56.

［2］刘潇女．高职院校特殊教育师资培养的困境与举措［J］．湖南教育（C版），2024，（09）：51－53.

［3］赵媛，于晓丽．融合教育视野下的高职幼儿师范院校课程改革——以保定幼儿师范高等专科学校为例［J］．河北职业教育，2024，8（03）：96－99.

［4］潘润飞，朱宗顺．欧洲学前融合教育自我反思工具分析与启示［J］．现代特殊教育，2024，（16）：34－40.

［5］郑晓坤，丛博，赵念实．融合教育课程调整研究综述［J］．现代特殊教育，2024，（16）：41－47.

［6］邓猛，张瑶，张玲．我国特殊教育对象范围演进及理论范式变迁［J］．残疾人研究，2024，（04）：59－67.

［7］朱敬，黄丽静．学前融合教育多重制度逻辑的表征、冲突与重塑［J］．现代教育管理，2024，（08）：56－66.

［8］李拉．融合教育的质量维度［J］．现代特殊教育，2024，（15）：13－17.

［9］陈泰立，董亮．我国特殊职业教育“残健融合”育人模式的实践进路——2022年职业教育国家级教学成果奖特殊教育类获奖成果分析［J］．职业教育研究，2024，（08）：66－72.

［10］邓猛，叶婷，张玲，等．学前融合教育推进的国际经验及中国策略［J］．现代教育管理，2024，（08）：43－55.

［11］冷晴，范莉莉，王昕媛．特殊教育专业本科生学习现状的调查研究及改进建议——以甘肃省某高校为例［J］．黑龙江教师发展学院学报，

2024, 43 (08): 60 - 63.
[12] 肖菊英, 陈燕琴. 融合教育背景下特殊教育师范生辅助技术能力培养探析 [J]. 现代职业教育, 2024, (21): 49 - 52.
[13] 郦群. 基于 OBE 理念的高校学前融合教育课程改革研究——以学前特殊儿童教育为例 [J]. 教育观察, 2024, 13 (21): 123 - 126.
[14] 马伟娜, 连福鑫, 张晓贤, 等. 新时代复合型特殊教育教师培养的创新实践——以杭州师范大学特殊教育专业为例 [J]. 现代特殊教育, 2024, (14): 47 - 53.
[15] 华国栋. 试论中国特殊教育理论的文化基因 [J]. 中国特殊教育, 2024, (07): 20 - 25.
[16] 王玥, 刘春玲, 王梓雯. 普通学校融合教育质量评价指标体系构建 [J]. 中国特殊教育, 2024, (07): 10 - 19.
[17] 周磊. 区域融合教育发展现状与质量提升对策研究——以甘肃省张掖市为例 [J]. 甘肃教育研究, 2024, (10): 26 - 28.
[18] 余欢欢, 杨岚. 融合教育背景下特殊教育教师专业发展的困境与破解之策 [J]. 林区教学, 2024, (07): 119 - 124.
[19] 李拉. 融合教育的"祛魅" [J]. 现代特殊教育, 2024, (13): 24 - 27.
[20] 刘兰. 教育现代化背景下融合教育体系建设: 目标、框架与路径 [J]. 科教文汇, 2024, (13): 1 - 4.
[21] 李秀. 课程思政融入"融合教育的理论与实践"教学的实践研究 [J]. 绥化学院学报, 2024, 44 (07): 5 - 9.
[22] 郭丽娜, 马金晶. 教育戏剧应用于孤独症融合教学的价值取向、理论基础与实践路径 [J]. 绥化学院学报, 2024, 44 (07): 67 - 69.
[23] 田雯雯, 何小微. 特殊儿童知识转化为"理解儿童"素养的教师教育课程优化逻辑 [J]. 绥化学院学报, 2024, 44 (07): 111 - 115.
[24] 侯晶晶, 史晓倩. 融合教育中共同价值观及其推进策略的全球图景——基于 21 世纪六大洲文献的系统综述 [J]. 教育研究, 2024, 45 (06): 88 - 100.
[25] 蔡蕾, 王兵杰. 学前融合教育本土化体系的建构与实践探索 [J]. 今日教育 (幼教金刊), 2024, (06): 15 - 19.
[26] 王静. 新时代特殊儿童教育理论研究——评《特殊儿童融合教育概论》

[J]. 语文建设，2024，(12)：83.
[27] 申仁洪，黄美菱. 职业融合教育发展的内在逻辑、价值取向与实践路径[J]. 重庆师范大学学报（社会科学版），2024，44（03）：32－41.
[28] 缪小平. 融合创生：幼儿园课程建设的实践探索[J]. 新教育，2024，(17)：110－112.
[29] 赵楠. 学前融合教育质量提升的困境与出路[J]. 科教文汇，2024，(11)：25－28.
[30] 牛雪梅. 渐进主义视角下我国融合教育政策的演进与展望[J]. 北京联合大学学报，2024，38（03）：76－83.
[31] 李高峰，陈冉沁. 美国早期融合教育师资在线培养经验及启示[J]. 陕西学前师范学院学报，2024，40（05）：69－82.
[32] 马丽，陈慧星. 多元融合教育实践模式推进路径的个案研究[J]. 新课程研究，2024，(14)：26－29.
[33] 李拉. 中国融合教育发展的特殊性及推进路径[J]. 现代特殊教育，2024，(09)：16－19.
[34] 周润秋. 美国融合教育政策研究[D]. 山东师范大学，2024.
[35] 邵伟婷，雷江华. 新自由主义视域下美国融合教育之实践反思[J]. 河南大学学报（社会科学版），2024，64（03）：126－131＋156.
[36] 王兵，田思峰，张施颖，等. 职前教师融合教育素养的实践探索[J]. 枣庄学院学报，2024，41（02）：128－132.
[37] 黄祥瑞. 从特殊到普遍：融合教育视角下我国特殊教育立法的设计与展望[J]. 泉州师范学院学报，2024，42（01）：23－33.
[38] 许小燕. 融合教育关键节点“科学转衔”的区域实践——以江苏省海安市为例[J]. 现代特殊教育，2024，(03)：18－20.
[39] 顾海燕，李可. 新工科背景下高等特殊教育职业生涯规划初探[J]. 黑龙江教育（高教研究与评估），2024，(02)：7－9.
[40] 张杨. “特殊教育研究”专栏主持人语[J]. 乐山师范学院学报，2024，39（01）：127.
[41] 谢钰涵，林倩雪. 我国融合教育的高质量发展：核心意蕴、现实困境与突破路径[J]. 四川师范大学学报（社会科学版），2024，51（01）：130－137＋206.

[42] 宋健. 特殊教育教师融合教育素养研究——基于 IPA 分析 [J]. 绥化学院学报, 2024, 44 (01): 103-109.
[43] 闫静, 徐诗枧, 张文鹏. 国际融合体育教育研究: 热点、趋势、理论与实践探索 [J]. 北京体育大学学报, 2023, 46 (12): 1-17.
[44] 张玲, 邓猛, 朱志勇. 民族地区特殊教育高质量发展的历程、内涵与行动理路 [J]. 民族教育研究, 2023, 34 (06): 59-67.
[45] 江小英, 邓心语. 推进我国特殊教育高质量发展——中国高等教育学会特殊教育研究分会 2023 年学术年会分论坛会议综述 [J]. 现代特殊教育, 2023, (24): 73-76.
[46] 雷蕾, 李伟. 中国学前融合教育知识图谱分析——基于 CiteSpace 的可视化分析 [J]. 保山学院学报, 2023, 42 (06): 53-60.
[47] 王麟, 张玲, 邓猛. 中国式现代化背景下乡村特殊教育融合发展的本土特征与质量突围 [J]. 中国特殊教育, 2023, (12): 3-8.
[48] 朱清. 学前融合教育教师的培育路径——以南京市鼓楼区为例 [J]. 幼儿教育, 2023, (34): 36-39.
[49] 邓明润, 马月成. 基于产教融合的特殊教育人才培养模式探究 [J]. 黑河学刊, 2023, (06): 85-89.
[50] 金玲, 王蕊, 张丽莉. 卓越学前融合教育人才培养探究与实践——以南京特殊教育师范学院为例 [J]. 现代特殊教育, 2023, (22): 3-7.
[51] 高源, 陈鸿宇, 赵斌. 中国特殊教育现代化与高质量发展——中国高等教育学会特殊教育研究分会 2023 年学术年会综述 [J]. 现代特殊教育, 2023, (22): 77-79.
[52] 胡薇. 特殊教育学校教师专业发展的困境与对策研究 [D]. 大理大学, 2023.
[53] 曹潄芹. 关键能力导向的孤独症学生融合教育新范式及课堂教学实践 [J]. 中国特殊教育, 2023, (08): 85-96.
[54] 郭鹏. 学前融合教育的园本化探索与实践——基于多元融合体系建构的视角 [J]. 林区教学, 2023, (08): 121-124.
[55] 韩彦, 李双龙. 从特殊教育向融合教育发展的影响因素及政策建议 [J]. 教育探索, 2023, (07): 88-93.
[56] 汪斯斯, 董佳雨. 国内外融合教育课程研究热点比较研究: 基于知识图

谱可视化分析［J］. 绥化学院学报，2023，43（07）：1－9.

［57］朱慧懿，王艳芝. 近十五年我国学前融合教育研究综述：基于CiteSpace可视化分析［J］. 绥化学院学报，2023，43（07）：22－27.

［58］罗月伶，李欢. 高质量发展背景下融合教育学校校长领导力提升路径研究——基于萨乔万尼领导力模型分析［J］. 绥化学院学报，2023，43（07）：10－15.

［59］陈丽兰. 职前教师融合教育素养与融合教育态度的关系研究——以海南省某师范大学为例［J］. 现代特殊教育，2023，（12）：8－16.

［60］闫静，徐诗枧，李淇薇，等. 融合体育教师自我效能感的影响因素与提升策略探究——基于国外文献的分析［J］. 中国特殊教育，2023，（06）：17－26.

［61］唐佳益，王娇娇，王雁，等. 融合教育背景下普通教师需要具备哪些能力？——基于欧洲融合教师专业学习能力框架［J］. 中国特殊教育，2023，（06）：8－16.

［62］赵斌，张燕，张瀚文. 我国特殊教育师资供需矛盾及改革探析［J］. 中国特殊教育，2023，（06）：82－88.

［63］张与弛. 融合教育理念在特殊教育音乐表演专业人才培养中的应用［J］. 琴童，2023，（11）：126－128.

［64］李强. 职业高中随班就读学生学校适应的研究［D］. 四川师范大学，2023.

［65］周芷莹. 苗族随迁子女文化融合教育研究［D］. 大理大学，2023.

［66］杨秉瑞. 一位特殊教育学校名校长专业发展的叙事研究［D］. 云南师范大学，2023.

［67］王佳. 融合教育视域下小学教师培训的问题及对策［D］. 黑龙江大学，2023.

［68］傅王倩，王雁，王勉. 美国特殊教育教师职前培养的历史演进及其启示——基于教师胜任力的视角［J］. 教师教育研究，2023，35（03）：122－128.

［69］陈梦丽. 普通师范生对融合教育教师的角色认知及影响因素研究［D］. 华东师范大学，2023.

［70］何芷彤. 想象群际接触训练影响大班普通幼儿对特殊幼儿接纳态度的实

验研究［D］．西南大学，2023．
［71］王宁．破中有立—改革开放以来中国超常教育理念及实践的回顾与展望研究［D］．上海师范大学，2023．
［72］杨正刚．美国特殊教育教师职前教育发展研究（1817—2022）［D］．福建师范大学，2023．
［73］王颖．自闭症儿童语言障碍个案研究［D］．吉林大学，2023．
［74］高雅婷．教育类专业师范生融合教育效能感现状及影响因素研究［D］．辽宁师范大学，2023．
［75］张萧萧．音乐游戏促进普通幼儿对特需幼儿接纳态度的行动研究［D］．河南师范大学，2023．
［76］刘馨馨．特殊需要幼儿融合教育支持策略的个案研究［D］．河南师范大学，2023．
［77］罗依婷．普通学校特教班转岗教师专业发展的叙事研究［D］．华东师范大学，2023．
［78］李有为．家庭“联结”：民族地区心智障碍者的社会融合机制［D］．兰州大学，2023．
［79］汤积累．眉山市特殊教育学校体育教育现状及优化路径研究［D］．西南财经大学，2023．